ASSOIFFÉE

Itinéraire d'un éveil spirituel

DE CIEL

Aluna

ÉDITIONS

Le nom Aluna est « reçu » du vocabulaire kággaba (kogi). Aluna[1] est le principe de l'Univers.

C'est un principe spirituel qui donne l'existence à chaque être et à toute chose de la nature. C'est l'esprit des choses et des êtres qui existent dans le monde matériel. À partir de là, l'ordre a été établi, tout ce qui existe dans le monde : plantes, animaux, eau (mer, rivières, lagunes, neige), feu, air, terre, collines, pierres, hommes et femmes, entre autres, tous existent d'abord en esprit, ils sont comme des « personnes » (Aluna Kággaba), ils ont la même essence ou le même principe de la grande Mère universelle (Aluna Jaba).

C'est dans Aluna, monde de l'esprit, que se trouveraient les principes de vie et les potentiels, dont les formes physiques seraient de simples reflets.

Les Kággaba, peuple indigène de la Sierra Nevada Santa Marta (Colombie) se disent être les « Grands frères ». Avec les Mama et les Saga, ils veillent sur l'équilibre du monde[2].

Siège social de la société :
15, rue de la côte des Bènes
31600 Muret

1- Définition issue du glossaire de l'ouvrage : « SHIKWAKALA, El crujido de la Madre Tierra ». Rédigé par les Mama Kággaba, Yanelia Mestre Pachedo, Peter Rawitscher Adams, Mario Avellaneda sous la direction de Organización Gonawindúa Tayrona–OGT–(Mars 2018).Ce livre est présenté ainsi : « Depuis la pensée du peuple Kággaba, un Remède pour soigner les fils invisibles qui, sur le territoire Ancestral, tissent le délicat tissu de la vie ».

2- Pour en savoir plus sur les Indiens Kággaba (Kogis) : www.tchendukua.com

Note de l'éditeur

L'imprévu est certain d'arriver, alors que ce qui est attendu pourrait ne jamais survenir.
Sri Nisargadatta Maharaj

Née d'une rencontre entre amis, Aluna Éditions développe plusieurs collections. Les ouvrages édités sont ouverts principalement à la spiritualité, aux traditions et arts d'Orient et d'Occident.

Nous sommes heureux de vous proposer cet ouvrage de Suyin son parcours de vie surprenant et enrichissant pour les nombreux chercheurs spirituels qui le découvriront.

Un grand merci a celles et ceux qui ont permis à cet ouvrage d'exister : Jérôme pour m'avoir présenté le texte et son autrice, Alix pour la correction et Sophie pour le graphisme.

Nous vous souhaitons une agréable lecture et nous vous remercions de faire connaître les ouvrages que nous publions autour de vous.

Jean-Pierre Chometon

Cet ouvrage constitue l'édition originale tirée à mille exemplaires sur papier Offset 80 g/m2. La couverture est imprimée en quadrichromie sur papier Crescendo de 280 g/m2. Les papiers sont tous issus de forêts durablement gérées.

Conception & réalisation
visuelle (couverture et livre)
Sophie DaCruz

ISBN : 978-2-919513-43-7

SUYIN LAMOUR

ASSOIFFÉE DE CIEL

Itinéraire d'un éveil spirituel

Aluna
ÉDITIONS

Attention

Comme les ouvrages d'un certain nombre de personnes dites « éveillés », les livres écrits par Suyin Lamour sont opératifs. C'est-à-dire qu'ils transmettent la vibration même dans laquelle se tenait l'auteur au moment d'en témoigner. Pour tous ceux qui cheminent la poitrine déchirée par une Soif inextinguible d'Absolu, chaque page de ce livre est donc une gorgée d'eau. Car ce qu'a vécu « Suyin », éclaireuse parmi bien d'autres d'une nouvelle voie, non (encore) traditionnelle (pas de maître, pas de sadhana sinon La Vie), menant à la Réalisation de sa Vraie Nature, c'est tout simplement ce qui nous attend... un peu plus loin sur le chemin. Nous ne tiendrions pas ce livre entre nos mains, sinon.

Jérôme Bourgine

PRÉFACE

C'est la Lumière qui m'a conduit à Suyin.

Je terminais pour le magazine Inexploré une enquête sur les premiers neuro-photo-stimulateurs. Ces appareils qui vous soignent en pulsant de la lumière à certaines fréquences précises. Quand Alexandre, l'homme chargé de faire connaître en France cette médecine révolutionnaire, me conseilla de prendre le temps de découvrir un petit livre : « La Joie d'être » de Suyin Lamour. Ce que je finis par faire.

L'auteur y racontait un moment particulièrement critique de son existence. Après treize années d'une quête spirituelle acharnée ponctuée d'éblouissements tout autant que de gouffres psychiques, la jeune femme devait - enfin ! - retrouver *durablement* l'état de *Présence au monde* qui lui avait été « offert » une première fois, treize ans plus tôt. État dans lequel toutes les questions du monde trouvent leur réponse dans le seul fait de réaliser que l'on EST...

LA CONSCIENCE !

État d'éveil bouddhique qui l'avait si profondément marquée qu'elle avait décidé de tout faire pour le retrouver.

Non seulement je trouvais cet ouvrage remarquablement écrit et *inspiré,* riche de ces mille détails et anecdotes qui ravissent au plus haut point le chercheur de sagesse si souvent rebuté par la sécheresse de nombreux textes dits « spirituels », comme par la vanité illusoire des récits de certains prétendus « maîtres ». Mais de plus, cet ouvrage, tout comme le suivant : « La Grande Paix du cœur » était un livre *opératif.* C'est-à-dire que par la Magie de l'écriture (« *Au commencement était le Verbe* »), les vibrations énergétiques que l'auteur avait si bien sues manifester, vous étaient transmises et vous faisaient véritablement ressentir les états, sentiments et émotions que l'auteur avait souhaité partager. Ces livres sont rares. Je n'en ai pas tenu 20 entre mes mains de toute ma vie. Non seulement il se passait quelque chose à la lecture, mais, derrière, il semblait y avoir Quelqu'un...

Je commençais par suivre un stage d'un week-end auprès de Suyin et découvris que son talent avait la bonne idée de l'accompagner loin de son pupitre : sa seule présence constituait pour l'entourage un pas franchi en direction de cette Présence majuscule dont elle était une si remarquable ambassadrice. À ses côtés, on se sentait facilement « *sur la même longueur d'onde* ».

Cela me fut confirmé quelques mois plus tard lorsque je fus parvenu à la convaincre de l'importance qu'il y avait à mettre sur le papier tous ces signes de pistes ; dans le bon ordre et de la manière la plus complète possible. Car sur ces terres encore mal défrichées où un nombre grandissant de pèlerins s'engagent, les cartes fiables sont rares et les pièges multiples. Au récit des aventures parfois incroyables (et pourtant toutes vraies) que comptent Suyin dans les pages qui suivent, vous comprendrez rapidement que le Discernement est la première qualité à acquérir pour celui qui s'engage « *sur le sentier* ».

À l'époque donc où nous avons passé ensemble quelques journées dans le but de finaliser ce livre, je suivais un traitement médical hardcore. Les « *envies suicidaires* » figuraient en première ligne des effets secondaires indésirables générés par ladite molécule. J'avais beau faire de mon mieux, me répétant que je n'étais PAS ce que je ressentais, mon moral glissait plus souvent qu'à son tour dans mes chaussettes. Mais pas lors de ces journées passées ensemble. Et moins encore durant ces deux heures passées place de la Comédie, à Montpellier, à attendre le train qui devait me ramener sur Paris. Deux heures durant lesquelles le simple spectacle du monde et celui de l'humanité en marche m'emplirent d'une Joie indicible. En guise de viatique, Suyin avait discrètement glissé dans ma poche un fragment de cette *Présence* au monde qui ne change rien aux choses et qui pourtant à l'intérieur, change tout : vibrant d'énergie, vous raisonnez sur la tonalité même de la Vie. Et la Vie est un flot infiniment joyeux.

Un mot encore. Avec Suyin vous pouvez aborder les concepts et discussions les plus ardus sans risque de la voir décrocher (Mercure aux commandes). Mais ce que j'adore avec elle, c'est qu'à côté de cela, bien que tutoyant Dieu au quotidien (la Présence vous offre ce degré d'intimité, d'où l'addiction), elle s'enthousiasme pour un rien, envisage toutes les folies et ouvre des yeux d'enfant suspendu au calendrier de l'Avent, lorsqu'elle évoque, avec une (im) patience définitivement humaine, l'homme dont elle est amoureuse.

Et vous comprenez alors que tout ce que dit cette femme vaut d'être entendu. Comme un certain Essénien, si elle n'est plus tout à fait *de* ce monde, elle vit encore de*dans*. Parmi Nous. À 100 % !

Car telle est la magnifique conclusion vers laquelle Suyin nous guide au terme de ce témoignage : TOUT dans nos vies est sacré, TOUT dans nos vies vaut d'être vécu, accueilli, célébré dans l'Ici et Maintenant. TOUT est à sa juste place, car TOUT est... Conscience.

Je, tu, il, nous, vous, ils... se sont mis en route. Tiens, Suyin est partie en *éclaireuse*...

Jérôme Bourgine

Je dédie ce livre à Neil, petite flamme qui a réveillé la mienne, avec tout mon amour.

Avec mon indéfectible gratitude pour l'ami Jérôme Bourgine, sage-homme sans l'enthousiasme et le soutien duquel cet ouvrage n'aurait pas vu le jour.

Le vent souffle sur le lac
et meut la surface de l'eau.
Ainsi se manifestent les effets
visibles de l'invisible.

Yi-King, hexagramme 61,
la paix intérieure

Du métier à l'esprit,
du visible à l'invisible,
nous ouvrons à la lente progression
vers le chef-d'œuvre intérieur.
Bienheureux celui qui au détour
d'un chemin
recevra la sublime image envolée
d'un autre univers.
Il pourra dire qu'il a vu
le début et la fin,
la totalité de la connaissance,
la totalité de l'être,
la totalité de l'espace et du temps.

Texte gravé sur une stèle dans la forêt de la Sainte Baume au pied de la grotte de Marie-Madeleine

Introduction

Voici l'histoire d'une vie, ou plutôt, voici une histoire vécue par la Vie... Comme pour toute histoire, il y a un personnage principal avec ses caractéristiques uniques, son conditionnement, ses dons innés, son fonctionnement psychologique, sa vision du monde, une époque, des lieux, des expériences...

Il semble que ce personnage, de sexe féminin, né quelque part sur la planète Terre en 1973, ait connu un cheminement intérieur intense et alchimique qui lui a permis de trouver les réponses aux grandes questions existentielles : « Qui suis-je ? » et « Quel est le sens de la vie ? ». En réalité, ces réponses ont consisté en un complet retournement, un basculement de perspective surprenant, mettant en évidence que ce personnage n'a jamais *réellement* vécu de cheminement personnel, ni de vie individuelle. La réponse qui s›est dévoilée est que ce personnage a, en fait, *été vécu* par l'existence (tout comme le personnage d'un roman n'existe que dans l'imaginaire de l'auteur et du lecteur). Existence se révélant comme n'étant pas un ensemble de phénomènes purement matériels issus du hasard, mais comme une réalité d'essence « spirituelle » ; c'est-à-dire une totalité intelligente et consciente d'elle-même.

Depuis une vingtaine d'années l'humanité connaît une vague d'éveil spirituel, notamment en Occident, confirmant la prophétique affirmation d'André Malraux : « *Le XXI*e *siècle sera spirituel ou ne sera pas* ». De plus en plus de personnes vivent des états de conscience élargis, que ce soit à travers des expériences de mort imminente, la pratique de la méditation ou encore de manière spontanée, au cours desquels elles réalisent qu'avant d'être des corps matériels, elles sont de l'énergie, de la lumière, de la conscience... et que la conscience est éternelle et universelle. Ce qui signifie que notre existence ne s'arrête pas à la mort du corps physique, et que tout est Un : nous sommes tous animés par un même esprit, une même intelligence.

Ce que l'on appelle *La Vie* est une force animée de conscience, *la conscience d'être*. C'est l'inverse de la vision matérialiste qui considère que la matière est apparue un beau jour par hasard et que de cette matière est née la conscience. La révélation spirituelle dit que la Conscience est, de toute éternité, sans début ni fin, et que *de la Conscience apparaît la matière*. C'est la Conscience, dont la nature est une énergie créatrice infinie, qui donne naissance à l'univers physique.

Quand la conscience individuelle se reconnaît elle-même comme étant, en réalité, universelle et atemporelle, elle réalise ainsi que le monde n'est pas vraiment matériel, mais énergétique, vibratoire (ce qui rejoint les découvertes de la physique moderne), et qu'elle s'était en quelque sorte oubliée en se prenant pour un corps physique et un individu mortel séparé du tout. Elle s'était prise pour l'une des innombrables formes par lesquelles elle expérimente sa créativité infinie.

L'héroïne des aventures relatées dans ce livre est donc la Vie elle-même, prenant temporairement la forme d'une femme née sur Terre au XXe siècle... Je témoigne dans cet ouvrage du processus d'éveil de la conscience qui s'effectue en ces temps exceptionnels sur le plan collectif, tout en s'exprimant d'une manière unique pour chacun. Tout ce qui est raconté ici est authentique, rien n'a été romancé. Seuls les noms des protagonistes ont été modifiés afin de respecter leur anonymat. La Vie, dans son pouvoir de manifestation, lorsqu'elle s'ouvre et s'offre à elle-même, peut s'avérer infiniment riche, surprenante, poétique et palpitante.

AVANT-PROPOS
La révélation

À 28 ans, je suis née. J'ai découvert la chose la plus essentielle et la plus fondamentale que l'on puisse découvrir au cours de son existence : Qui je suis vraiment. La nature véritable de mon être, mon essence spirituelle, s'est dévoilée au cours de ce que les bouddhistes appellent un *satori*, une illumination.

C'était un soir de fin février 2001. J'avais passé l'après-midi à lire un livre du philosophe indien Jiddu Krishnamurti, *La Vie libérée*, qui retranscrivait ses premières « causeries » publiques juste après son propre éveil spirituel. De fortes réactions dans mon corps (je comprendrais plus tard qu'il s'agissait de montées d'énergie) avaient accompagné cette lecture. Ces mots activaient en moi quelque chose de profondément existentiel. Je ne comprenais pas vraiment intellectuellement ce qu'ils exprimaient, mais ils exhalaient un indéniable et mystérieux parfum de Vérité.

Le soir, la tête dans les étoiles naissantes, encore toute imprégnée de la saveur mystique de ce livre, je m'exerçai à faire le vide mental, à stopper le flux des pensées. L'atmosphère était particulièrement douce, presque enivrante, printanière. Une vibration délicieuse commença à me parcourir, augmentant de plus en plus, jusqu'à ce que je me retrouve dans l'état d'un observateur neutre, détaché des représentations conceptuelles. Je connaissais déjà cet « état de l'observateur » car je le goûtais régulièrement depuis quelques mois. Il m'arrivait fréquemment de prendre subitement de la distance sur mes émotions et mes pensées et de changer de perspective sur la vie : je voyais que tout était relatif et je ne pouvais plus porter de jugement sur rien, ce qui était très apaisant. Je ne me définissais plus alors moi-même comme un être humain mais juste comme une conscience, une conscience en voyage.

Mais là, quelque chose de plus se passa. Je réalisai brusquement que tout ce qui m'entourait *aussi*, était conscience. Pas seulement moi ! Tout, y compris les objets, était, en essence, conscience. Ce fut un tel choc qu'il y eut une réaction immédiate dans mon corps : une énergie très puissante, semblant venir de l'intérieur, d'un « lieu » insondable dont j'ignorais jusqu'ici l'existence, se déversa en moi comme un raz-de-marée, en passant par mon cœur. C'était si intense que je me demandai si celui-ci allait tenir le coup. Comme si l'on venait d'ouvrir brutalement les vannes d'une source jusqu'ici retenue, cette énergie inonda tout mon être. Et ce courant, cette force, était cette même conscience que je voyais autour de moi. L'évidence s'imposa alors qu'en réalité, je n'étais pas « une » conscience en voyage, mais « La » Conscience universelle se manifestant à travers d'innombrables formes. Le sentiment d'un « moi » distinct vivant dans un monde extérieur à lui, s'effaça dans cette réalisation que tout était Un...

L'illusion dans laquelle j'avais vécu jusqu'à ce jour, de croire être un corps matériel et un individu mortel, fut alors totalement dissoute. Il m'apparut clairement, dans un grand éclat de rire, que tout cela avait été de la nature d'un rêve. En vérité, j'étais d'essence immatérielle et éternelle. La mort de mon corps physique serait juste la fin d'un rêve, pas la fin de mon être. En tant que conscience, je ne pouvais ni être détruite, ni être blessée par aucune expérience. Il n'y avait jamais eu de début à la vie et il n'y aurait jamais de fin...

Autour de moi, tout s'était mis à vibrer. Ce que je voyais était comme éclairé de l'intérieur. Ça pulsait, ça scintillait. La nuit était tombée, mais dans chaque zone d'ombre cette lumière irradiante était là. De multiples points minuscules brillaient, des filaments s'entrecroisaient en tous sens. Tout pétillait, vivait, les objets matériels ainsi que l'espace entre ces objets. La matière était en fait de l'énergie/conscience. La notion même de « matériel », de corps « solide », disparut totalement.

Je ressentais un amour incommensurable émaner de cette lumière. Plus justement, cette lumière *était* l'Amour. L'essence de toute la création. Ce qui animait chaque atome, chaque particule de matière et chaque être vivant était l'Amour. Un Amour sans cause, sans condition, sans opposé. Cet Amour que nous cherchons depuis l'enfance dans le regard de nos parents, puis plus tard dans celui de nos partenaires. Cet Amour qui met fin à toute souffrance, à toute peur, à toute solitude, à toute question. Le refuge suprême et absolu, le giron en lequel nous nous sentons accueillis et aimés totalement tels que nous sommes. Je sus alors que la révélation de l'existence de cet Amour, comme la reconnaissance du fait que c'était mon essence même, allait radicalement transformer ma vie.

Je souris avec une immense compassion en pensant aux épreuves vécues par l'individu que j'avais cru être jusqu'alors. Je ressentais beaucoup de tendresse envers cette Suyin qui vivait dans une illusion permanente, avec ses douleurs, ses questions, sa quête, ses déboires... Je vis ce que chaque situation m'avait enseigné, sa véritable raison d'être, la logique d'un destin qui se déroulait selon un plan magistral en harmonie avec la totalité de l'univers. Rien ne pouvait être considéré comme un drame mais toujours comme une expérience, un enseignement. Comme je ris de soulagement en réalisant que cette existence limitée n'était qu'une illusion, un film, une projection passagère ! Je n'avais plus peur de rien. Ni de mourir, car je me savais indestructible, ni de souffrir, car je me savais invulnérable. Ce qui d'ordinaire me semblait important n'avait plus de réalité tangible.

Je réalisai également que le temps n'existait pas car tout arrivait simultanément et éternellement. C'était inconcevable pour ma raison, mais d'une vérité absolue pour ma perception. Je découvrais avec mes sens ce qu'étaient l'esprit et la matière : deux faces d'une même pièce. Il n'y avait pas à les opposer. Le monde manifesté, physique, était simplement une expression de la Conscience, absolument parfait tel qu'il était. J'éprouvais un sentiment de profonde admiration et de célébration face à la Création.

La pensée n'était pas absente ; mais mon mental goûtait un état de grande tranquillité. Il faisait chacun de ces constats posément, sans faire intervenir ni doute ni questionnement : « Le temps n'existe pas », « L'univers est une intelligence consciente », « L'essence de la vie est Amour, Beauté, Mystère », « La mort n'est qu'un passage vers une autre vie, mon être est éternel », « La matière est l'Esprit qui s'auto-expérimente », « Tout est Un » ... Et même « Je suis Dieu » ... Tout cela était d'une clarté désarmante pour mon intellect qui s'inclinait devant l'évidence. Je comprenais soudain parfaitement tout ce que j'avais lu dans le livre de Krishnamurti l'après-midi même et qui m'était alors resté inaccessible.

Ces révélations étaient absolument prodigieuses et en même temps, il était si naturel d'appréhender le monde ainsi ! C'était la RÉALITÉ. Une partie de moi d'ailleurs la connaissait déjà très bien et n'y voyait rien d'extraordinaire. C'était si naturel que lorsque j'ai senti le sommeil arriver, je suis allée me coucher tranquillement et me suis endormie comme un bébé en état de grâce dans la matrice de l'Univers.

Une révolution intérieure

Le processus d'éveil à ma dimension spirituelle avait commencé à s'enclencher trois ans auparavant, au cours de ma grossesse, après la lecture des livres de Carlos Castaneda qui avaient eu sur mon esprit un effet révolutionnaire. Dans les années soixante-dix, cet étudiant en anthropologie devint l'apprenti d'un chamane toltèque au Mexique, don Juan Matus, et relata dans une dizaine d'ouvrages son initiation à une réalité surnaturelle et sacrée. J'avais jusqu'alors été conditionnée par mon éducation à considérer l'univers d'une manière très rationnelle, mais je soupçonnais depuis longtemps qu'il était tout autre...

Je me rappelle que jusqu'à l'âge de dix ans environ, j'étais persuadée que je ne mourrais pas. L'idée que mon existence - que le fait d'exister - puisse s'arrêter m'apparaissait tout bonnement inconcevable. Mes parents avaient beau m'expliquer que le corps physique n'était pas éternel et qu'il n'y avait rien après la mort, je ne les croyais pas. Ces derniers, athées, m'inculquaient une vision matérialiste de l'existence : la vie était apparue par hasard, on naissait, on mourrait et il n'y avait aucun sens à chercher là-dedans. Mon père et ma mère étaient les fruits de la révolte contre la morale judéo-chrétienne et les diktats religieux de la fin du XXe siècle. Abandonner la religion avait signifié pour eux abandonner la notion même de Dieu. Je ne reçus ainsi dans mon enfance aucune approche du sacré ni aucune réponse satisfaisante aux questions d'ordre existentiel que je me posais. À l'âge où tous les enfants s'interrogent sur le sens de la vie, mes parents me répondaient systématiquement qu'il n'y en avait pas. Incapable d'adhérer à cette vision qui se heurtait trop à mon ressenti profond, j'en étais venue à me dire que les autres allaient peut-être mourir, mais pas moi ! Je ne me souviens pas s'il y eut un événement particulier, peut-être la séparation de mes parents, mais je sais qu'un beau jour, j'admis qu'ils avaient raison. Je donnai mon accord à cette croyance : j'allais mourir, tout le monde allait mourir. Dès cet instant, un voile tomba devant mes yeux. S'il en était ainsi, alors la vie s'avérait complètement absurde et je me sentais cruellement piégée dans un monde incompréhensible. Le spleen, le mal de vivre, commença à s'installer en moi et ne me quitterait plus jusqu'à ce soir de février où je réaliserais dans un rire de soulagement que j'avais raison quand j'étais enfant : mon existence ne pouvait pas s'arrêter. Il n'y avait ni début ni fin à mon être, à mon essence.

De ma naissance à l'âge de six ans, j'ai vécu en région parisienne. Mon père et ma mère menaient l'existence d'employés de banque banlieusards qui effectuaient une heure et demie de train tous les matins et tous les soirs pour se rendre à leur travail. Un beau jour, lassés de ce quotidien, ils décidèrent de changer complètement de vie et nous déménageâmes pour nous installer dans un petit village de Haute Provence. Je fus très mal acceptée par les enfants de l'école ; victime du racisme anti-parisien et de la méchanceté des « *imbéciles heureux qui sont nés quelque part* » comme le chantait ce cher Brassens. La plupart allaient au catéchisme et je voulus en faire autant, sans doute, inconsciemment, dans l'espoir me faire accepter par leur communauté. Mes parents, bien que clairement anticléricaux mais soucieux de me laisser faire mes expériences, ne s'y opposèrent pas.

Je découvris alors la vie de Jésus et en fus fascinée. Mon cœur d'enfant crut aussitôt en l'existence de ce Dieu merveilleux et plein d'amour. Ce Dieu omniscient réchauffait mon âme assoiffée de sens et de tendresse paternelle. J'éprouvais auprès de Lui un grand réconfort. Mon père m'avait eu très jeune et ne savait pas vraiment me donner l'affection dont j'avais besoin. Il était souvent autoritaire et j'avais peur de lui. Ma mère, bien que plus proche, n'était pas très affectueuse non plus. La sœur qui nous enseignait la religion était une femme douce et bienveillante qui m'aimait beaucoup. Je trouvais auprès d'elle le substitut d'une mère chaleureuse et attentionnée.

Quand je revenais du catéchisme toute enthousiasmée et les yeux pétillants, mon entourage m'affirmait que l'on m'y racontait des sornettes. Mais malgré le trouble que cela provoquait dans mon esprit, je continuais à donner crédit à ce que la sœur nous disait et je me sentais profondément en amour pour Jésus, Marie et le Seigneur. Je rencontrais une émotion inconnue jusqu'alors : la ferveur. Cela me nourrissait tellement qu'un jour je déclarai que, plus tard, j'entrerais dans les ordres et serais nonne. Je voulus me faire baptiser. Là, mes parents commencèrent à s'inquiéter et refusèrent, argumentant que je prendrais cette décision quand je serais majeure mais qu'ils ne cautionneraient pas cette soi-disant vocation tant que je serais sous leur autorité morale.

Quand j'eus dix ans, ils divorcèrent. Ma mère nous emmena avec mon frère âgé de six ans de moins que moi à huit cents kilomètres, dans sa région natale, la Champagne. Je vécus très mal la séparation avec mon père. Je pleurais tous les jours. Soudain, ce père que je craignais se parait de toutes les qualités. C'était le meilleur papa du monde et je souffrais énormément d'être éloignée de lui. Mes parents se trouvèrent désemparés devant ma réaction. Ils n'y comprenaient rien et moi non plus à vrai dire. J'implorais néanmoins chaque jour le Seigneur d'intervenir et de les réunir à nouveau.

La sœur qui dirigeait le catéchisme m'avait offert une icône de la Vierge Marie portant dans ses bras l'enfant Jésus.

L'image était insérée dans un cadre métallique orné de paillettes colorées. Je priais tous les soirs avec dévotion devant cet objet qui avait pris à mes yeux un caractère sacré, pour que mon père et ma mère se remettent ensemble, promettant qu'en retour je serai la plus sage et la plus vertueuse des enfants. Au bout d'environ un an, un soir, submergée par la douleur et très en colère après Dieu car il n'exauçait pas ma demande, je balançai de rage l'icône à travers la pièce. Elle se brisa en plusieurs morceaux... brisant ma foi avec elle. Je vécus là mon premier effondrement intérieur. Cet objet était magique, il ne pouvait pas être détruit ! C'était donc le signe que mes parents avaient raison : Dieu n'existait pas ! Voilà pourquoi il ne pouvait répondre à mes prières. Ce sur quoi je faisais reposer ma raison d'être depuis quelques années venait d'être anéanti. J'en pleurai de longues heures de désespoir puis je me fis une raison. Mais ma vision de la vie se ternit brusquement : il n'y avait aucun refuge, aucun soutien pour moi en ce monde. Ce fut probablement à cet instant que j'admis que j'allais mourir.

J'oubliai le goût de la ferveur mystique et devins une anticléricale convaincue à mon tour, jusqu'à ce qu'environ dix ans plus tard, quelques années avant la révélation de ma nature spirituelle, elle se rappelle à moi pendant quelques heures d'une façon tout à fait inattendue. Je visitais alors le château d'Ambroise en compagnie du futur père de mon enfant, au tout début de notre union. Une petite chapelle y avait été construite à l'intérieur au XVe siècle par Charles VIII pour sa femme Anne de Bretagne. Cet oratoire intimiste, orné de peintures de Léonard de Vinci et éclairé par un vitrail d'où filtrait une douce lumière dorée, dégageait une atmosphère paisible et pénétrante. Je ne pouvais plus m'en détacher et demandai à mon compagnon de m'y laisser seule un instant.

Je m'y sentais merveilleusement bien. Mon cœur d'enfant croyante se réveillait. Je me remémorais mon amour pour Jésus Christ et mon désir d'entrer dans les ordres. Je tombai à genoux, les larmes aux yeux, inondée de dévotion. Oh oui, j'aurais pu être nonne et vouer toute mon existence au Seigneur ! C'était comme si mes cellules se souvenaient d'une vie passée où j'aurais fait l'expérience monastique. Le culte chrétien était peut-être un endoctrinement doublé d'une gigantesque manipulation, mais la foi, c'était autre chose... C'était un chant profond et extatique, de l'âme et du cœur, et il résonnait dans tout mon être.

J'enfouis pourtant ce secret au fond de moi et repris le cours de ma vie, oubliant à nouveau mon mysticisme au nom de mon anticléricalisme. J'avais passé mon adolescence à affirmer que j'étais athée et antisociale, rejetant toute forme d'autorité et de hiérarchie... J'ignorais alors qu'il était possible de vivre la spiritualité hors de toute appartenance religieuse.

***

Je vécus l'âge ingrat en région orléanaise où ma mère avait refait sa vie avec son nouveau compagnon, formant une famille recomposée. Ce dernier élevait seul ses deux enfants, une fille et un garçon, qui devinrent ma sœur et mon frère par alliance. Je les appréciais beaucoup et nous connaissions de chouettes moments de jeux et de partage ensemble, mais je me sentais toujours aussi décalée avec l'éducation que je recevais. Ce furent des années teintées de révolte, de mélancolie et d'angoisse. À dix-huit ans, je n'avais rien trouvé qui m'attire dans le modèle social que l'on me proposait. J'aspirais à une vie d'artiste mais aucun don particulier ne s'était révélé mis à part une passion pour le théâtre, et surtout j'entendais constamment que les voies artistiques ne permettent pas de « *gagner sa vie* ». Pour moi, le schéma métro-boulot-dodo, cinq semaines de congé, un patron, faire tous les jours les mêmes tâches, savoir le matin en se levant de quoi serait faite la journée, était tout à fait contre-nature. Du moins, contre « ma » nature. Cette perspective de vie me déprimait totalement.

Ma mère avait néanmoins tenu à ce que je fasse des études, chose dont elle-même avait été privée et qu'elle voulait offrir à ses enfants... Aussi, après le Baccalauréat, je m'inscrivis à la Fac de Tours, en philo, mais je ne finis même pas la première année. J'avais tenté en parallèle l'entrée au conservatoire d'art dramatique dans l'espoir d'en faire mon métier, mais je ne fus pas reçue et il ne me restait plus qu'à arpenter les couloirs de la Fac, l'âme en peine. Je ne pouvais tout simplement plus tenir en place, enfermée dans une salle, à suivre des cours. J'avais l'esprit romanesque et fantasque, éprouvant une immense soif d'aventure et je me sentais en complet décalage avec la société. Je rêvais de partir en voyage avec un sac sur le dos, mais je ne rencontrai personne avec qui me lancer dans une telle aventure et je me sentais totalement incapable de le faire seule. Je vécus alors pendant deux années une autre sorte d'aventure : j'arrêtai les études pour traîner dans les rues, les squats et les bars de nuit, expérimentant des états modifiés de conscience à travers l'alcool, le sexe et les drogues.

Jusqu'au jour où lassée de cette errance, ne trouvant pas davantage ma place dans le monde de la nuit et des zonards, je ressentis le désir de me poser quelque part et de donner plus de sens à ma vie. Avec l'aide de mon père qui s'était installé à Marseille après son divorce, je me résolus à prendre un appartement et je trouvai un emploi de secrétaire à mi-temps dans un théâtre marseillais. En parallèle, je décidai de tenter à nouveau ma chance dans l'art dramatique. Jouer la comédie était comme voyager dans d'autres univers, et j'adorais ça. Mais insuffisamment passionnée pour m'y consacrer corps et âme sur un plan professionnel et rapidement confrontée aux contraintes de ce milieu très particulier, je m'y sentis peu à peu tout aussi décalée. Je vivotais alors en enchaînant les petits boulots, frustrée de ressentir en moi cet énorme potentiel vital et créatif qui ne trouvait aucune voie d'expression.

À peine installée à Marseille, quelques jours avant de fêter ma vingtième année, je rencontrai celui qui devait devenir le père de mon enfant. Je découvris alors les joies et les difficultés de la vie de couple. C'est à cette période que je fis, sans le savoir, mes toutes premières expériences énergétiques. Presque tous les soirs au moment de m'endormir, je sentais une main prendre la mienne, pleine d'amour, de douceur et de bienveillance. Ce contact avait quelque chose de très familier et les premières fois je crus naturellement que c'était la main de mon compagnon, mais je réalisai rapidement que celui-ci dormait paisiblement de son côté. J'en étais bien surprise car la sensation était tout à fait réaliste ! Je commençais à soupçonner vaguement l'existence d'un monde astral ou énergétique, mais je n'en avais aucune connaissance et je pensai qu'il s'agissait plus probablement d'une forme d'hallucination sensorielle. Il me plaisait néanmoins d'imaginer que je partais au pays des rêves accompagnée par ce mystérieux ami invisible envers lequel j'éprouvais, confusément, une intime confiance. Je ne cherchai pas à en savoir davantage et n'en parlai à personne. Ce phénomène dura plusieurs années puis cessa de se produire après que je sois devenue mère, quand d'autres expériences plus poussées commencèrent.

Après cinq ans de vie commune, Florent et moi décidâmes de devenir parents et je choisis de ne plus travailler pour m'occuper de notre bébé. Passé les premiers mois d'émerveillement, en dépit de l'immense amour que je ressentais pour ce petit être qui me confiait son existence, le quotidien de mère au foyer s'avéra rapidement terriblement ennuyeux pour mon esprit d'aventure et je n'y trouvais pas davantage l'épanouissement que j'avais espéré. Je n'avais cependant pas imaginé, en décidant de donner la vie, que cela marquerait le début d'un complet retournement intérieur...

***

C'est donc pendant mon dernier mois de grossesse que je découvris l'œuvre de Carlos Castaneda et la vision du monde selon la tradition chamanique toltèque. Ils m'insufflèrent aussitôt l'espoir d'une autre perspective de vie qui ne fit qu'amplifier le décalage que je ressentais avec la société, mais également avec mon compagnon, lequel aspirait de plus en plus à une destinée bien rangée, ancrée dans une norme qui semblait finalement lui convenir. Nous partagions le même idéal quand nous nous étions rencontrés, mais avec le temps, il s'était rendu compte que la sécurité matérielle, la stabilité et la sociabilisation étaient très importantes pour lui. Il souhaitait fonder une famille et offrir à ses enfants un cadre sécurisant et adapté au modèle occidental. Tandis que de mon côté, mon rejet de ce modèle et mon incapacité à « rentrer dans le moule » n'avaient fait que s'accentuer et j'aspirais ardemment à un mode de vie alternatif.

Grâce à ce récit initiatique que je dévorai avec passion, je trouvais - enfin ! - la confirmation que je n'étais pas folle, qu'il n'était pas insensé de pressentir une réalité bien plus vaste, mystérieuse et exaltante que celle que l'on m'avait décrite : on vit une existence monotone et toute tracée, on meurt, et c'est tout. Il existait bien autre chose, quelque chose qui offrait des potentiels d'expérience illimités, quelque chose qui donnait du sens et qui n'avait rien à voir avec un Dieu barbu et moralisateur. Ce quelque chose s'appelait la Conscience, l'Énergie, l'Esprit, l'Inconnu, l'Invisible... Dès lors, ma vision du réel vacilla et je m'ouvris à cet Inconnu dans une curiosité et une joie qui, en elles-mêmes, nourrissaient enfin mon âme de cette saveur existentielle et mystique qui me manquait tant.

Je me mis à explorer les possibilités de ma conscience, en commençant par essayer de « *Voir* » l'énergie, ainsi qu'il était écrit dans les ouvrages de Castaneda : selon son maître, Don Juan Matus, tout était énergie et si l'on parvenait à se déconditionner de la perception matérialiste du monde, cette énergie devenait visible. D'où le titre de l'ouvrage le plus fondamental de l'apprenti chamane américain : « Voir ».

Pour accéder à cette perception purement énergétique du monde, il fallait cesser de le regarder à travers les filtres et concepts mentaux qu'on nous avait inculqués depuis la naissance. Et pour échapper à ce conditionnement, la première chose à faire était de parvenir à stopper le dialogue intérieur incessant qui nous habite ; cette voix en nous qui, sans discontinuer, commente les choses, les juge, les classe et les fige dans une certaine représentation. Aussi, chaque jour, dès que j'avais un moment disponible dans ma vie de jeune maman, je pratiquais la contemplation, en m'imprégnant d'un paysage par la fenêtre tout en tâchant de ne penser à rien pour avoir une chance de *Voir* l'énergie.

Cette révolution intérieure, si elle s'amorça en premier lieu à travers une compréhension et une ouverture intellectuelle, devint irréversible quand je vécus mes premiers états de conscience modifiés. Aucun cheminement n'aurait réellement pu se produire en moi sans ces expériences directes d'une autre version de la réalité, car l'éducation rationnelle que j'avais reçue avait créé une forte tendance au doute cartésien dans mon esprit. Ce doute allait être à la fois par la suite un élément perturbateur m'empêchant de m'en remettre totalement à mon intuition, et un précieux garde-fou m'évitant les écueils de l'automystification.

C'est ainsi qu'un après-midi de juin, le jour de l'Ascension, alors que nous venions de nous installer pour prendre le goûter lors d'une sortie du côté du massif de la Sainte Baume où nous adorions nous promener avec Florent, je connus un état de grâce spontané. Assise dans l'herbe d'un petit coin de prairie, imprégnée des doux effluves floraux, contemplant le jeu du vent dans les arbres, la course tranquille des nuages, le vol joyeux des insectes et les grands yeux écarquillés de Neil en plein éveil du haut de ses douze mois, pour la première fois, subitement, mon mental se tut, d'un coup, complètement. Toute pensée interprétant ou jugeant le monde cessa de se formuler dans mon esprit et le spectacle de la nature autour de nous m'apparut dans sa totale magnificence. À l'intérieur de moi comme à l'extérieur, tout était parfait, serein, exactement à sa place. Puis mon mental revint mais d'une manière que je ne connaissais pas : il ne jugeait plus, il constatait simplement. Cet état m'accompagna environ deux heures. Je me souviens entre autres qu'après que nous nous soyons remis en route, les mains sur la poussette, je me mis à penser à mon père avec lequel je m'étais disputée le matin même au téléphone. Il m'avait fait des reproches sur mon comportement à son égard et cela m'avait mise en colère. Or, d'un seul coup, je n'éprouvais plus envers lui aucune animosité. Je voyais parfaitement ce qui l'avait poussé à me parler ainsi. Et je voyais de même ce qui me motivait de mon côté. Chacun avait réagi selon son conditionnement et personne n'avait raison ou tort. Aussi surprenant que cela puisse paraître, je ne ressentais plus à présent pour lui que de l'amour. Pour lui, comme pour tout ce qui m'entourait. J'étais en communion totale avec le monde.

De plus en plus souvent, à dater de ce jour, il m'arrivait de sentir l'espace de quelques instants mon esprit prendre de la hauteur de la sorte et changer le regard que je portais sur la vie humaine. Cela se produisait surtout quand je me trouvais dans des lieux publics. J'observais les gens autour de moi, mon dialogue intérieur cessait et tout jugement sur eux, toute considération personnelle, disparaissait. Une grande paix m'habitait alors. J'appelais cet état « l'état de l'observateur », neutre de tout jugement ou préférence, détaché et aimant. Je ne « voyais » pas l'énergie au sens visuel du terme, mais je « sentais » que tout était relié, interconnecté. Était-ce cela, *Voir* ?..

Naturellement, les premiers temps, j'essayais de partager mes découvertes avec Florent. Pleine d'enthousiasme, je lui avais donné à lire les livres de Castaneda. Il en avait parcouru un ou deux avant de me dire : « *C'est très intéressant, en effet, mais parfaitement inapplicable à nos vies d'Occidentaux. Donc, personnellement, je n'irai pas plus loin* ». À partir de ce moment, non seulement il ne me suivit pas dans mes explorations, mais elles se mirent à lui faire peur. « *Tu viens d'être maman,* me répétait-il en boucle, *tu devrais te consacrer à ton enfant. Au lieu de ça, tu passes ton temps dans des délires. Tu vas finir dans une secte. Ou par perdre la raison !* ». Jour après jour, en dépit de l'amour qui nous unissait, un fossé se creusa entre nous. Tandis que lui craignait pour ma santé mentale, j'avais au contraire, de mon côté, l'impression inverse : je commençais à peine à me frotter à la Réalité et à me reconnecter avec la vie. Je trouvais - enfin - un sens à celle-ci et c'était merveilleux, inespéré. Cela m'emplissait au point qu'il fallait absolument que cela se vive, s'exprime, se diffuse... Je savais également que je n'étais pas en train de fuir mes responsabilités de mère, car mon éveil à la spiritualité était intimement lié à l'arrivée de mon bébé : il avait d'ailleurs débuté quand celui-ci était dans mon ventre. C'était comme si je revenais moi-même à la vie en mettant un être au monde et en l'accompagnant dans cette incroyable aventure. Je connaissais de véritables moments d'émerveillement et de redécouverte de la beauté de l'existence à travers l'éveil de Neil. Je me sentais néanmoins de plus en plus piégée dans mon train-train quotidien, ne pouvant partager mon vécu intérieur, cantonnée au rôle de bonne concubine s'occupant de sa maison tandis que son conjoint ramenait l'argent du ménage. Je ne pouvais parler à personne de la quête qui m'habitait désormais ; il me fallait la vivre cachée et cela restreignait douloureusement mon élan.

Lorsque Neil eut dix-huit mois, j'en fus rendue à passer mes journées allongée, à pleurer. Sous l'influence insistante de Florent, craignant pour l'avenir de notre couple, j'avais cessé mes expériences énergétiques et je m'étais progressivement résolue à faire mon devoir de mère au foyer et à passer à côté de « la vraie vie ». Au fond, c'était peut-être lui qui avait raison... Une tristesse insondable avait terni mon enthousiasme et tout acte du quotidien était devenu compliqué, me demandant de fournir un effort considérable. Je n'avais plus goût à rien, pas même à jouer avec mon enfant. J'en parlais un peu à mon médecin de famille qui m'annonça : « *Vous faites une petite dépression* ». « *Ah ! d'accord...* ». Je mis cela sur le compte du « baby blues » et consentis à prendre des anti-dépresseurs.

Une année durant, je suivis une psychothérapie qui eut

pour premier mérite de me permettre de m'exprimer. Puis de me conduire à d'importantes prises de conscience. Je commençai à analyser mes rêves selon l'approche de Jung, ce psychiatre suisse qui, au début du XXIe siècle, avait mis au point une méthode d'investigation de l'inconscient basée sur l'analyse des songes. Selon lui, les personnages oniriques représentent des parts de nous-mêmes. Ils symbolisent les grandes forces actives en nous, les « archétypes ». Il y a l'Anima, la part féminine d'un homme ; l'Animus, la part masculine d'une femme ; l'Ombre qui personnifie tout ce que l'on n'aime pas en soi, que l'on rejette et qui nous fait souffrir ; la « Persona », notre personnage « social » ; et puis le mystérieux « Soi » tout à la fois centre et totalité de la psyché qui est sensé nous guider sur le chemin de notre évolution. En étudiant le psychisme de ses patients, Jung avait découvert qu'il existe une fonction naturelle de l'inconscient visant à mener l'être humain vers sa transcendance, vers le contact avec sa partie spirituelle, le Soi. Il appela cette fonction « *le processus d'individuation* ». Jung affirmait qu'en règle générale ce processus s'enclenchait naturellement chez l'être humain à partir de la quarantaine. Peut-être étais-je simplement un peu en avance sur le programme ?

Il avait également inventé le terme de « synchronicité » pour qualifier ces « *coïncidences temporelles de deux ou plusieurs événements sans lien causal entre eux et possédant un sens identique ou analogue* ». Un phénomène échappant à toute logique apparente qui, dès que l'on commence à le remarquer, ne peut que bousculer nos concepts cartésiens et modifier notre perception de la réalité. Pour l'illustrer, il racontait qu'un jour au cours d'une consultation, tandis que sa patiente lui confiait un rêve qu'elle avait fait la nuit précédente dans lequel elle avait vu un scarabée doré, ils entendirent un petit bruit contre le carreau de la fenêtre : c'était un scarabée doré qui essayait d'entrer dans son cabinet ! Il s'était alors esclaffé : « le voici votre scarabée ! »

La notion de hasard s'écroule rapidement devant la répétition et la précision de ces événements. L'étonnement et l'émerveillement ne peuvent alors que nous saisir devant ce qui semble être un tour de magie de l'Univers... Et, bien entendu, dès que l'on s'ouvre à la possibilité de cette dimension magique de la vie, on en reçoit rapidement la confirmation.

La première synchronicité remarquable dont je me rappelle se produisit un matin au réveil, après un mystérieux rêve dans lequel j'avais croisé une licorne dont la corne était cassée. Un magicien me montrait comment il s'y prenait pour réparer les cornes cassées des licornes. Encore ensommeillée, en passant près de la cheminée de mon salon, je frôlai le rebord de celle-ci et entendis le bruit d'un objet qui tombe et se brise. C'était une petite licorne en verre soufflé que l'on m'avait offerte quelques années auparavant, et dont la corne venait de se briser ! Je me remémorai d'un coup mon rêve de la nuit et en demeurai stupéfaite. Ce phénomène était donc réel ! Et cela m'était montré à travers un songe qui parlait de... magie ! L'existence, que j'avais longtemps crue dénuée de sens, fade et ennuyeuse, était donc en réalité véritablement magique, animée de conscience et interconnectée ? Et il suffisait de changer de perspective pour le *Voir*, comme avec le « magic eye » ?

Dès l'instant où je sus qu'elles existaient, les synchronicités se manifestèrent de plus en plus souvent, me confirmant qu'il y avait vraiment, en moi, une forme de sagesse, une intelligence - ce fameux Soi de Jung - qui essayait de me guider... De toute évidence, notre vie intérieure et notre vie extérieure communiquaient et recelaient des messages qui nous étaient adressés. C'était merveilleux !

Au fil des mois, en analysant mes rêves selon l'approche de Jung, je dus admettre que je m'étais enfermée dans une vie qui ne me convenait pas. Alors que l'existence avait commencé à me proposer un champ d'expériences nouvelles tout à fait passionnantes et que mes potentiels spirituels et créatifs se réveillaient, je ne leur donnais pas les moyens de s'exprimer. Je remettais donc peu à peu ma situation en question et notamment, ma relation avec Florent. Pourquoi cela devait-il être à moi de m'adapter à lui et à sa vision du monde, et non l'inverse ? Je n'adhérais plus à l'idée que j'étais « celle qui part à la dérive » et qu'il était « la voix de la raison ». Cela ne prenait plus. Et nous nous éloignions d'autant plus l'un de l'autre qu'en sus de ne plus avancer dans la même direction, nous n'étions pas en accord sur l'éducation de notre enfant. Si lui me trouvait trop laxiste, je ne pouvais m'empêcher pour ma part de considérer ses points de vue éducatifs psychorigides. Peu à peu, nos aspirations divergentes installèrent entre nous une distance si importante qu'il devint impossible de la combler. Quand Neil eut deux ans, je pris la décision très douloureuse mais incontournable d'effectuer un grand virage et de le quitter, poussée par une force en moi qui ne me laissait pas d'autre choix que d'aller vers la liberté d'être moi-même.

Le réveil

Je recommençai une nouvelle vie, vivotant entre aides sociales et petits boulots. Ma situation de mère isolée était difficile, elle comportait de nombreuses restrictions sur le plan matériel, mais de grandes aventures intérieures débutaient et je me sentais désormais libre de suivre leur appel.

Elles reprirent tout d'abord et de manière très significative par la voie des songes. Lors de la lecture de « l'Art de rêver », récit dans lequel Castaneda raconte comment il apprend à devenir conscient dans son sommeil et à utiliser son « corps de rêve », il me revint en mémoire qu'il m'arrivait fréquemment, quand j'étais enfant, d'être consciente d'être dans un rêve. Je me rappelai notamment que j'essayais régulièrement de ramener des objets du monde onirique dans la réalité de veille en les serrant très fort dans mes mains dans l'espoir que cela fonctionne, mais que j'étais toujours déçue au réveil de constater mon échec.

J'appris donc en lisant Castaneda qu'un songe au cours duquel on réalise que l'on est en train de rêver s'appelle un « rêve lucide » et je me mis subitement à en faire à nouveau, ce qui était très plaisant.

Puis je commençai à connaître également des expériences aussi inhabituelles que déroutantes. Je me réveillais en plein sommeil, mais mon corps demeurait paralysé et j'entendais des sons bizarres autour de moi : des voix, des murmures ; parfois même, je sentais des frôlements dans mes cheveux ou un souffle sur ma peau… C'était assez angoissant.

La première fois que cela se produisit, j'étais assoupie sur le canapé pendant la sieste de Neil. Je fus tirée du sommeil en sursaut et m'assis, avant d'ouvrir les yeux pour réaliser que… j'étais encore allongée ! Avais-je rêvé que je m'asseyais ? Pourtant la sensation de m'asseoir m'avait paru tout à fait réaliste. Je refermai les yeux pour me concentrer et me redresser en portant cette fois toute mon attention sur chaque geste effectué. Le mouvement était fluide, clair, évident. J'ouvris les yeux, sûre de moi, pour constater de nouveau, éberluée, que j'étais toujours allongée. Et bel et bien réveillée ! Une bouffée d'angoisse m'envahit en constatant qu'il m'était impossible, les yeux ouverts, de faire bouger mon corps. Celui-ci était complètement paralysé. Je réitérai l'expérience de m'asseoir les yeux fermés, qui s'avéra une fois de plus tout à fait concluante. Mais dès que j'ouvris les yeux, je me retrouvai dans mon corps allongé et inerte. Je commençai à comprendre, aussi fou que cela puisse paraître à mon esprit rationnel, que ce n'était pas avec mon corps physique que je m'étais assise ! C'était avec ce fameux « corps de rêve » dont parlait Castaneda ! J'en avais la preuve concrète ! Tâchant de conserver mon sang-froid, je fis une nouvelle tentative pour me redresser, les yeux ouverts cette fois-ci. Cela me demanda un effort considérable, mais j'eus l'immense surprise de voir une sorte de corps translucide se détacher de moi et s'asseoir. Je sentis en même temps le mouvement, et l'étrangeté d'être à la fois allongée... et assise ! Puis j'entendis soudain une voix, comme une présence invisible derrière moi, qui m'annonçait qu'il fallait me lever... Qui donc pouvait bien être là, dans mon salon ?? Je paniquai pour de bon et sentis la peur m'envahir lorsque, d'un seul coup, je me réveillai « vraiment », complètement déboussolée. Il n'y avait évidemment personne à côté de moi, et je réalisai - ou supposai - que je venais de vivre un type très particulier de rêve lucide.

Ce genre de « faux réveil » se produisait très fréquemment, notamment pendant les siestes. Parfois, émergeant du sommeil, je me levais et allais me rafraîchir le visage dans la salle de bains. Tout était identique à la réalité, mais je me rendais soudain compte d'un détail étrange : la poignée de la porte était différente, ou bien c'était la couleur du mur... Je comprenais alors que j'étais en train de rêver que j'étais réveillée et je me retrouvais aussitôt allongée dans mon lit, incapable du moindre mouvement, comme engluée, sentant parfois de mystérieuses présences désagréables qui me frôlaient où me parlaient. J'essayais de bouger pour sortir de cet état, ce qui finissait toujours par arriver, mais uniquement après d'effroyables efforts.

D'autres fois encore, je rêvais à répétition que je me réveillais, sans pour autant que cela advienne et jusqu'à ce que je me sente totalement perdue, affolée à l'idée de rester coincée dans cet entre-deux sans plus jamais pouvoir revenir à la réalité normale, la réalité de veille. Autant dire que je sortais de ces étranges sommeils complètement épuisée.

Je finis par effectuer des recherches sur internet et découvris un blog sur lequel des personnes racontaient vivre le même type de rêves. Elles appelaient cela des OBE (Out of Body Expériences*), qui se produisaient dans « *l'état intermédiaire* » entre sommeil et veille, et les présences inquiétantes qui se manifestaient alors étaient des « *démons du matelas* ». Les intervenants du blog assuraient qu'il s'agissait d'entités du « bas astral », un monde énergétique parallèle au nôtre, et qu'il ne fallait surtout pas leur prêter attention. Ces êtres immatériels se nourrissaient de notre peur et si on les ignorait, ils finissaient par nous laisser tranquilles. Les états de catatonie étaient en fait les prémices d'un voyage astral. Un livre de référence, « Le voyage hors du corps » de Robert Monroe, décrivait parfaitement ces états modifiés de conscience. Je me sentais soulagée. Ces phénomènes étaient connus, et il y avait moyen d'en faire autre chose que de paniquer bêtement. Toujours d'après ces témoignages, il suffisait de se détendre suffisamment et d'avoir l'intention de sortir de son corps pour faire des expériences de décorporation passionnantes. Je m'y exerçais, et bien que cela ne fonctionne pas à chaque fois car les moments de paralysie étaient parfois encore trop paniquants, je commençai à vivre de fabuleuses aventures.

Parfaitement consciente de mon corps endormi dans mon lit, je m'élevais au-dessus de lui et partais explorer ce monde « astral », cette réalité parallèle dans laquelle la conscience bascule quand le corps physique dort. Une dimension plus subtile que celle de la matière, qui curieusement cependant me paraissait encore plus réelle que la réalité physique. Et mon corps de rêve pouvait passer à travers les murs ! voler ! léviter... Les sensations étaient très intenses, hyper réalistes. Au point que celles de la vie de veille, en comparaison, paraissaient fades. Dans l'astral, l'esprit était très clair et très lucide, et tous les sens étaient décuplés. Les paysages offraient des formes et des configurations absolument inimaginables ainsi que des couleurs exacerbées, très lumineuses, dans des subtilités de teintes dignes d'un peintre de génie.

La révélation de l'existence de ce corps immatériel, conjointe aux expériences extraordinaires que Castaneda racontait dans ses livres, donna un très gros coup à ma rationalité et il me fallut me rendre à l'évidence : je n'étais pas *seulement* un corps physique et il existait *réellement* d'autres types de réalités !

***

Encouragée dans ma soif de découvertes, je me laissais guider, d'intuitions en synchronicités, vers d'autres auteurs qui éveillaient leurs lecteurs à une vision de la vie différente des perspectives matérialistes ou religieuses classiques. J'appris ainsi avec étonnement que de très nombreuses traditions, partout sur notre planète, enseignaient que la réalité collective n'était pas la réalité ultime, mais juste une convention. Tout dépendait, en fait, de la manière dont l'individu interprétait le monde ; du point de vue qu'il adoptait pour l'observer. Les bouddhistes parlaient même d'un état d'être authentique qu'ils nommaient *l'éveil*, en opposition à l'état de conscience ordinaire qui, selon eux, était une sorte de rêve, une construction mentale. D'après ce que je comprenais, *l'éveil* se produisait quand l'individu se réveillait de ce rêve qu'était sa vie. Il avait alors accès à une vision objective de la manifestation, de la création. Il *voyait* le Réel et sortait à ce moment de l'illusion. Tout au long de l'histoire humaine, des êtres s'étaient ainsi *éveillés* et certains d'entre eux étaient devenus des maîtres spirituels. Je découvris avec un immense intérêt les écrits de deux grands maîtres indiens qui marquèrent profondément les esprits par leurs enseignements : Ramana Maharshi et Jiddu Krishnamurti.

Je me rappelle encore parfaitement de la première fois où j'ai lu le mot *éveil* dans son contexte spirituel. C'était dans l'ouvrage que le psychothérapeute Jan Foudraine consacre à Krishnamurti, Rajneesh et C.G. Jung, exposant et comparant leurs trois approches*. Lorsque je tombai, après quelques pages, sur l'expression « *éveil de la conscience* », je reçus comme un coup de poing dans le plexus solaire. « *Je connais cela ! Me dis-je aussitôt. Je connais très bien cela, mais qu'est-ce que c'est déjà ? Il faut que je sache... il faut absolument que je me rappelle* ». C'était comme si une porte venait de s'ouvrir dans mon esprit, une porte qu'il me serait désormais impossible d'ignorer.

En plus de mes expériences de décorporation, je faisais beaucoup de rêves lucides, presque chaque nuit. Et j'adorais ça : cet instant où je réalisais : « *Je suis en train de rêver !* » faisait à chaque fois monter en moi une joie immense, tout enfantine. Et le même phénomène commençait à se produire dans la vie de veille : je prenais subitement conscience que ce que je croyais être la « réalité » était en vérité un rêve. C'était exactement la même sensation qu'en songe, la même joyeuse évidence. J'entrevoyais alors le réel comme un simple agencement de phénomènes, sans émotions ni jugements personnels, sans référence. La brume du conditionnement moral se dissipait : il n'y avait plus de notions de bien et de mal, de beau et de laid, de bon et de mauvais, seulement la Vie telle qu'elle se manifestait dans l'instant présent.

Paradoxalement, cet effondrement de mon système de valeurs me procurait une grande sérénité. Je me sentais parfaitement *présente*, ici et maintenant, délivrée d'un poids énorme, légère et apaisée. Un délicieux sentiment de liberté m'envahissait, s'accompagnant d'une soif de partir à l'aventure de la vie, de l'appréhender comme un vaste champ d'expériences. Cesser d'interpréter le monde, cela voulait dire cesser de le considérer comme un cauchemar insensé et de me comporter en victime. Cela me faisait énormément de bien et me réconciliait peu à peu avec l'existence humaine, que j'avais si longtemps vécue comme une limite et une souffrance.

Durant l'année qui suivit ma rupture avec Florent, je menai

ainsi une vie intense de chercheuse. Entre lectures, contemplation, expériences astrales et analyse de mes rêves. Même si émotionnellement, je me sentais coupable de faire vivre à mon enfant et à son père cette séparation, j'étais comblée par la soudaine richesse de ce qui s'offrait à moi. Cette culpabilité finit d'ailleurs elle-même par s'évanouir un beau soir, suite à un nouvel « état de grâce ». Avec le recul, je peux dire que ce type d'expérience était comme les prémices de l'illumination spirituelle qui s'annonçait. Je me trouvais chez mon frère, qui venait à son tour de s'installer à Marseille pour se rapprocher de notre père, à ma plus grande joie. J'entretenais avec lui une profonde et tendre relation, nous étions des confidents et des amis. Je prenais l'air sur sa terrasse par une chaude soirée d'été, contemplant le ciel nocturne et faisant le silence en moi. Retrouvant avec bonheur cet « état de l'observateur », je sentis ma conscience prendre de plus en plus de hauteur, au point que je pus regarder ma vie de l'extérieur. Je la vis alors défiler dans ses grandes lignes et compris que tout ce que j'avais vécu jusqu'en cet instant s'était précisément produit pour me mener là où j'en étais. Il existait une fabuleuse intelligence qui agençait les événements exactement comme ils *devaient* être. Je ressentis à ce moment, comme une vérité puissante, que chacun d'entre nous était guidé et je réalisais que je ne devais - mieux que cela : que je ne *pouvais - en aucune façon me sentir coupable de quoi que ce soit. La volonté personnelle - la mienne comme celle des autres - n'avait rien à voir dans tout ceci. Nous étions les acteurs d'une pièce bien plus vaste, complexe et astucieusement ordonnée que nous ne l'imaginions !*

À dater de ce jour tout sentiment de culpabilité s'effaça en moi et je me sentis autorisée, conviée plutôt, à emprunter ce chemin alternatif qui m'attirait tant. En conséquence, comme par un phénomène d'accélération, je me retrouvais de plus en plus fréquemment dans cet état de simple présence au monde qui se contente de percevoir le réel sans plaquer dessus aucune interprétation ni jugement. Jusqu'à ce fameux soir de février où il me fut donné de réaliser qu'il n'existe en vérité aucune séparation entre moi et le monde, que tout est une seule et même chose : Conscience, Présence.

Après l'extase...

Le lendemain de cette soirée à jamais marquée d'une pierre blanche où je reçus le cadeau de l'illumination spirituelle, fut une journée savoureuse à flotter légèrement au-dessus du sol, comme soulevée par les bras de l'Amour. Je pensais beaucoup à l'humanité. Toutes mes haines, mes colères et mes cris d'injustices s'évaporaient devant le fait qu'il n'y avait que des êtres amnésiques et perdus. Si chacun avait pu voir ce que je voyais en cet instant, ça aurait été le paradis sur Terre.

Dans l'après-midi, en allumant la télé je tombai sur un documentaire consacré à la découverte d'un homme préhistorique aux États-Unis, nouvelle qui mettait en ébullition les archéologues et les anthropologues. Je regardais ces hommes s'affairer et débattre autour de cette trouvaille extraordinaire et je ressentais un tel sentiment d'étrangeté. D'ordinaire, ce type d'émission m'aurait passionnée, mais là je me disais : « Pourquoi aller fouiller le passé pour comprendre le sens de l'existence ? Il n'y a aucune vérité à y trouver. Tout est *là*, tout a toujours été là, seul existe l'instant présent. »

Cependant, savoir que l'Esprit, l'Amour absolu, la Présence divine, est « sous nos yeux » en permanence, à portée de main, en nous et partout autour de nous, et que pourtant personne ne le voit, devint peu à peu difficile à accepter. À présent, je savais ce que signifiait réellement *Voir*. Et je ne pouvais m'empêcher de me dire que la forme qu'avait le monde changerait radicalement si nous réalisions tous notre vraie nature, si nous devenions tous des « *voyants* ». Et je savais également que moi-même j'allais perdre ma vision et retomber dans l'illusion de la séparation et de la matérialité. Cela m'attristait, et mon mental recommençait à s'agiter, à remettre en route la machine du questionnement.

Dans les jours qui suivirent, alors que ma perception revenait peu à peu à l'état de conscience « ordinaire », cette tristesse se dissipa pour laisser place à une joie profonde. Je savais qui j'étais vraiment ! Mon être véritable, spirituel, était universel et immortel et je revivrais de tels instants, dans cette forme de vie ou dans une autre. Tôt ou tard ma conscience plongée dans la dualité rentrerait à la maison et je retrouverais mon état naturel et unifié, car il était éternel et atemporel.

Comme l'exprime très justement Jack Kornfield dans son ouvrage sur les suites de l'éveil spirituel, que je découvris des années plus tard : « *Après l'extase, la lessive* » … Et celle-ci peut parfois être décapante !

Je rencontrai dans le même temps le grand amour sous les traits de Tristan, avec lequel j'allais vivre une histoire aussi riche qu'orageuse pendant cinq ans. Malgré la relation forte que j'avais eue avec Florent, j'ignorais tout de la vraie passion amoureuse et j'y aspirais romantiquement. Je ne fus pas déçue du voyage.

Tristan témoignait de son expérience de rêveur lucide chevronné sur le blog traitant des OBE. Nous fîmes connaissance ainsi, entamant une correspondance abondante et enflammée, tombant très rapidement amoureux l'un de l'autre. Totalement fascinée par le personnage, je le considérais comme un guide spirituel, d'autant qu'il était de 14 ans mon aîné. Il vivait, tout comme moi, un processus d'éveil et était un fervent lecteur de Castaneda et de Jiddu Krishnamurti. Je pouvais enfin partager mes explorations intérieures avec mon compagnon et c'était absolument merveilleux.

Tristan séjournait chez moi une semaine sur deux, lorsque Neil était chez son père (nous avions établi dès notre séparation une garde alternée). Son métier de photographe indépendant lui offrait la grande liberté de résider là où il le souhaitait. Il se partageait donc entre mon appartement de Marseille et sa maison de campagne, à quelques centaines de kilomètres. J'alternais ainsi entre ma vie de maman isolée et ma vie d'amoureuse. Il n'était pas question pour lui de s'investir dans mon existence en tant que « beau-père » de mon enfant, la vie de famille n'était pas son truc. Si je le déplorais au tout début, je dus reconnaître avec le temps que c'était bien mieux comme cela pour Neil, car Tristan et moi allions assez rapidement entrer dans un mode de relation très conflictuelle.

Nous vivions ensemble de nombreuses expériences mystiques et d'états modifiés de conscience. À ses côtés, la magie était une manifestation quotidienne. Pas une journée sans que des synchronicités ne se produisent et que nous connaissions des moments d'émerveillement devant « les effets visibles de l'invisible ». Les frontières de ce que j'avais été conditionnée à considérer comme étant la réalité s'effondraient et je commençais à vivre selon une perspective chamanique. J'appris avec lui à me laisser guider par « les signes » et à observer les mouvements d'énergie qui président aux événements, comprenant que ce qui se passe « en apparence » prend sa source en amont dans le monde immatériel - le niveau énergétique et inconscient, la dimension psychique de nos êtres que Jung avait nommé « l'inconscient collectif ».

Cependant, nos quêtes étaient sensiblement différentes. J'aspirais pour ma part à sortir complètement du rêve collectif, à m'éveiller radicalement, à vivre en permanence l'état d'unité, d'amour, de liberté, de détachement et de paix que j'avais connu lors de mon illumination. Tristan, quant à lui, n'avait pas vécu cette expérience. Les quelques moments où il était « sorti du rêve », il n'avait rencontré qu'un vide infini, insondable et sans âme dans lequel il s'était senti totalement seul, perdu et terrifié, et qu'il appelait « le noyau abstrait ». Il avait bien reconnu ce vide comme étant le substrat de la réalité, mais ce n'était pas un vide vibrant d'êtreté et d'amour, c'était un néant angoissant ; ce qui me surprenait et m'interrogeait grandement (je devrais à plusieurs reprises dans ma vie future rencontrer d'autres êtres qui témoignaient de cette même expérience du vide, sans jamais comprendre comment c'était possible qu'ils n'aient pas reconnu la nature de l'Esprit). Ainsi, sa spiritualité n'avait pas pour objectif de se réveiller du rêve, mais de jouer avec ce dernier et d'explorer les différentes réalités possibles accessibles à sa conscience. Ce qui l'intéressait, c'était d'ouvrir les portes de sa perception et de voyager dans les mondes, comme le font les chamanes en provoquant des états de transe ou en consommant des plantes psychoactives. Grâce aux livres de Castaneda ainsi qu'à des facultés particulières qu'il possédait depuis sa naissance, Tristan avait appris, en passant de longues heures seul dans la nature, à entrer dans des états modifiés de conscience à volonté sans avoir recours à des substances extérieures et tout en restant parfaitement lucide.

Il essayait donc de me transmettre ces outils et de m'amener dans son monde, de m'en faire goûter la saveur et la beauté. Car il reconnaissait que si ces états le remplissaient de joie et le nourrissaient merveilleusement, la solitude de ne pouvoir les partager était cependant très pesante. Bien sûr, j'aspirais de tout mon cœur à le suivre, mais je butais souvent sur de nombreuses peurs, comme notamment la peur de l'inconnu ou de perdre la raison, ce qui rendait ma progression difficile et provoquait chez lui impatience et frustration. Et puis, ma véritable quête n'était pas celle-ci. J'essayais de lui transmettre la révélation reçue lors de mon illumination spirituelle. Je ne cessais de lui répéter que nous ne sommes pas des petits êtres perdus dans l'infini, mais que *nous sommes* l'infini. Que le vide n'est pas un néant sans âme mais au contraire un vide vibrant de conscience, et que la solitude est une illusion car en réalité nous sommes tous reliés, nous sommes en interaction directe avec l'ensemble de la création. J'insistais beaucoup sur le fait que la matière *est* conscience, conscience/énergie ; car pour lui le monde matériel et le monde spirituel étaient radicalement dissociés. Je lui disais que dans notre essence nous sommes l'Esprit universel et que le désir d'échapper à la solitude existentielle n'est que le désir de retrouver l'état fusionnel que nous connaissions avant que l'incarnation dans un corps physique ne nous fasse oublier notre nature fondamentale, nous plongeant dans l'illusion de la séparation avec le Tout. Mais mes paroles ne provoquaient pas cette réalisation en lui et il doutait souvent de leur vérité, arguant qu'il ne s'agissait peut-être que d'une création mentale pour échapper à l'angoisse du vide. Et ce, malgré le fait que des auteurs qu'il prenait très au sérieux, comme Jiddu Krishnamurti, en témoignaient également à leur manière. Je comprenais que tant qu'il n'en aurait pas fait l'expérience directe, il ne pourrait intégrer cela dans son existence et continuerait à être angoissé par le vide et la solitude. Et cela suscitait en moi de la tristesse et de la frustration…

Nous avions ainsi de longs échanges sur ces sujets et nous tentions chacun de partager notre perspective à l'autre. D'un côté, c'était riche, mais d'un autre, cela entraînait régulièrement des conflits. Pour lui la réflexion métaphysique était source d'angoisse profonde, tandis que pour moi elle amenait exaltation et amour de la vie. Au fond, nous étions en « désaccord spirituel », ce qui générait souvent le même échauffement que si nous avions été en désaccord politique.

Un jour, environ un an après notre rencontre, nos visions se rejoignirent enfin. Il réussit à me faire véritablement entrer dans une dimension parallèle et je parvins à lui faire toucher la réalité de la conscience universelle. C'était début février et nous nous trouvions alors à Paris le temps d'un week-end. Le soir, dans la chambre d'hôtel, il m'invita à une expérience de perception. Juste devant la fenêtre qui donnait sur un parc, deux arbres enchevêtraient leurs branches semblables à des griffes aux multiples arborescences. La lune, à notre gauche, diffusait sa douce et subtile lueur sur leurs cimes. À l'arrière-plan, la nuit était d'un bleu d'encre et sans étoiles.

Tristan m'enjoignit de fixer le ciel à travers un rectangle formé par des branches et de concentrer simultanément mon attention sur les branches elles-mêmes, qui formaient une espèce de couloir vers le trou noir du ciel. Dissocier le regard et l'attention était la clé qui permettait de voir au-delà du connu et je m'y exerçais déjà depuis quelque temps, jusqu'alors sans résultat probant. Après un petit moment, j'eus subitement la sensation d'être un poisson dans un aquarium, nageant au milieu d'algues gigantesques. Je me sentais toute petite, comme si j'avais rapetissé à la taille d'une mouche volant de branches en branches. Alors, une nouvelle dimension m'apparut : le vide entre les branchages se révéla soudain habité, un univers en trois dimensions, mystérieux et très lumineux se dévoila à mon regard. Tout d'abord je ne perçus tout cela que sous la forme de filaments d'énergie en mouvement, associé à une émotion de joie tout enfantine, une joie espiègle, joueuse, insouciante. Puis mon cerveau se mit à créer des images à partir de ce substrat, des images de mondes enchantés, féeriques, scintillants et vibrants. J'étais comme au cinéma. Cette vision était extraordinaire, semblable à celles produites par le LSD.

Tristan était aux anges : je voyais enfin ce qu'il voyait ! Nous sommes restés absorbés plusieurs heures dans cette magie, habités par la félicité de voyager dans une dimension cachée de la réalité et de ne plus être prisonniers du rêve collectif humain.

Le lendemain ma perception était comme élargie, le monde me semblait plus vaste, plus magique et plus mystérieux que jamais. J'avais enfin entrevu les mondes que Tristan rencontrait en jouant avec les volumes, les densités, les distances, en plaçant son regard au-delà de l'interprétation habituelle qui conditionne et limite la façon dont nous percevons. J'avais eu un aperçu de l'immensité des possibilités de créations de l'Esprit. Cette expérience était tout à fait typique de celles que Castaneda racontait dans ses livres. C'était vraiment captivant et je comprenais pourquoi mon compagnon en était tellement friand.

Cependant, je ne pus m'empêcher durant le petit-déjeuner de rappeler à Tristan ces mots de Castaneda, consignés dans mon carnet de notes : « *Le but du chamanisme de don Juan est de briser les paramètres de la perception historique et quotidienne et de percevoir l'inconnu. C'est pour cela qu'il s'appelait lui-même un navigateur de l'infini. Il affirmait que l'infini repose au-delà des paramètres de la perception quotidienne. Briser ces paramètres était le but de sa vie.* »

Et pourquoi donc consacrer sa vie à une pratique visant à « naviguer dans l'infini » si cet infini était un néant de solitude angoissant ? Cela n'aurait aucun sens... Tristan, enfin heureux et détendu d'avoir pu partager son univers intérieur avec moi, se sentant compris dans ce qu'il vivait et qui lui tenait à cœur, était prêt, pour la première fois vraiment, à s'ouvrir à ma vision et à ma propre raison d'être. Il m'écouta attentivement lui exposer une fois de plus que tout était conscience, que l'énergie qu'il voyait pétiller et créer des mondes était de nature spirituelle... Et il eut le déclic. Son visage s'illumina et une grande paix s'invita en lui.

Nous partîmes de Paris en début d'après-midi pour rentrer à Marseille, et notre périple fut celui de la plénitude. Les concepts de beau et de laid ainsi que les considérations habituelles sur les comportements humains ne faisaient plus aucun sens. Nous nous sentions comme des extraterrestres qui découvrent ce monde sans rien savoir, strictement rien, de lui. Sans repère pour interpréter la manifestation, il n'y avait plus de dualisme, plus de jugement, et tout apparaissait dans sa perfection et sa beauté existentielle. Sur les bords de la Loire, un vent fort faisait tournoyer dans le ciel des masses blanches et brillantes. Des sacs plastiques dans cette réalité. Mais notre attention nous porta à nous exalter sur ces masses blanches virevoltantes comme s'il s'était agi d'oiseaux ou de fleurs inconnues. Nous étions dans une perception accrue, proche de l'extase. Tristan connut également, à l'approche d'une centrale nucléaire, un sentiment totalement inhabituel pour lui qui frémissait d'horreur d'ordinaire à la vue de ces bâtiments. Ayant aboli la différence entre lui et la centrale, il se ressentit comme étant de la même essence qu'elle. Il dit qu'il aurait pu, en cet instant, se jeter au cœur de la centrale en toute quiétude ! Il comprenait enfin dans son être mes propos concernant une conscience, un esprit qui est la matrice, la source, de toute création. Il vivait du coup l'évidence qu'il n'y a pas réellement de séparation entre les choses et entre les êtres. Nous étions dans *ce qui est*, et non dans *ce que nous interprétons de ce qui est*. Il n'y avait plus d'écart, de dissociation, entre « la vie » et « nous ». Plus tard nous avons repris un terme inventé par l'un des grands auteurs français sur l'éveil, Stephen Jourdain, pour décrire le vécu de cette journée : *l'édénisation du monde.*

Ce jour mémorable resta pour nous une référence. D'autant plus que nous nous aperçûmes une fois rentrés que nous étions le 02.02.2002... En réduction théosophique, cela donne le chiffre 8, symbole de l'infini et de l'équilibre cosmique. Pour Tristan cette expérience constitua la fin de ses angoisses au sujet du « noyau abstrait ».

Parmi les états modifiés de conscience que nous expérimentions, il y avait également les rêves lucides et les sorties hors du corps, que nous nous régalions à nous raconter le matin au réveil. Notre grand désir était de *rêver ensemble*, une possibilité dont parlait Castaneda, qui consistait à se retrouver ensemble dans le même rêve, en état de lucidité. Lui-même et les autres apprentis de son maître, don Juan, pratiquaient cela régulièrement. Nous fîmes de nombreuses tentatives dans ce sens, sans y parvenir. Il arriva cependant une fois, une seule, où nous vécûmes spontanément une expérience astrale ensemble.

C'était au petit matin, nous nous étions assoupis après une nuit d'amour. Je me réveillai et me collai à lui en chien de fusil, puis j'ouvris les yeux pour constater que je n'avais pas bougé : mon corps était allongé sur le dos, à côté du sien également sur le dos. Je me rendormis, puis me réveillai, à nouveau en chien de fusil. Je sentais le poids de son corps contre le mien et de sa main sur ma poitrine. Mais ce fut pour constater, une fois les yeux ouverts, qu'il n'en était rien et que nos deux corps étaient toujours allongés côte à côte. Cela se reproduisit plusieurs fois jusqu'à ce que je comprenne que j'étais en train de faire une OBE. Dès cet instant je me sentis léviter, légèrement au-dessus de mon corps physique, à la recherche du corps astral de Tristan. Et je perçus soudain sa présence, très diffuse, qui me cherchait aussi. Nous nous sommes alors collés l'un contre l'autre, en chien de fusil, au-dessus du lit, et nous avons commencé à osciller légèrement, comme bercés par un léger mouvement vibratoire. C'était extrêmement agréable et d'une grande douceur de flotter de la sorte ensemble dans la lumière laiteuse de l'astral. Je me suis rendormie ainsi.

Au réveil, je m'en souvenais. Et quand je l'ai raconté à Tristan, il a bondi dans le lit, tout exalté : il s'en souvenait aussi ! Nos vécus étaient exactement les mêmes !

Nous ne parvînmes cependant jamais à provoquer cela par la volonté. Il m'arriva fréquemment de faire des rêves lucides dans lesquels nous étions ensemble et où je lui disais : « Mon amour, nous *rêvons ensemble* ! » et où il acquiesçait, tout heureux. Mais il ne s'en souvenait jamais quand je le lui racontais et je ne pus donc pas valider ces expériences.

***

Aux côtés de Tristan j'appris également, parmi un certain nombre de choses nouvelles pour moi, que de toute évidence des êtres d'autres planètes, ou d'autres dimensions, interagissaient avec l'humanité depuis très longtemps. Ce sujet nous passionna pendant un bon moment. De multiples traces en attestaient dans l'histoire. Nous constatâmes que l'on trouvait des peintures représentant des OVNIS à de nombreuses périodes... Sans parler des prouesses des anciens égyptiens et des Mayas avec leurs improbables pyramides et leurs dieux très étranges... Que des E.T. soient venus sur Terre et aient été pris pour des Dieux n'auraient rien d'impossible... Mais le lien entre des intelligences extraterrestres et la spiritualité ne semblait pas s'arrêter là. Une série de synchronicités me menèrent à découvrir l'existence d'un « contacté » vivant près de Marseille, Jean-Claude Pantel, qui avait écrit deux livres dans lesquels il relatait comment des entités non terrestres étaient entrées en contact avec lui 30 ans auparavant et lui donnaient depuis lors des enseignements spirituels*. Je ne me serais peut-être pas intéressée à cet homme sans ces coïncidences tout à fait incroyables, comme notamment le fait qu'il avait vécu dans l'immeuble où habitait mon frère et où j'avais séjourné après ma rupture avec Florent et connu un état d'éveil (relaté plus haut). Immeuble dans lequel des phénomènes paranormaux s'étaient produits autour de lui si bien que le promoteur immobilier avait refusé de lui vendre l'appartement qu'il projetait d'acheter... Ou encore, que son médecin de famille portait le même nom que l'obstétricien qui avait mis mon enfant au monde... J'appris tout ceci en partie sur internet et en partie dans le 1er tome de son livre dans lequel il racontait en détail son expérience qui avait commencé en 1973, l'année de ma naissance ! Après avoir dû renoncer à vivre dans l'immeuble de mon frère, il avait tout d'abord loué un logement dans un autre quartier de Marseille - à deux rues de celui où j'habitais présentement ! - d'où il s'était fait exclure également suite à des phénomènes de type poltergeist. Puis il avait fini par acheter une maison à Auriol, petit village proche de Marseille.

Ces synchronicités avec l'histoire de Jean-Claude Pantel me firent d'ailleurs remarquer pour la première fois des coïncidences entre mon année de naissance et celle de Neil, et le lieu où j'avais vécu l'illumination. Je me trouvais le soir du 28 février 2001 dans une maison du Vallon de l'Oriol, à Marseille (encore un lien avec M. Pantel : *Oriol, Auriol*...), dans laquelle je gardais plusieurs jours par semaine un petit garçon de 1 an. J'aimais beaucoup cette maison. Il y régnait une atmosphère très étrange, que je ne savais pas définir, quelque chose d'un peu onirique, comme si elle était habitée par une présence invisible. Je m'y sentais très bien, comme enveloppée de douceur. J'y vivais des phénomènes très particuliers : j'étais saisie régulièrement par des visions du désert de Sonora au Mexique et j'entendais simultanément des voix parler en espagnol, en pleine conversation, exactement comme si une radio venait de s'allumer dans la pièce. Je ne comprenais pas ce que ces voix disaient, mais ces « visions » s'accompagnaient d'un élan irrésistible de me rendre au Mexique ; je savais qu'il fallait que j'aille là-bas, dans ce désert. Cela durait quelques secondes, puis se dissipait. Ceci pouvait se produire plusieurs fois par jour.

Je venais toujours uniquement dans cette maison en journée, exceptée cette soirée-là où les parents du petit Paul m'avaient demandé de dormir sur place pour qu'ils puissent sortir avec des amis. Pendant ces quelques mois où je me rendais 3 jours par semaine dans cette famille, je ne rentrais pas chez moi le soir mais logeais chez mon frère car cela me faisait beaucoup moins de trajet. Neil se trouvait alors avec son père. Le matin, je partais donc de l'appartement de mon frère pour prendre un bus place Castellane qui me menait au 98 chemin du Vallon de l'Oriol, le bus 73. Le chiffre de mon année de naissance... Et Neil était né en 98, tout comme ma spiritualité qui avait commencé à s'ouvrir pendant mon dernier mois de grossesse...

Si je pressentais qu'il y avait des liens entre l'histoire de Jean-Claude Pantel et mon éveil spirituel, cela me fut confirmé quand je lus le deuxième tome de son livre. Les entités extraterrestres, qu'il nommait les « visiteurs de l'espace-temps », se manifestaient à lui non pas physiquement, mais verbalement : il disait entendre leurs voix surgir de nulle part et lui donner des enseignements. Et ces enseignements étaient comme un mélange des écrits de Castaneda et de ceux de Krishnamurti ! Je dis en riant à Tristan que ces êtres étaient « des sorciers toltèques krishnamurtiens » ...

Ces coïncidences entre le témoignage de cet homme et mon illumination spirituelle me firent m'interroger sur la possibilité que les expériences d'éveil spontanées puissent être générées par la présence invisible d'extraterrestres et cela m'intrigua au plus haut point...

Je vécus d'ailleurs dans l'immeuble de mon frère, peu après

avoir fait ces découvertes, ce que j'ai considéré comme le tout premier événement que je pourrais qualifier de paranormal. Mon frère s'était absenté pour 48 heures et m'avait proposé de me laisser son appartement. Dans la soirée, j'étais donc seule chez lui, je pensais à Jean-Claude Pantel et je me disais : « si toute cette histoire est vraie et que j'ai un lien avec elle, alors en ce moment précis, ces « visiteurs » savent probablement que je me trouve dans ce lieu où ils se sont manifestés il y a une trentaine d'années, et que je pense à eux ». Je commençai à tenter un contact télépathique avec eux, mais prise soudain de frayeur à l'idée qu'un phénomène se produise que je ne saurais pas gérer émotionnellement, je me ravisai.

Plus tard, avant de me coucher, je demandai à mon inconscient de m'envoyer un rêve pour m'éclairer sur un sujet qui me tenait à cœur (qui n'avait rien à voir avec les E.T.). Puis je m'adressai au capteur de rêves qui était suspendu au-dessus du lit de mon frère - et que je lui avais offert -, pour qu'il m'aide à recevoir le rêve en question, pratique d'origine amérindienne à laquelle je m'adonnais souvent avec mon propre capteur de rêves chez moi.

Le lendemain matin, je me réveillai avec un rêve en mémoire qui n'avait apparemment aucun rapport avec ma question. Déçue, je regardai le capteur de rêve. Surprise ! Il oscillait légèrement de gauche à droite ! Toutes les fenêtres étant fermées, ce ne pouvait venir d'un courant d'air. Je me levai et vis alors, sur la couette, une plume du capteur de rêve ! En la regardant de plus près, je constatai qu'elle était collée à un morceau de perle qui s'était brisée... Le mouvement du capteur de rêve avait probablement été généré par la brisure de la perle, qui s'était donc produite quelques secondes avant mon réveil... Une perle en terre cuite peut-elle ainsi se briser toute seule ?.. J'eus le très fort sentiment que « quelque chose » d'extérieur avait volontairement provoqué ce phénomène en j'en fus extrêmement troublée... Il me sembla qu'il pouvait tout à fait s'agir d'un clin d'œil des *visiteurs* de Jean-Claude Pantel...

J'eus la grande tentation d'aller rencontrer ce Monsieur Pantel. Tous les témoignages à son sujet que je trouvais sur internet, venant de personnes qui l'avaient côtoyé ainsi que du milieu des ufologues dans lequel il était très connu, le prenaient très au sérieux. Mais quelque chose m'en empêchait et je ne le fis pas. La peur, sans doute, qu'une validation de l'existence d'intelligences extraterrestres ne me bouscule trop. D'autant plus qu'il prétendait vivre régulièrement des expériences de télékinésie (objets qui apparaissent et disparaissent sous les yeux) et même de téléportation ! Malgré mon ouverture sur l'irrationnel, je ne me sentais tout de même pas prête à assister à de tels phénomènes. Curieusement, Tristan, qui de par sa nature d'aventurier ne reculait devant aucun défi, n'en eut pas l'élan non plus, alors que le sujet des E.T. nous passionnait et que nous avions là l'occasion de nous en approcher de très près... Le temps passa et nous oubliâmes « le cas Pantel », mais je gardai dans un coin de mon esprit l'idée que des entités venues de l'espace et dont le niveau d'évolution permettait de défier les lois connues de la matière, puissent être des guides spirituels pour les êtres humains.

***

Même si Tristan et moi vivions de magnifiques expériences ensemble et même si nous partagions une intimité profonde autant spirituelle que charnelle, nous étions cependant très différents dans nos personnalités. Et cela nous rendait dingues. Rapidement, sur le plan psycho-relationnel, nous nous tendîmes mutuellement des miroirs qui ne cessaient de nous confronter, et de manière très abrupte. Notre dimension spirituelle et notre dimension humaine entraient constamment en opposition. Je connus ainsi à son contact cinq années aux prises avec mes démons, mes dualismes, mes névroses. Je me débattais entre mes efforts pour coller à son idéal et mon désir d'être aimée telle que j'étais, mes attentes envers lui et mes tentatives d'accepter ce qu'il pouvait donner, mes pulsions possessives et mon aspiration à l'amour désintéressé, ma dépendance affective et mon besoin d'être libre, mon caractère passionné et ma quête de sagesse.

Habitée par la nostalgie du paradis perdu depuis mon expérience d'éveil, je reproduisais avec Tristan la même problématique qu'avec le divin : je voulais fusionner mon être au sien comme je voulais me fondre dans le Grand Tout. Nous goûtions parfois cette osmose, ce sentiment d'amour absolu l'un pour l'autre dans lequel nous ne faisions plus qu'un, mais ces états ne duraient pas. Et la frustration nous projetait dans une grande confusion et des conflits très violents où chacun accusait l'autre d'avoir brisé l'harmonie. Nous passions de l'enfer au paradis, du paradis à l'enfer, sans transition ! Nous nous aimions comme des fous et nous détestions à la même mesure. Nous étions tous deux assoiffés d'intensité et de plénitude, dans une quête de perfection de la relation qui ne supportait aucun faux pas et nous rendait à la fois terriblement exigeants et terriblement malheureux.

Miroir implacable de mon juge intérieur, Tristan me pointait avec beaucoup de brutalité tout ce qui en moi - selon lui - n'allait pas. Dès que mon attitude ne collait pas avec ses attentes ou avec l'image de l'idéal qu'il projetait sur moi, il devenait humiliant, méprisant, très agressif verbalement. Ce qui me poussait dans mes retranchements et me mettait dans une grande colère, car de mon côté j'essayais au maximum d'instaurer un dialogue ouvert et respectueux de l'autre. Nous avions le droit d'être différents et de le vivre mal, et je réclamais, a minima, la bienveillance ! Mais j'avais face à moi quelqu'un de très sanguin qui ne supportait pas la moindre frustration ni contradiction, comme un enfant gâté. Il me répétait souvent que si je l'aimais vraiment, je ferais tout pour répondre à ses attentes et lâcher certains pans de ma personnalité qui le dérangeaient et qui l'empêchaient de m'aimer totalement. Puisque je savais que cette personnalité était fictive, je pouvais la modifier. Et si je ne le faisais pas, c'était le signe que j'étais trop attachée à mon personnage, à mon ego. Pendant un bon moment, j'eus la naïveté de le croire, et même de penser que si je parvenais à ce qu'il souhaitait, je m'éveillerais définitivement puisque je me libérerais de cet ego. Mais je me fis de la sorte beaucoup violence à tenter d'adopter un comportement qui ne m'était pas naturel pour lui plaire. Et cela ne lui suffisait pas, de toute manière, ce n'était jamais assez. Quand, épuisée de lutter contre moi-même, je pris conscience de sa manipulation, je commençai à me rebeller et la situation dégénéra dans des disputes permanentes. Il arriva même qu'il m'agresse physiquement dans un accès de fureur, comme par hasard quelques jours avant le décès de Marie Trintignant sous les coups de son compagnon ! Ceci me fit l'effet d'un électrochoc car Marie Trintignant était l'une de mes actrices préférées et surtout, elle était l'image même de la femme que j'aurais voulu être !.. Quelle stupeur qu'elle finisse ainsi sa vie ! Je n'écopais pour ma part « que » d'un énorme hématome sur la cuisse... Mais j'y vis un malheureux avertissement m'invitant à réaliser que ce que je vivais n'était pas acceptable et me mettait possiblement en danger. Quand je découvris des années plus tard le profil des « pervers narcissique », je reconnus toutes les caractéristiques de Tristan... Il serait cependant bien confortable de le désigner comme bourreau et de me placer en victime. On n'attire jamais une personne que par effet de résonance. Tristan me mettait en réalité face à tout ce que je niais ou méprisais de moi-même et que je voulais éliminer ou modifier. Je ne m'aimais pas telle que j'étais, j'aurais voulu être une autre, avoir la classe et le charisme d'une Marie Trintignant... J'étais mon propre tyran avant tout.

Ce fut quoi qu'il en soit un combat épuisant dont je ne sortis qu'en mettant fin à notre union pour sauver ma santé mentale, déchirée, écœurée, dévastée. C'était une décision extrêmement difficile à prendre car en le quittant je craignais aussi de quitter tout un univers magique qui alimentait profondément ma joie de vivre. Mais notre marasme relationnel avait totalement pris le dessus au fil des années et nous n'en sortions pas. Conscient de cela et terrifié à l'idée de me perdre, je sais qu'il fit malgré tout le maximum d'efforts qu'il lui était possible pour sauver notre amour. Mais sa nature impétueuse, exigeante et dominatrice finissait toujours par reprendre le dessus et je dus me résoudre à admettre que cette relation était toxique pour moi : j'allais y laisser ma peau. Il me fallut un an pour le quitter, par étapes, avec de nombreux allers-retours, mais quand la rupture fut devenue une évidence pour tous les deux, nous prîmes la décision de ne jamais nous revoir ni être en contact afin de ne pas perturber nos vies futures.

Je décrétai que j'avais dit adieu à l'homme de ma vie. Je ne voulais plus être amoureuse. J'espérais apprendre un jour à aimer vraiment, non dans la fusion et la dépendance mais dans la complémentarité et la liberté. Notre relation avait eu le mérite de révéler la puissance délétère du jugement que je portais sur moi-même, m'offrant ainsi la possibilité d'en prendre conscience et de mettre en pratique cette phrase de Khalil Gibran : « *Ta tâche n'est pas de trouver l'amour, mais de trouver et détruire tous les obstacles que tu as construits contre l'amour* ». J'entends ici l'amour de soi... Je commençais ainsi tout doucement à comprendre que le véritable amour commence par soi-même. Et j'avais beaucoup de travail en la matière !

Après avoir rencontré Dieu, j'avais rencontré le Diable. Et le Diable avait été un très grand maître...

Les années mystiques

Je passai les deux années qui suivirent à guérir mes blessures. Je me sentais comme une vieille femme, fatiguée à la moindre activité physique. Une céphalée aiguë avait pris ses quartiers sous mon crâne en permanence. J'avais perdu cinq kilos et une bonne partie de ma belle chevelure. Ma force vitale avait été complètement aspirée, j'étais sèche et vide d'avoir trop pleuré, coupée de mes émotions, ma libido à zéro. Meurtrie, assoiffée de divin, je m'enfermai dans une solitude avide. En dehors de mon enfant et de mes proches, les humains ne m'intéressaient plus. Leur contact me coupait de ma connexion avec les sphères célestes. Je n'aspirais plus qu'à méditer, pratiquer la contemplation, explorer mon univers intérieur, élever ma conscience, vivre des moments de transcendance.

Je faisais toujours beaucoup de rêves lucides et d'expériences hors du corps. J'avais découvert à travers des lectures sur le sujet que c'est une pratique spirituelle du bouddhisme tibétain, qu'ils appellent « le yoga du rêve ». Prendre conscience que l'on est en train de rêver est une manière d'entraîner notre esprit à reconnaître dans la vie de veille que nous sommes aussi en train de rêver, donc à *s'éveiller*. Des techniques ont ainsi été mises au point pour faire des rêves lucides et j'en utilisais certaines avec plus ou moins de réussite. La plupart du temps, ces états oniriques se produisaient chez moi de façon spontanée et je les vivais davantage dans un état d'esprit léger et aventurier qu'avec le sérieux d'un pratiquant bouddhiste.

Les démons du matelas ne m'importunaient pratiquement plus, car je ne me souciais plus d'eux. Je voyageais dans le monde des rêves où je pouvais contempler de sublimes paysages et m'amuser avec mon corps astral. Il arrivait encore fréquemment que je me réveille, m'assoie, ouvre les yeux, et constate avec étonnement que j'étais toujours allongée. Mais cela ne me faisait plus peur ; au contraire. Je comprenais aussitôt que j'étais dans « l'état intermédiaire » et je m'en réjouissais. Je répétais plusieurs fois l'exercice de m'asseoir en sentant bien tous les mouvements, en agitant les mains ou la tête, pour constater une fois les yeux ouverts que le corps physique était bien resté immobile. Je trouvais cela très drôle. J'en profitais parfois pour faire de la lévitation, des loopings et diverses acrobaties au-dessus de mon lit. Mais ce que je préférais, c'était voler. Une fois assise, il suffisait de me lever et de faire un petit saut ou de donner un coup de talon comme lorsqu'on est au fond de l'eau, pour décoller. Je testais toutes les techniques de vol. Parfois je passais à travers le plafond et je planais dans un ciel d'un bleu immaculé pour plonger en piqué vers la mer. C'était très grisant, et surtout très surprenant car très familier, comme si j'avais toujours su voler. J'adorais ça.

D'autres fois, cela se passait moins bien. Je butais contre le plafond et ne parvenais pas à le traverser, ni à m'envoler car je retombais sans cesse. Je restai alors à quelques centimètres au-dessus du lit, incapable de me réveiller, le corps physique en catatonie livré aux démons du matelas qui me sautaient dessus ou me tiraient les cheveux. Je constatai que cela se produisait principalement dans les moments où j'étais particulièrement angoissée.

Il m'arrivait aussi de faire des rencontres dans l'astral avec des personnages qui me donnaient des enseignements et, plus rarement, avec d'autres rêveurs. Certains rêves lucides étaient passionnants et me laissaient une forte empreinte psychique, dignes des romans de Philip K. Dick, un célèbre auteur de science-fiction qui aimait jouer sur les confusions de réalités et qui a inspiré plusieurs réalisateurs de films (comme Total Recall, pour citer le plus connu). Voici l'un de ces rêves qui m'a le plus marquée, tant par sa forme que par son contenu :

Je m'allonge sur mon canapé pour faire une petite sieste d'une demi-heure. Je mets le réveil à 15 h 30 ; je dois impérativement partir à 16 h 30 pour aller chercher Neil à l'école.

À l'endormissement, je sens que je me dédouble légèrement. Je me dis en sombrant dans le sommeil : « Tiens, c'est peut-être le début d'une sortie astrale… »

Quand je reprends conscience, je suis debout. Je sais que je rêve et que je suis dans mon corps astral tandis que mon corps physique dort sur le canapé. Mon corps de rêve est très léger, comme en apesanteur.

Les rayons du soleil filtrent à travers les rideaux mauves et cela donne une très jolie luminosité à la pièce. Je me dirige vers la fenêtre. J'ai le geste machinal de vouloir l'ouvrir, mais je me ravise aussitôt en me disant que je peux passer à travers. C'est un peu inquiétant comme idée mais je le fais quand même. Je me penche par la fenêtre sans l'ouvrir. Quand je passe à travers je ne ressens aucune sensation physique, c'est comme si elle n'existait pas. Je bascule au-dessus de la rue et je m'envole.

Je me réveille peu de temps après et ouvre les yeux pour apercevoir le dossier de mon canapé (je suis couchée sur le côté, dos à la pièce). Je pense : « j'ai fait un rêve lucide durant ma sieste ! ». J'entends alors du bruit dans mon dos et, sentant la présence d'une personne, je me retourne. Je garde les yeux entre-ouverts pour faire semblant de dormir et observer ce qui se passe. Une femme que je ne connais pas se tient dans le salon mais, peu à peu, la pièce se modifie et un lieu inconnu apparaît. Comprenant qu'en réalité je rêve toujours, je me lève d'un coup, toute contente de faire une nouvelle expérience astrale.

Je commence à visiter le lieu, un immense appartement, aussi grand qu'un entrepôt, avec des pièces très spacieuses. La couleur dominante est le gris. Il y a des gens qui vont et viennent, vaquant à diverses tâches. Je réfléchis à ce que je pourrais faire pour profiter de mon rêve lucide. Voler ?.. J'essaie à plusieurs reprises de léviter mais je n'y parviens pas.

Je regarde alors autour de moi avec davantage d'attention et tout le décor m'apparaît vraiment très étranger par rapport à la réalité de veille. Mais aussi d'une précision extrême dans les détails. J'ai l'impression de découvrir une architecture et un style de décoration totalement inconnus sur Terre. Je remarque par exemple des espèces de rigoles aménagées dans le sol en béton, bien dessinées et d'une largeur de 20 cm environ. Je suis curieuse de savoir à quoi elles servent. J'éprouve de plus en plus le sentiment de me trouver dans une autre réalité et non dans un rêve car je ne vois autour de moi aucun symbole me rappelant mon univers personnel inconscient.

Je rencontre alors quatre ou cinq personnes et partage mes impressions avec eux, leur expliquant que je trouve ce lieu bien étrange. Je les questionne : s'agit-il du monde astral ? Ils me répondent que oui ! Un homme me tend un papier sur lequel sont inscrites des instructions et me conseille de les lire attentivement avant de passer l'épreuve du miroir.

— L'épreuve du miroir ? ! Qu'est-ce que c'est ?

— Tu dois te regarder dans le miroir, mais dans l'astral c'est très dangereux, il faut y être préparé.

Je m'adresse aux autres en répétant :

— « C'est vrai ? C'est vraiment dangereux ? »

— « Oh oui » m'assurent-ils.

— Vous l'avez passée, vous, cette épreuve ?

Ils acquiescent.

Je leur demande alors :

— Mais qui êtes-vous ?

— Nous sommes des rêveurs ! Me répond l'un d'entre eux.

— Vraiment ? !!

— Ben oui, tu es dans l'astral, donc tu rencontres des rêveurs comme toi.

Je n'en reviens pas.

Un homme que je n'avais pas vu jusque-là vient vers moi et me tend une autre feuille de papier. Il est jeune, environ 18 ans, grand et baraqué avec de l'embonpoint, l'air mal dans sa peau et timide. Sur la feuille je peux lire : « J'ai eu très peur dimanche dernier. C'était même la terreur au moment où je suis mort. Mais maintenant tout va bien. »

Je m'adresse aux rêveurs et les interroge :

— « C'est un défunt ?? »

Ils me le confirment :

— « Ben oui, l'astral est le monde des morts. »

Je suis stupéfaite. Il me faut absolument une preuve de ce que je vis là.

Je dis aux autres rêveurs : « Écoutez : j'ai besoin d'en être sûre, donnons-nous rendez-vous dans la réalité physique quand nous serons réveillés, vous voulez bien ? »

L'un d'entre eux trouve que c'est une idée sympa, mais il reste hésitant. J'insiste et j'argumente, expliquant que c'est le seul moyen de vérifier et que c'est très important pour moi : il faut qu'on se rencontre dans le réel. Je leur donne rendez-vous sur la place Castellane à Marseille.

Je sens soudain que le rêve m'échappe, le décor devient flou et les rêveurs aussi.

Je leur crie avant qu'ils disparaissent : « Souvenez-vous : la place Castellane, vous trouverez forcément ! »

Tout s'efface au moment où je me rends compte que je n'ai pas fixé de date pour le rendez-vous. Mais je me dis qu'on arrivera bien à se rencontrer quand même.

Retour dans mon canapé. Je me réveille toute étonnée et imprégnée du rêve que je viens de faire. Je me lève et sors aussitôt dans la rue, direction la place Castellane, tout en me demandant comment je vais reconnaître les rêveurs au milieu de la foule. Mon lieu de rendez-vous n'est pas assez précis car cette place est très grande, et puis je n'ai pas précisé non plus de date ni d'heure. Mais qu'importe, j'irai tous les jours jusqu'à ce que je les trouve.

Subitement, un doute me saisit : suis-je bien réveillée, n'est-ce pas encore un rêve ?... J'entends alors une voix dans ma tête qui me dit : « Mais oui, regarde, ressens ! Ce n'est pas exactement comme dans la réalité. Il y a quelque chose de plus flottant. Sois attentive, tu dois pouvoir faire la différence… ». Il me semble en effet ressentir cette différence mais un léger doute persiste. Si je rêve, c'est facile à vérifier : je dois pouvoir m'envoler. J'effectue plusieurs bonds d'affilée pour tenter de décoller mais cela ne fonctionne pas. Je constate cependant que les gens autour de moi n'ont pas eu de réaction en me voyant sauter… C'est donc très certainement un rêve, car dans le réel cela aurait attiré l'attention. Pour être sûre, je traverse la route au moment où les voitures passent. Je sais qu'il y a un infime risque que je ne rêve pas et que je me fasse renverser, mais cela me procure une grisante montée d'adrénaline. Je m'élance au beau milieu de la circulation... et les voitures s'arrêtent illico pour me laisser passer, dans un mouvement très fluide et sans aucun coup de frein. J'ai ma réponse : c'est bien un rêve !

Je commence alors à sauter sur les murs, comme si j'avais des bottes de sept lieues. Je m'amuse bien, tout en pensant que si je faisais ça dans la réalité physique j'aurais l'air d'une folle. Sensation de liberté très agréable. « C'est génial de rêver ! » me dis-je. Et je ris de bon cœur à l'idée que j'ai vraiment cru que j'étais en train d'aller place Castellane retrouver d'autres rêveurs ! L'absurdité de ce rendez-vous me saute soudain aux yeux.

Le réveil sonne, je l'éteins. Il sonne ainsi toutes les 5 minutes et, chaque fois, je l'éteins. Cela dure une demi-heure et je n'arrive toujours pas à émerger. Il sonne encore et je remarque cette fois qu'il est 16 heures Il faut vraiment que je me lève. Je l'éteins une fois de plus, ouvre les yeux et m'assois.

Je vois alors devant moi, posé entre deux mains qui le tiennent, un drôle de symbole blanc sur fond bleu. Je sais qu'il représente la conscience. Je le regarde fixement tandis qu'une voix masculine me parle de la conscience, m'expliquant que celle-ci est « ce qui sait », et que pour pouvoir se reconnaître, la conscience doit d'abord s'oublier. Pour illustrer son propos, la voix me dit : « Tu vois, si là tu n'étais pas en train de dormir, tu ne pourrais pas savoir ce que c'est d'être réveillée ». Je comprends alors que je me suis une nouvelle fois rendormie et me réveille en sursaut, pour de bon. Il est 16 h 15 !

Autant dire qu'il me fallut un moment pour être certaine d'être vraiment réveillée. Même dans la rue, marchant en direction de l'école quelques minutes plus tard, je dus concentrer mon attention sur la texture de mes perceptions pour en être convaincue.

Je fus tellement ébahie et amusée par ce rêve, par cette rencontre avec des rêveurs et un défunt, que je ne pris pas la pleine dimension de l'enseignement que je venais de recevoir au sujet de la conscience. Je n'en compris toute la profondeur et la pertinence que de nombreuses années plus tard.

***

Je restais obsédée par le désir de revivre l'état d'éveil que j'avais connu ce fameux soir de février 2001. Le temps - que je savais illusoire sur le plan absolu - m'en éloignait inexorablement sur le plan relatif. Et si j'en goûtais régulièrement le parfum de façon spontanée et inattendue, comme des piqûres de rappel, cela ne faisait que générer un état mélancolique permanent. J'étais en manque. Je voulais retrouver le Paradis, qui je le savais, était là, devant mon nez ; il suffisait de *Voir*, de percevoir directement l'énergie/conscience, sans le filtre du mental. Mais je me rendais bien compte que cela ne semblait pas dépendre de ma volonté et que cela générait un conflit intérieur. C'était très difficile de faire taire les pensées, de cesser d'interpréter le monde. C'était même par moments un véritable combat. Et quand j'y parvenais, cet état de silence ne durait jamais longtemps. Je vivais dans l'espoir qu'un jour, je me débarrasserais de ce mental encombrant ainsi que de mon ego qui me maintenait dans la dualité, pour m'éveiller radicalement et définitivement à ma véritable nature.

Si j'avais croisé un authentique maître spirituel à cette époque, dans la lignée directe de la non-dualité, il m'aurait sans doute permis de réaliser que je m'étais égarée en m'identifiant à une personne qui a vécu une illumination et qui doit faire des efforts et travailler sur elle pour s'éveiller à nouveau. Il m'aurait rappelé ce qui m'avait pourtant été révélé et que j'avais oublié par la suite : le personnage est un rêve ; ce n'est donc pas lui qui s'éveille, c'est *la conscience qui se reconnaît elle-même*. Quand, le matin, nous nous réveillons et réalisons que nous venons de rêver que nous étions - par exemple - un lycéen en train de passer son baccalauréat, ce n'est pas le lycéen qui se réveille et réalise qu'il rêvait ! C'est le rêve d'un lycéen qui cesse de se produire. De la même manière, je me prenais pour une femme qui s'était réveillée à l'âge de 28 ans et qui s'était rendormie. Il allait falloir treize années pour que cette illusion d'optique soit démasquée... En attendant, je m'inscrivais donc dans une démarche de chercheuse spirituelle, assoiffée d'unité et en lutte contre l'ego et le conditionnement, paradoxe qui alors m'échappait totalement et qui était alimenté par mes lectures et mes échanges sur internet avec d'autres « chercheurs de vérité ».

Je vivais cependant cette quête avec passion. J'interprétais beaucoup mes rêves ordinaires sous l'angle de la psychologie jungienne. Je les notais chaque matin, dans le but de découvrir les forces qui m'animaient, à quels schémas j'obéissais et quelle était « ma légende personnelle ». Le processus d'individuation, décrit par Jung comme le mouvement naturel de l'inconscient vers sa propre réalisation, me semblait être une véritable voie d'éveil.

C'est ainsi que je découvris l'ouvrage de Clarissa Pinkola Estès, *Femmes qui courent avec les loups*, et l'analyse qu'elle y fait du conte de Barbe-Bleue déclencha chez moi un très gros travail intérieur. L'auteure explique que Barbe-Bleue représente l'animus négatif de la psyché féminine, une force masculine dominatrice et prédatrice qui inhibe les qualités et les ressources de la femme, particulièrement sa créativité et sa confiance en elle. Cet aspect du psychisme est le fruit de la longue tradition patriarcale par laquelle la femme a été si longtemps opprimée, brimée et asservie. Il se manifeste en nous par des pensées dévalorisantes et rabaissantes, coupant toute possibilité de croire en soi et de développer ses dons. Je pris conscience de l'existence de ce prédateur dans ma psyché, de ce masculin tyrannique et destructeur qui m'habitait. Les hommes avec lesquels j'avais vécu en couple jusqu'ici en avaient été, malgré eux, d'authentiques reflets, et je constatai les dégâts opérés en moi. Mon estime de moi-même était gravement abîmée et je n'avais rien réalisé de mes vœux de jeunesse tant la force d'inertie avait, durant toutes ces années, inhibé mon pouvoir créateur. J'entrai soudain dans une grande colère : il fallait que ça cesse ! Ce tyran allait bousiller ma vie. Je lui déclarai la guerre.

Je traquai dès lors toutes ses tentatives de me démolir ; toutes les pensées critiques, discréditantes et humiliantes que je produisais chaque jour à ma propre encontre. Il est vrai que je me parlais parfois vraiment très mal sans me rendre compte que je n'aurais pourtant laissé personne me parler de la sorte. Réaliser qu'il s'agissait d'un aspect de ma psyché que je pouvais personnifier sous les traits d'un tyran, me permit de prendre de la distance avec ces pensées et de cesser d'y obéir. Je lançai même un défi à l'animus négatif : j'allais écrire un livre qui serait désormais le support de ma lutte. Je prouverai ainsi au despote intérieur que j'étais capable de faire quelque chose de bien et d'aller jusqu'au bout.

J'avais eu l'idée de ce manuscrit quelque temps auparavant en redécouvrant le Tarot de Marseille sous l'angle de la psychologie jungienne. Dans l'un de ses ouvrages, Jung explique que les figures du Tarot sont des représentations archétypales des instances psychiques qui composent l'inconscient. J'avais observé les cartes de ce point de vue et cela avait été une révélation. Je me mis alors à tester cette approche sur des amis et les tirages furent fabuleusement parlants. À travers les arcanes tirés, tout comme à travers les rêves, se révélaient les énergies qui nous animaient et dont nous n'étions pas toujours conscients. Le Tarot permettait ainsi de mieux comprendre comment nous fonctionnions et de recevoir des conseils. J'avais entre les mains un formidable outil de connaissance de soi qui devint rapidement un guide précieux dans mon propre processus d'individuation.

Passionnée par cette découverte, je me mis en quête d'un manuel pour approfondir le sujet mais n'en trouvai pas. Connaissant relativement bien le Tarot et ayant compris les bases de la psychologie des profondeurs, j'aurais pu écrire ce livre... Mais le tyran m'en avait promptement dissuadée : « *Pour qui te prends-tu ? Tu n'en seras jamais capable ! Et comment peux-tu penser que tu pourrais être publiée, personne ne te connaît, tu n'es rien !* »

Poussée par une force que je n'avais encore jamais rencontrée en moi, je décidai donc de me lancer dans l'écriture de cet ouvrage. Si je restais branchée sur cette force nouvelle, je ne doutais pas une seule seconde de ma réussite. Je n'écoutais désormais plus qu'elle, déjouant les pièges que me tendait régulièrement mon ennemi, ma détermination se renforçant chaque fois qu'il tentait de m'entraver. Et plus le temps passait, plus sa voix s'affaiblissait. Je cessais de le nourrir et me servais au contraire de lui pour ne pas perdre de vue mon but : restaurer l'amour et l'estime de moi-même. Parallèlement, je commençais à donner des consultations de tarologie et leur pertinence consolidait ma conviction que ce projet porterait ses fruits.

Je remportai définitivement le combat quand après six mois d'écriture et deux ans de démarches auprès des éditeurs, mon ouvrage fut effectivement édité sous le titre « ABC du tarot analytique ». Cerise sur le gâteau, Michel Cazenave, un écrivain et philosophe reconnu, spécialiste de Jung, à qui j'avais envoyé le manuscrit, me fit le grand honneur de le préfacer, signe incontestable de la valeur de mon travail. Le challenge avait été relevé avec brio ! Quelle jubilation ! Le despote ne pouvait que s'incliner devant cette réalisation et je lui rendis hommage en ouvrant une bouteille de champagne : grâce à lui, j'avais réalisé au moins l'une de mes aspirations profondes : écrire. Il est probable que sans ce défi lancé à la partie sombre de ma psyché, ce livre n'aurait jamais existé ou n'aurait pas eu la densité et la richesse qui le fit reconnaître.

Pour le coup, je me réconciliai avec cette partie de

moi-même. Je compris bien plus tard que toute instance psychique possède un but noble, même si, à première vue, elle semble nuisible. La majorité de nos démons sont en réalité des forces protectrices qui se comportent de manière autoritaire dans l'intention de nous éviter le pire, comme on le ferait avec un enfant impulsif et inconscient des dangers. Ils se sont formés pendant l'enfance justement, suite à des expériences traumatiques, en prenant modèle sur les comportements des adultes chargés de notre éducation. Le tyran n'avait jamais voulu me détruire : s'il me brimait ou me dévalorisait, c'était uniquement pour m'éviter de me confronter à de cuisants échecs. La peur de mal faire se tenait cachée derrière. Pour lui, il valait mieux ne rien faire que de prendre le risque d'être critiquée et rejetée par autrui, ce qui aurait été bien plus préjudiciable que de gâcher mes talents. Une profonde blessure de rejet était inscrite en moi et il s'avérait nécessaire à ma survie que j'évite par tous les moyens de la ressentir à nouveau car elle constituait le fondement d'un terrain dépressif.

Une fois rétablie ma confiance en moi, cet aspect oppresseur disparut de mon système de croyances et se transforma en une force de soutien appliquée à la concrétisation de mes dons innés et de mes rêves. Comme l'a très justement exposé Jung dans ses travaux sur l'inconscient, l'animus est une énergie de réalisation qui peut avoir un aspect favorable ou défavorable selon l'éducation que l'on a reçue et les croyances qui nous animent. Il ne s'agit donc jamais de détruire l'animus négatif, mais de le rééduquer afin de réhabiliter son aspect solaire, d'effectuer en somme sur lui une œuvre de transmutation alchimique.

***

Pendant ces années d'écriture et d'introspection, je continuais à vivre régulièrement des états de grâce et d'unité. J'arrivais parfois à les provoquer par la pratique de la contemplation, mais la plupart du temps ils se produisaient spontanément dans des moments où je ne m'y attendais pas, comme le matin au réveil ou bien quand, par lassitude, je cessais de les rechercher.

Je marchais souvent dans les rues au coucher du soleil, en quête de transcendance, dans cet « entre chien et loup » où le monde du jour et celui de la nuit se rencontrent. L'impermanence de l'instant était alors visible, presque palpable, et je m'absorbais dans l'étreinte de cet éphémère au cœur duquel l'Éternité se révélait parfois, quand elle le voulait bien.

J'adorais m'asseoir à la terrasse d'un café, de bon matin, et regarder les humains s'affairer dans leur quotidien. Cela me faisait un « effet existentiel » : toutes ces vies ! Toutes ces histoires ! Tous ces univers fugitifs qui se croisaient et interagissaient ! J'étais au spectacle du grand jeu de l'existence, détachée de tout jugement, et il arrivait que mon cœur s'ouvre d'émerveillement jusqu'à ce que je me dissolve dans le pur sentiment d'être.

D'autres fois, je me faisais saisir, en ouvrant mes volets, par le scintillement du soleil sur les murs blancs des immeubles d'en face, surtout les jours où le mistral nettoyait les cieux jusqu'à les rendre plus bleus que bleus. La luminosité du ciel de Provence par temps de grand vent est profondément métaphysique. Mon âme s'en abreuvait religieusement, retenant son souffle, suspendue aux lèvres du Silence, attendant que l'Etreté manifeste sa grâce. Là, il arrivait que le Royaume se dévoile par-delà les apparences ; par-delà les nues et le vent, par-delà les mouettes et le soleil éclatant. Une « lumière avant la lumière » semblait alors provenir d'un ciel au-delà du ciel, inondant le monde et mon cœur de sa bénédiction. La plénitude et la ferveur d'être, parfois presque douloureuses tellement elles étaient intenses, m'enveloppaient d'un parfum à la fois extatique et mélancolique. Suyin et son histoire disparaissaient, perdaient toute consistance. Tous sentiments de séparation, de solitude, d'insatisfaction, étaient balayés. Il n'y avait plus que l'éternité de l'instant, sans début ni fin, d'une perfection, d'une beauté et d'un mystère ineffables, sans question et sans justification, sans condition.

Et puis cette magie, cette béatitude se dissipaient au bout de quelques minutes ou de quelques heures. Et les jours qui suivaient étaient remplis de nostalgie et souvent de désespoir. Le retour du sentiment de séparation était très douloureux. Je ne comprenais pas comment il était possible de retomber dans une perception illusoire, duelle et limitée, quand on avait accédé au réel, à l'unité, à l'illimité, à l'Infini. Je vivais à répétition le mythe de la chute originelle, du Paradis perdu. J'espérais de tout mon être qu'un beau jour, cette félicité se maintiendrait définitivement, que ma conscience demeurerait centrée sur l'Unité pour le reste de mon existence. Aussi continuais-je à tenter de provoquer cet état en déambulant au coucher du soleil, en méditant, en restant des heures entières à contempler les cieux les jours de mistral ou encore la vie des humains, assise à la terrasse d'un café. Il devait y avoir chaque jour au moins un instant de transcendance pour que je considère que la journée ait valu la peine d'être vécue.

Je luttais beaucoup contre mon mental, car les pensées incessantes qui traversaient mon esprit m'empêchaient de goûter pleinement le présent, ou bien finissaient toujours par m'en sortir. Incapable de générer ces moments à volonté, constatant qu'ils surgissaient plus facilement quand je ne les cherchais pas, j'essayais de lâcher prise. Sans grand succès. Je voulais me forcer à accepter une chose tout en nourrissant le but secret de la voir se transformer. Évidemment, cela ne fonctionnait pas.

Je finis par réaliser avec le temps combien j'étais enchaînée à cette quête, combien j'étais accrochée de manière obsessionnelle à la transcendance et combien cette attente était absurde, épuisante et égoïste.

Absurde, car je vivais dans le désir d'un état de non-désir. Cesser d'aspirer à l'éveil était comme renoncer à vivre ma vraie vie, mais je savais que mon acharnement m'empêchait précisément de m'éveiller puisque la véritable nature de l'Être ne se révélait que lorsque toutes les tensions et les saisies - les tentatives de maintenir un état - disparaissaient. J'étais attachée au détachement ! Addict à la liberté, tendue en permanence vers une qualité d'être qui ne pouvait se vivre que dans l'instant présent, quand toute crispation se relâche ! C'était un cercle vicieux, un véritable paradoxe dans lequel je m'étais empêtrée.

Épuisante, car cette quête m'obnubilait et accaparait toute mon attention, me conduisant à un mécontentement chronique qui m'accablait de plus en plus. Les autres aspects de mon quotidien en perdaient tout intérêt et représentaient uniquement des contraintes et des efforts.

Égoïste car je n'appréciais plus la compagnie d'autrui, tout juste si je la tolérais. Les autres, leurs conversations, leurs histoires, leur petit moi, me ramenaient sans cesse au rêve de la dualité dont je voulais me libérer.

Le non-sens de ma démarche m'apparut enfin : je voulais m'ouvrir à l'univers, faire un avec le Tout, et je me fermais à mon prochain, l'excluais de cette ouverture. Je faisais tout l'inverse de ce qu'il fallait pour que la révélation spirituelle que j'avais reçue trouve pleinement sa place et son sens dans ma vie.

Un beau jour, je me trouvai tellement lasse de tout ceci que je lâchai pour de bon. J'abandonnai ma quête d'un éveil total et permanent. J'admis - ou me persuadai - que si le but de mon existence avait été d'être un pur esprit, je ne serais tout simplement pas incarnée. Le Grand Éveil, l'éveil radical, était probablement réservé à de rares élus comme le Bouddha ou le Christ. Pour les autres, il ne se produirait sans doute qu'à la mort du corps physique. Il était temps pour moi d'accepter que j'étais venue faire une expérience humaine et d'apprendre à la vivre le plus possible en conscience. De la diviniser et non plus de la fuir.

Je repris contact avec le monde du théâtre que j'avais délaissé depuis la naissance de Neil et m'efforçai de recréer des liens avec mes semblables, de réduire le fossé qui s'était creusé entre eux et moi. J'entrai dans une compagnie semi-professionnelle et remontai sur les planches, résolue à nourrir mon âme de créativité artistique et non plus d'extase mystique.

Une vocation de guérisseuse

Un an plus tard, j'étais dans une impasse. Plus rien ne se passait dans ma sphère spirituelle. J'avais écrit mon livre sur le tarot en quelques mois et j'évoluais désormais dans un quotidien assez solitaire car malgré mes efforts, je me sentais toujours aussi décalée avec mes semblables. Un quotidien sans relief, centré sur la gestion du temps et de la vie matérielle. Je ne faisais plus de rêves lucides ni d'expériences hors du corps, je ne cherchais plus à modifier ma perception par la contemplation, je ne lisais plus d'ouvrages philosophiques ou spirituels, je ne vivais plus d'états de grâce. C'était comme si je m'étais rendormie, mais avec un bémol : je savais que je dormais et je m'y résignais.

J'entretenais un lien très profond avec Lola, mon amie et sœur de cœur depuis la fin de l'adolescence, qui allait devenir pour les années à venir ma complice sur le chemin. Nous nous étions connues au lycée et avions ensuite été colocataires pour poursuivre nos études à Tours. Une année plus festive que studieuse au cours de laquelle nous avions partagé les mêmes envies de folies et d'aventures humaines. Après quoi, en dépit des kilomètres qui nous séparaient, nous étions toujours restées en contact, nous téléphonant ou nous écrivant régulièrement de longues lettres (c'était avant l'arrivée d'internet). Lola avait même vécu quelques années à Marseille, pour finalement élire domicile dans les Cévennes où elle s'était ouverte elle aussi de son côté à la spiritualité. Nous avions alors commencé à échanger nos lectures et à nous entretenir de plus en plus souvent à ce propos.

Je tâchai de faire le point avec elle. Ces dernières années, j'avais connu de nombreuses expériences intérieures, lu beaucoup de livres et compris, je le pensais en tout cas, l'essentiel sur la véritable nature de la réalité. Et à présent, quoi ? Que pouvais-je bien découvrir de plus, à 35 ans, une fois admis que le Grand Éveil n'était pas le but de l'incarnation puisqu'a priori nous étions là pour expérimenter la matière, les émotions, la souffrance, l'ego, la peur, le plaisir, l'affect ? ... En conscience, certes, mais cela me faisait tout de même l'effet d'un retour à la case départ. De plus, savoir désormais que je vivais dans une illusion ressemblait bien souvent davantage à un handicap que j'avais le sentiment de subir, qu'à un cadeau. Comme il m'arrivait d'envier ceux qui traversaient l'existence sans se rendre compte de rien, sans se poser de questions, sans se demander si leur présence ici-bas et leurs actes avaient un sens !

À bien y réfléchir, il ne me semblait pas y avoir d'autre but à la vie que de faire le voyage et d'en être conscient. Et j'en ressentais un certain ennui. J'avais l'impression d'avoir exploré beaucoup de choses et expérimenté de nouvelles perspectives sans que cela ne m'apporte, finalement, l'épanouissement espéré. La pratique du théâtre ne nourrissait pas non plus ma soif d'intensité et de créativité et je ne voyais pas quelle direction prendre pour aller plus loin dans ma réalisation.

« *Tu devrais te faire initier au Reiki* » m'avait conseillé Lola. « *C'est une méthode de soins énergétiques, mais aussi de développement personnel. Et cela t'aiderait peut-être à guérir de l'endométriose* ».

J'étais atteinte depuis environ un an de cette maladie de l'utérus qui provoque de violentes douleurs au moment des règles et génère des kystes ovariens. Ces crises étaient aussi éprouvantes que des calculs rénaux et pouvaient durer une demi-heure. Dans ces moments, je devais m'allonger de toute urgence et attendre que cela passe. La seule chose qui m'aidait était de me rappeler que ce que j'étais réellement n'était pas le corps, mais l'esprit, et que celui-ci ne souffrait pas. La révélation que j'avais reçue sur la nature inaltérable, indestructible et immuable de mon être véritable était dans ces moments d'un soutien extrêmement précieux.

La médecine ne savait pas soigner cette maladie :

traitement hormonal à vie pour limiter les dégâts et, si nécessaire, ablation de l'utérus ! J'avais déjà été opérée une première fois pour enlever un kyste de 5 cm de diamètre sur l'ovaire droit qui menaçait de se reformer avec le temps. Malgré cela, ma première réaction en apprenant de quoi je souffrais avait été catégorique : « *Incurable ? ! Pas question que j'accepte ce diagnostic. Je guérirai, quitte à aller voir un chamane à l'autre bout de la planète !* »

J'avais aussitôt commencé à chercher des pistes pour tenter de débusquer l'origine du mal. Il était entendu pour moi que toute maladie trouvait sa cause quelque part dans le psychisme. Je notais donc mes rêves, m'auto-analysais, m'introspectais. La piste qui s'avérait la plus parlante était celle de la psychogénéalogie. Ce que les médecins appellent, eux, un « terrain » : ma grand-mère maternelle avait succombé à un cancer de l'utérus, ma mère avait eu ce même cancer à 40 ans et subi une hystérectomie et j'avais moi-même développé un début de cancer du col de l'utérus à 25 ans, pendant ma grossesse. La mère de ma grand-mère avait eu huit enfants, dont deux morts en couche. À son dernier accouchement d'un bébé inanimé, le docteur lui avait dit : « *Arrêtez de faire des enfants, sinon vous allez mourir* ». L'origine se trouvait peut-être là : un conflit dans la génitalité, transmis de mères en filles ?.. Cela faisait du sens, mais je n'étais pas beaucoup plus avancée car je ne savais absolument pas comment me libérer de ce douloureux héritage.

Lola insista. Le Reiki est une technique de soins par l'énergie, par imposition des mains sur les chakras, le nom donné dans la tradition indienne aux sept principaux centres énergétiques de notre corps, m'expliqua-t-elle. À la différence du magnétisme, qui est un don offert par l'existence à certains êtres et qui implique d'utiliser sa propre énergie, le Reiki est une pratique faisant appel à l'énergie de vie universelle et est donc accessible à tout le monde. La formation au Reiki s'effectuait en trois stages d'un week-end chacun, correspondant à trois degrés d'enseignements, et cette formation s'étalait au minimum sur une année. Lola avait été initiée au premier niveau quelques mois plus tôt, poussée par de sérieux problèmes de hanches ayant nécessité la pose d'une prothèse. Grâce au Reiki, me raconta-t-elle, la souffrance avait considérablement diminué et elle avait récupéré de son opération de manière spectaculaire. Elle me vanta, de plus, les grandes qualités humaines des personnes qui l'avaient formée, un couple qui vivait près de chez elle dans le sud des Cévennes.

Je notai leur numéro de téléphone, mais ne trouvai pas l'impulsion pour les contacter. Lola me relança plusieurs fois puis cessa de m'en parler. Le temps passa. Les douleurs à l'utérus devinrent quasi inexistantes et je commençai à penser que j'étais peut-être guérie. Environ neuf mois après cette conversation avec mon amie, je tentai d'arrêter mon traitement. Quelques jours plus tard, les douleurs étaient de retour. J'avalai de nouveau les cachets et retrouvai le numéro des enseignants Reiki. Ils n'avaient pas de place avant plusieurs mois mais ils me donnèrent le contact d'une enseignante de leur connaissance qui habitait à une demi-heure de chez moi. J'appelai cette femme, il y avait un stage prévu la semaine suivante et une personne venait de se désister !

***

Malgré la confiance que j'avais en Lola, je m'y rendis avec une certaine appréhension et une bonne dose de scepticisme. Ouverte certes, mais méfiante. La formatrice, Sylviane, était une femme d'une cinquantaine d'années qui nous accueillait dans sa maison bourgeoise provençale. Elle se disait médium et prétendait avoir reçu de ses guides spirituels quelques années auparavant la demande de transmettre le Reiki. Issue du Japon, cette méthode de soins énergétiques avait été mise au point au début de XXe siècle par un moine bouddhiste, Mikao Usui, puis était arrivée en Europe dans les années cinquante après être passée par les États-Unis. Sylviane en parlait avec beaucoup d'enthousiasme et de passion. À l'écouter, le Reiki allait changer notre vie.

Je me détendis peu à peu et décidai de jouer le jeu, histoire de voir ce que ça valait. Cette femme, bien qu'un peu extravagante, me semblait authentique et son discours donnait envie. Outre l'apprentissage des gestes et techniques à appliquer pour donner un soin à autrui ou pour s'en faire à soi-même, le stage comportait une série de quatre rituels d'initiation. Seul avec l'enseignante, assis sur une chaise dans une pièce où brûlait de l'encens et se diffusait une douce musique, il suffisait de fermer les yeux et de se laisser faire. Elle s'agitait autour de nous dans un grand mystère pendant une vingtaine de minutes, puis c'était terminé. Le but était, nous avait-elle dit, de préparer notre corps énergétique à recevoir l'énergie universelle de vie, afin d'en devenir un canal et de pouvoir la transmettre à notre tour. Les principaux chakras étaient ainsi activés, de même que ceux de nos mains.

Dès le premier rituel, j'eus l'agréable surprise de sentir

mon cœur s'ouvrir comme un bouton de rose. Je reconnus immédiatement l'énergie spirituelle, l'Amour universel, la Conscience cosmique, bien qu'en moins intense que le soir où cela s'était révélé à moi cinq années auparavant. Mais quelle joie de ressentir à nouveau la douce, sereine et enveloppante lumière de l'Être ! Je comprenais soudain pourquoi Lola avait tant insisté pour que je m'initie au Reiki.

Lors du troisième rituel, un événement étonnant se produisit. Je sentis très nettement une main effectuer un mouvement de balayage sur ma cuisse, de l'intérieur vers l'extérieur, trois fois, très rapidement, comme pour chasser quelque chose. Sous l'effet de la surprise j'entrouvris les yeux mais ne vis personne. Sylviane était derrière moi en train de faire des mouvements bizarres au-dessus de ma tête. Ce n'était pas elle qui avait « nettoyé » ma jambe ! C'était donc l'énergie ? Ou bien était-ce l'un de ces « médecins du ciel », ces guides spirituels vivant dans une dimension parallèle et qui participent à nos guérisons, dont elle nous avait parlé ?... Mystère, mais, dès cet instant, je n'eus plus aucun doute sur l'authenticité de cette pratique.

L'éducation rationnelle que j'ai reçue, avec sa philosophie de « *je ne crois que ce que je vois* », si elle possède ses limites, a eu cependant pour conséquence positive que je ne me laisse jamais endoctriner par de simples discours. Ma souplesse d'esprit et mon intuition m'ont permis de m'ouvrir à l'irrationnel, puis à des horizons inconnus, mais seules les preuves obtenues par l'expérience ont déterminé tout au long de ma vie mes convictions et mes croyances. Et j'ignorais encore à cette époque à quel point cela serait précieux sur le chemin initiatique qui s'offrait à moi et sur lequel il est très facile de se perdre dans des illusions et des fantasmes.

Autre surprise de taille : juste après avoir reçu le premier rituel d'initiation, lorsque je posai les mains sur une participante pour l'exercice pratique, me vint une vision. Une maison. Que je décrivis. La jeune femme me dit qu'il s'agissait de la maison de son enfance. Sylviane me congratula : « *Tu es médium !* ».

— Ah bon ?? Incroyable ! Mais comment se fait-il que cela ne se soit jamais manifesté avant ? Et pourquoi là, d'un coup ?

— J'ai ouvert ton canal, me répondit l'enseignante. L'initiation t'a permis de retrouver tes dons de naissance qui, pour diverses raisons, étaient restés endormis jusqu'à ce jour.

— Et que puis-je faire de ces visions ? !

— Elles te donnent probablement des indications sur l'origine des problèmes de la personne. Tu verras : cela t'aidera beaucoup dans les soins.

Un coup de foudre dans le ciel de ma réalité ! En quelques heures, le monde tel que je le connaissais s'était agrandi d'une nouvelle dimension. J'accueillis avec une immense joie ces retrouvailles avec le mystère et la magie. L'aventure recommençait, le voyage spirituel reprenait !

J'appris dès lors comment utiliser l'énergie universelle pour m'auto-soigner, mais aussi prodiguer des soins à autrui, améliorer des situations, harmoniser des lieux ou des aliments, contribuer à la bonne santé des plantes et des animaux... Je découvris que l'énergie-conscience pouvait être canalisée et utilisée d'une façon très concrète pour créer une réalité plus heureuse. Et pas uniquement, comme je l'avais fait ces dernières années, pour se payer des orgasmes cosmiques aux lendemains nostalgiques. On pouvait faire bien plus que cela : se mettre au service de l'humanité et œuvrer à la transformation d'un monde de souffrance en un monde de paix et d'amour.

Ma vie se parait tout à coup d'un autre sens que la simple quête de connaissance de soi en vue d'une libération : celui de ma place et de ma mission sur Terre. Je rentrai chez moi avec le sentiment de vivre une véritable révolution, celle de l'ouverture de ma spiritualité vers l'extérieur.

***

À peine revenue du stage, alors qu'à l'origine j'y avais participé pour trouver un espoir de guérir de la maladie dont j'étais atteinte, je proposai des soins à mon entourage. J'avais une grande soif d'expérimenter mes dons et de tester mes nouvelles connaissances. J'y voyais aussi - enfin - une façon d'entrer en contact avec autrui qui me stimulait vraiment : mon cœur s'ouvrait à mon prochain et n'excluait plus ce dernier de ma sphère spirituelle. C'était un grand soulagement, la fin d'un conflit intérieur douloureux. Sans le savoir, grâce au Reiki je faisais mes réels premiers pas dans l'univers de la compassion, du don de soi, de l'amour inconditionnel.

Intrigués, mes amis et connaissances se prêtèrent volontiers au jeu. Les visions se confirmèrent, accompagnées d'émotions. C'était parfois très perturbant. Je ressentais l'angoisse, la peur, la tristesse, la souffrance que la personne avait vécue au moment où se déroulait la scène que je visualisais. Je voyais aussi des choses qui me semblaient sans intérêt et dont je ne savais que faire. Mais, dans l'ensemble, je me régalais à faire des soins. Secrètement, je me disais qu'en mettant les autres en contact avec l'énergie spirituelle, je contribuais à générer chez eux, à plus ou moins long terme, l'éveil à leur être divin. C'était le but inavoué de ma jubilation à pratiquer le Reiki. Pour moi, la guérison restait au second plan. Ce qui m'importait le plus était de contribuer à l'éveil des consciences.

En parallèle, je pratiquais l'auto-soin quotidiennement. Sylviane nous avait assuré que l'action de l'énergie sur nous-mêmes était une véritable voie de développement personnel. Plus on faisait entrer de lumière dans notre corps, plus nos zones d'ombre étaient mises à jour et nettoyées. À la mesure de notre rythme intérieur. Ainsi, après quelques années de travail sur moi par l'analyse jungienne qui avaient permis un gros déblayage et la dissolution de certains schémas toxiques, je laissais de côté la psychologie et me consacrais à l'énergétique. Il n'était plus question d'analyser ni de comprendre, mais de laisser émerger, de prendre conscience et de s'en remettre à notre force innée de guérison. Sans passer par le mental. Une autre approche, un nouveau souffle.

J'aimais beaucoup la philosophie du Reiki qui se traduisait par cette phrase : « Que le meilleur soit ». Le meilleur n'étant pas nécessairement ce que moi, en tant qu'individu, je pensais être. Certaines épreuves, maladies ou situations difficiles étaient ce qui pouvait nous arriver de mieux pour évoluer et nous réaliser. Ce n'était pas à moi d'en juger avec mes notions limitées du bien et du mal. De cela je n'avais aucun doute et cette perspective me plaçait en position d'humilité face à l'intelligence de la vie. Il s'avérait également important d'apprendre à ne pas impliquer de volonté personnelle dans la pratique du Reiki : plus nous mettions de côté tout désir de résultat ou de réussite et laissions œuvrer l'Énergie avec confiance, plus les soins se révélaient efficaces. Cette attitude de non-implication et de non-saisie constituait un enseignement spirituel à elle seule, incitant l'ego, avec son besoin de reconnaissance et de contrôle, à se mettre de côté.

Je faisais désormais appel à l'Énergie pour générer des situations positives dans mon quotidien, en acceptant qu'il n'advienne que ce qui était le meilleur pour moi. Une belle pratique de lâcher prise. Ainsi, quand je souhaitais qu'un événement particulier se produise, j'invoquais l'Esprit - l'Intelligence cosmique - et effectuais ma demande, puis je relâchais toute volonté. Si les circonstances ne se passaient pas comme je l'avais désiré, je savais néanmoins que c'était le mieux qu'il puisse m'arriver en ce temps donné de ma vie et au stade d'évolution où je me trouvais. Cela s'avérait très reposant. Et curieusement, la plupart des intentions que j'adressais à l'univers semblaient entendues. C'était magique ! Dès lors, ma devise devint, tout comme pour beaucoup d'autres personnes engagées sur le chemin initiatique : « *Tout est parfait* ». Je le pensais parfois profondément, et d'autres fois je me le disais pour me rassurer. Un petit tour de passe-passe qui m'aidait à accepter les aléas de la vie terrestre.

Cette manière d'aborder l'existence, de relationner avec l'univers et le divin dans une disposition intérieure de confiance, après vingt ans d'athéisme, était salvatrice à bien des égards. Je me réconciliais avec l'incarnation, j'apprenais peu à peu à l'accepter et à l'aimer. Il s'agissait néanmoins encore d'une forme de dissociation avec le divin, puisque je plaçais celui-ci à l'extérieur de moi, en dépit du fait que je savais que tout était Un. Toujours identifiée à mon corps physique et à une entité distincte du Tout, je me considérais comme un réceptacle, un canal, de l'énergie cosmique, ou encore comme un outil de la Conscience pour expérimenter un monde. Si j'en retirais beaucoup de joie, cela restait tout de même au fond insécurisant car mon bien-être dépendait des événements manifestés par la volonté de l'Univers. Qu'est-ce que le plan divin avait prévu pour moi, quelles épreuves m'attendaient, jusqu'où ma dévotion pouvait-elle aller ?... Cela s'avérait néanmoins une étape tout à fait nécessaire : je vivais désormais religieusement, c'est-à-dire « reliée au divin ». Et ceci devrait durer encore plusieurs années avant qu'une compréhension plus profonde ne dissolve cette ultime illusion de séparation, avant que « moi » et « le divin » ne soit vécu comme étant une seule et même chose.

***

Peu de temps après le premier stage d'initiation au Reiki, Lola me téléphona depuis ses belles Cévennes pour m'informer qu'un festival de chamanisme allait avoir lieu tout près de chez moi. « *On y va ?* ». C'était très tentant. Nous ressentions un mélange d'attirance et de méfiance, mais la curiosité l'emporta. Après tout, ce n'était qu'une expérience, nous pouvions toujours au moins aller voir. Dans la voiture, nous étions déjà pétries de jugements : « *Tu crois que ce sont des vrais chamanes ? Pas un plan new-âge d'Européens déguisés en Indiens qui se la jouent ?* »

Cela ne manqua pas : notre première impression en arrivant sur le lieu du festival fut qu'ils « se la jouaient ». Hormis une chamane mongole dans la pure tradition, nous n'aperçûmes à première vue que des Occidentaux autoproclamés chamanes qui se mettaient des plumes ou des masques d'animaux empaillés sur la tête. À la limite du ridicule. Et des gens qui se prenaient dans les bras un peu partout en se faisant croire qu'ils étaient dans l'Amour...

En revanche, le lieu était magnifique. En pleine nature, un immense feu sacré alimenté jour et nuit autour duquel nous étions invitées à méditer autant que nous le souhaitions, des huttes, des tipis, des espaces d'exposition d'œuvres artisanales ou artistiques... Et puis de la musique en permanence, le son des tambours, des djembé et des didgeridoo résonnant dans l'écho des montagnes avoisinantes.

Sur nos gardes, mais charmées par l'ambiance, nous participâmes aux ateliers. Et nous dûmes bien constater qu'il s'y passait des choses. Danses tribales, chants sacrés, huttes de sudation, cérémonies de guérison, voyages chamaniques... Nous entrions dans une autre réalité.

Mon expérience la plus significative fut un voyage guidé dans le monde des esprits, au cours duquel je rencontrai mon guide spirituel. Il m'apparut sous les traits d'un aigle et se prénommait Cori. Ces voyages, ou visualisations, pouvaient s'apparenter à de la sophrologie ou à de l'hypnose douce. Les images s'avéraient plutôt floues, mais le ressenti était fort. Cet être majestueux était doux, aimant et protecteur. J'en pleurai quelques minutes tant je m'en trouvais bouleversée. Ainsi, je n'étais pas seule, j'étais accompagnée par un esprit supérieur !... Même si le doute restait présent dans mon mental, je sentais dans mon cœur qu'il s'agissait d'un vrai contact avec une énergie qui veillait sur moi. Il me transmit ce message : « *laisse de côté ta vie sentimentale pour l'instant, le temps est venu de te consacrer entièrement à ton chemin spirituel* ». J'en ressentis un mélange de tristesse et d'exaltation. Me résoudre à la solitude affective ; je trouvais cela dur ! Mais le Chemin me tendait à nouveau les bras et c'était l'essentiel.

Quant à Lola, après avoir fait ce même type d'expérience, elle n'arrêtait pas de pleurer sans savoir pourquoi, disant qu'elle avait « *des larmes plein la tête* ». Cela dura toute la journée jusqu'à ce que nous décidâmes d'en parler à l'homme qui avait guidé le voyage. « *Tu n'es pas complètement revenue*, lui annonça-t-il. *Une partie de ton âme est restée dans l'autre monde. Il faut aller la chercher.* » Il nous proposa de nous isoler tous les trois dans la chambre qu'il occupait. Il nous inspirait confiance, il était chaleureux, humain, l'un des rares intervenants qui arborait une apparence naturelle, simplement vêtu d'un jean et d'un t-shirt. Il avait été initié au chamanisme toltèque dans la lignée de Carlos Castaneda, ce qui contribuait à nos yeux à son sérieux. Nous le suivîmes. Arrivés dans la chambre, il me demanda si je savais jouer du tambour. « *Non, pas du tout.* » Il me mit quand même son tambour sacré entre les mains et me montra le rythme que je devrais tenir tout le long du rituel. J'avalai ma salive et respirai un bon coup. L'instrument m'impressionnait, il dégageait une forte vibration, j'osais à peine le toucher. Mais je n'avais pas le choix.

Je commençai à jouer et il invita Lola à s'allonger sur le lit. Il s'étendit à côté d'elle et lui prit la main. Il la guida verbalement jusqu'au monde d'en bas, cet espace que nous avions visité l'après-midi même, la dimension où se trouvent nos guides, nos animaux de pouvoir, nos alliés spirituels et où d'après lui, une partie d'elle s'était égarée. Il resta ensuite silencieux pendant cinq bonnes minutes, puis subitement se leva, l'attrapa par les épaules, la mit debout, la fit tourner sur elle-même et la jeta sur le lit, tout cela en un éclair. La tension était montée d'un coup, je maintenais le rythme comme je pouvais, maîtrisant mon émotion. Puis il me fit signe d'arrêter de jouer et se mit à effectuer des passes énergétiques en promenant ses mains au-dessus du corps de mon amie pendant encore dix bonnes minutes. Enfin, ce fut terminé. Lola ouvrit les yeux et se releva. Elle se sentait parfaitement bien.

Il nous expliqua qu'il arrivait parfois que des personnes ne remontent pas complètement de leur voyage. C'était rare, mais c'était embêtant et parfois dangereux. Cela pouvait entraîner des troubles psychologiques allant jusqu'à la dépression nerveuse. Même si, selon lui, la partie qui était restée « en bas » revenait toujours tôt ou tard, une nuit, au cours d'un rêve. Mais cela pouvait prendre plusieurs mois. Il fallait alors pratiquer une « récupération d'âme ». C'était le rituel auquel nous venions d'assister. Nous nous sentions émues, heureuses et honorées de ce moment privilégié et imprévu avec cet « homme de pouvoir ». Nous savions maintenant que l'esprit du chamanisme était bien présent en ce lieu.

Les trois nuits du festival, je fis le même songe. Je me trouvais en compagnie d'un chamane qui m'enseignait comment guérir. Il m'annonçait que j'étais une guérisseuse, mais je refusais catégoriquement de porter une telle responsabilité. Et si les gens que je soignais mouraient à cause de moi ? Si je faisais des erreurs et provoquais plus de mal que de bien ?... Il n'en était pas question. Chaque rêve se terminait sur mon refus. Très troublée, je m'interrogeais. Étais-je vraiment guérisseuse ? Cela flattait trop mon ego pour que je sois certaine qu'il s'agisse d'un message de mon âme. Et pourtant, joint au don de médiumnité qui venait de se révéler et à cet engouement soudain pour la pratique des soins énergétiques, il pouvait fort bien s'agir d'un potentiel qui se manifestait, ou d'un destin qui se réveillait. Et face auquel, apparemment, j'opposais de grosses résistances, ce qui pouvait expliquer son éveil tardif, car jusqu'alors je ne m'étais jamais sentie attirée par les professions liées aux soins ou au bien-être, hormis le métier de psychologue. Soigner l'âme, oui, cela m'aurait plu profondément. Et cela correspondait finalement bien à ce que faisaient les chamanes, dans une approche toute différente de la psychologie mais que je trouvais passionnante.

Le dernier jour, alors que nous avions vécu de nombreuses aventures intérieures, Lola et moi nous sentions toujours aussi critiques envers les participants et la majorité des festivaliers. Pendant la cérémonie de clôture où nous étions tous rassemblés autour du feu sacré, nous fûmes subitement touchées par la sincérité de l'élan qui animait tous ces cœurs se mettant à l'unisson. Nous réalisâmes soudain l'effet miroir que nous étions en train de vivre : tout cet ego que nous dénoncions autour de nous, c'était... le nôtre ! Nous n'avions pas cessé d'émettre des jugements en dépit du fait que nous savions qu'en réalité c'était l'Intelligence divine qui dirigeait ce festival. Chaque personne présente ici était à sa place autant que nous, guidée par l'énergie spirituelle, et posait sa pierre comme elle le pouvait dans la construction du rêve d'une humanité plus harmonieuse. La plus grande leçon du moment, pour nous deux, fut à quel point nous nous trouvions encore sous l'emprise de notre ego !

Quelques minutes plus tard, en riant de nous-mêmes, nous prîmes les gens dans nos bras, remplies d'amour et d'humilité. Quelque chose se dénoua et s'ouvrit en moi. Ma conscience s'éleva au-dessus de la dualité et je me sentis connectée intimement à la nature, aux êtres qui m'entouraient et à la Terre Mère. Nous étions tous Un. Je dansai, chantai et rugis d'enthousiasme au son des tambours qui se déchaînaient. Le printemps commençait et le soleil déployait son radieux rayonnement. Deux aigles tournoyèrent au zénith, suscitant une émotion générale de jubilation et de gratitude. J'accordai le rythme de ma danse à l'ardeur du souffle de la vie qui renaissait et vibrait dans chaque particule de matière, explosant de joie.

Sur la route qui nous reconduisait chez moi, nous goûtions un état de grâce, reliées à toute la Création. Le temps s'était arrêté et nous ne vîmes pas passer l'heure qu'il nous fallut pour rejoindre Marseille. Je ne me lavai pas pendant trois jours et gardai les mêmes vêtements pour rester reliée à la vibration du monde chamanique le plus longtemps possible. Je n'étais pas pressée de redescendre au niveau de conscience ordinaire. Il me rattrapa progressivement, en douceur. Mais une partie de moi n'en revint pas complètement, un peu comme mon amie Lola dans le monde d'en bas. Sauf que je n'avais pas des larmes plein la tête, mais de la joie plein le cœur.

***

Je cherchai sur internet le prénom de mon guide rencontré lors du voyage dans « le monde d'en bas », Cori, qui m'intriguait car je ne l'avais jamais entendu. En effet, il ne s'agissait pas d'un nom de baptême mais de celui d'une petite ville italienne, où un moine du XVIIe siècle, St Thomas de Cori, avait vécu en se consacrant aux nécessiteux et était mort jeune d'une longue maladie. On le célébrait le 28 février, date de sa naissance. Quelle émotion ! Le 28 février était l'anniversaire du jour de mon éveil spirituel sept ans plus tôt, le jour de ma « vraie naissance » ! Un signe, un appel, un nouveau mystère qui venait frapper à ma porte ?... Dans tous les cas, je me trouvais émerveillée de la synchronicité.

Je découvris également deux peintures représentant ce moine. Un portrait sur lequel il était assis devant des livres et tenait une croix dans la main droite, affichant un visage très doux, empreint de bonté et de simplicité. Et, absolument incroyable, une scène dans laquelle il s'élevait au-dessus de l'autel, en pleine messe, entouré d'anges. Ce tableau datait de 1786 et s'intitulait « La lévitation du bienheureux Thomas de Cori » ! Très émue devant cette peinture, je me sentais étrangement proche de cet homme. Je n'eus alors plus de doute concernant le fait qu'il s'agissait bien d'un guide spirituel, d'un être qui avait connu une incarnation terrestre au cours de laquelle il avait été un grand mystique ou un éveillé.

À partir de ce jour, je commençai à parler à mon guide et à faire appel à lui très régulièrement, ce qui constituait une grande nouveauté dans ma vie. Peu de temps plus tard, un soir, après avoir donné un soin à une amie, je rentrais chez moi bouleversée par la vision d'un abus sexuel qu'elle avait subi dans son enfance. J'avais absorbé toute son angoisse et sa colère. Je me trouvais soudain très abattue, ne me sentant pas à la hauteur de la tâche de guérisseuse. En marchant dans la rue, je levai les yeux au ciel et m'adressai à Cori : « *Si c'est vraiment ce que je dois faire, aide-moi car je ne me sens pas assez solide pour supporter toutes ces visions* ». Baissant la tête, je vis par terre un petit coquillage blanc percé pour être porté en collier. C'était un cauri ! Ces coquillages africains qui ont servi pendant des décennies de monnaie d'échange et sont encore utilisés aujourd'hui comme outils de divination. Lola les avait évoqués quand je lui avais révélé le nom de mon guide. Je sus à ce moment que j'avais été entendue, que je serai accompagnée et soutenue. J'ai porté ce cauri en pendentif, comme un grigri, pendant longtemps.

***

Je digérais peu à peu toutes ces nouvelles révélations : la découverte des possibilités offertes par l'énergie, mes dons, les messages que j'avais reçus et notamment celui de laisser de côté ma vie amoureuse. Cela faisait deux ans que je vivais seule, depuis ma rupture avec Tristan, et j'étais à nouveau en quête du prince charmant. Il me fallut reconnaître que les attentes, projections et émotions liées à l'éros me prenaient beaucoup d'énergie. Mais je trouvais injuste de devoir sacrifier mes besoins affectifs et sensuels. Je ne voyais pas comment je pourrais m'épanouir dans la vie sans être comblée dans le domaine sentimental. Je savais désormais que la spiritualité ne me suffisait pas. J'étais un être de chair et de cœur, une amoureuse née, une épicurienne. En dépit de mes déboires passés, je demeurais convaincue qu'il était possible de se réaliser à travers la relation de couple. Je ravalai néanmoins ma déconvenue et me résolus à faire confiance à mon guide. Peut-être que je n'étais tout simplement pas prête.

C'est à cette époque que je commençai à pratiquer régulièrement la méditation. Le Reiki m'amenait déjà à m'intérioriser puisque donner un soin consistait à être en présence, silencieux, et à se laisser traverser par l'énergie. J'avais également goûté à de profonds moments de recueillement lors du festival de chamanisme autour du feu sacré, et cela m'avait donné le goût de continuer. Assise, les yeux fermés, je tournais mon attention vers l'intérieur et me mettais à l'écoute de mon ressenti, de ma météo interne du moment, laissant la paix s'installer. Certaines fois, je posais une question à Cori ou à ce que j'appelais mon « moi supérieur », le Soi, puis faisais le vide pour me rendre disponible à la réponse qui me venait soit par images, soit par transmission télépathique d'une information. Celle-ci se manifestait d'abord sous forme d'intuition et mon mental la traduisait ensuite en mots selon sa propre grille d'interprétation. Je m'aperçus à la longue que le message final correspondait plus ou moins à la réalité de l'information initiale en fonction de mon état émotionnel : le désir et la peur étant les deux sentiments qui interféraient le plus souvent et pouvaient la colorer de mes projections personnelles. Il s'avérait donc nécessaire, pour pouvoir me fier à ma guidance, de me trouver au préalable dans un état d'esprit serein, non perturbé.

Le monde des esprits

Je m'ouvrais de plus en plus à la possibilité de devenir thérapeute en énergétique. Plus je pratiquais, plus je me sentais portée, enthousiaste, passionnée. Le Reiki m'offrait une voie véritablement complète, associant ma vie quotidienne à ma vie spirituelle, me permettant de donner pour la première fois une cohérence à l'ensemble de mon existence. Ce n'était pas pour rien s'il s'agissait d'une approche holistique, c'est-à-dire qui prend en compte la totalité de l'être. Cette nouvelle vocation allait en effet se révéler très prometteuse ; j'allais rapidement constater que j'étais guidée dans cette direction à travers la rencontre d'enseignants de grande qualité, tant dans le monde humain que dans le monde des esprits auquel je commençais à avoir accès.

Depuis l'initiation au Reiki, je n'avais pas cessé de me faire des auto-traitements pour l'endométriose, mais les douleurs dans mon ventre persistaient. Elles étaient assez légères grâce aux médicaments que je prenais, mais suffisamment présentes pour me rappeler que je n'étais pas guérie. À la période de Pâques, je partis pour deux semaines chez Lola, dans ce lieu où je me sentais toujours chez moi, au pied des monts cévenols. À peine arrivée, Lola m'annonce que les personnes qui l'ont initiée au Reiki, Elena et Corentin, aimeraient me rencontrer. Elle leur a raconté les visions que je reçois quand je pratique les soins et ils souhaitent en parler avec moi. Ils voudraient également me faire faire une expérience. Ils nous invitent à leur rendre visite dans leur mas isolé au milieu des montagnes.

Dès le premier regard, je me sens en terrain connu. Ils me sont familiers, surtout lui. Comme des membres de ma famille. Je les trouve chaleureux, accueillants, beaux. Un couple solide, amoureux depuis plus de trente ans. Elle me fait penser à une fée, lui à un sorcier toltèque des livres de Castaneda. Elle est très yin, douce, aérienne, discrète et espiègle à la fois. Lui est très yang, dense, ancré, charismatique, drôle. Une belle complémentarité. Ils représentent un peu le couple idéal que je porte en moi, ou les parents que j'aurais aimé avoir. J'ai la curieuse impression que je les connais depuis très longtemps…

Ils me confient rapidement qu'il y a une grotte sur leur

terrain, un lieu particulier dans lequel ils vont souvent méditer. Avec un air de grand mystère, ils me demandent d'y aller et de leur dire ce que je ressens. La grotte est toute petite et mes yeux se trouvent immédiatement attirés par une pierre en forme de siège posée au centre. Je m'assois dessus et ferme les yeux. Tout d'abord se dessinent des visions diffuses de bébés et de femmes enceintes. Puis une forme blanche m'apparaît, une femme blonde, jeune, jolie, joyeuse. Je lui demande son nom. Elle me répond par télépathie, mais j'ai du mal à bien le recevoir. Ça ressemble à Aurore ou à Laura, un mélange des deux peut-être. Les consonances Or et A s'imposent. Je lui pose des questions pour savoir qui elle est. À chaque question, elle me répond « non ». Es-tu une âme désincarnée ? Non. Un guide ? Non. Une fée ? Non. Un extraterrestre ? Non. Le mystère demeure. Cependant je me sens étrangement liée à elle. Là encore, j'éprouve une sensation de retrouvailles avec un être que je n'ai pas vu depuis très, très longtemps. Les visions disparaissent, je quitte la grotte et reviens vers la maison pour raconter à mes hôtes ce que j'ai vécu. Leurs yeux brillent. « *Et ben dis donc !* » lâche Corentin. « *Quoi ? !* », « *Qui était cette femme ?* » Il me révèle alors qu'il s'agit d'Oraya, l'entité de la grotte, un être de l'inframonde, de la cité de Télos. Jamais entendu parler de l'inframonde. En revanche, j'ai des frissons partout en entendant son prénom ! Télos serait, d'après eux, un monde parallèle situé à l'intérieur de la Terre, sous la croûte terrestre, où vivent des êtres de l'ancienne humanité, celle d'avant la chute de la Lémurie, ce mystérieux continent disparu il y a plus de 12 000 ans. Ce ne sont pas vraiment des humains tels que nous les connaissons aujourd'hui. Ils sont très grands physiquement et très évolués spirituellement. Au moment où la Lémurie fut détruite, les sages et chamanes de l'époque se réfugièrent dans cette autre dimension et y poursuivirent leur évolution. Avec l'augmentation du taux vibratoire que connaît la planète depuis une dizaine d'années, nous pouvons aujourd'hui entrer en contact avec eux dans certains lieux propices.

Elena et Corentin me racontent l'histoire de cette grotte. Il s'agit d'un vortex, une porte de communication avec des univers parallèles. Un « lieu de pouvoir », comme les évoque souvent Castaneda dans ses livres (que Corentin m'avoue avoir dévoré tout comme moi, ce qui me met grandement en confiance). Ils détiennent de nombreuses anecdotes au sujet d'Oraya : ses manifestations dans leur maison, ce qu'elle leur a enseigné, les messages qu'ils ont reçus d'elle, les nombreux « voyants » qui sont venus chez eux et qui, comme moi, l'ont vue ou ont senti sa présence... À présent que j'ai établi le contact, je peux communiquer avec elle quand je veux et où je veux, il suffit que je l'appelle, m'affirment-ils.

La pierre centrale, quant à elle, servait il y a 10 000 ans à accoucher. Les femmes s'asseyaient dessus car sa forme particulière, avec un creux en son centre et une fissure, permettait au sang de s'écouler jusqu'au sol. D'où mes visions de femmes enceintes. Je suis totalement bouche bée. Si je suis honnête, l'histoire me semble surréaliste, pourtant ce couple m'inspire une réelle crédibilité. Ils ont de toute évidence la tête sur les épaules, ils sont simples, discrets, sans ostentation. Leur bibliothèque dévoile une grande culture générale et littéraire. Et puis surtout, j'ai eu ces visions et rencontré

Oraya sans rien savoir au préalable !

Cette rencontre est déterminante. Elle valide mes dons et me confirme qu'il y a d'autres mondes avec lesquels nous pouvons communiquer. C'est magique, extraordinaire, un peu fou… Mais mon cerveau rationnel peut adhérer. Nous vivons dans un univers tellement vaste et mystérieux ! Et notre perception est si limitée ! Que des univers parallèles existent, oui, pour moi c'est évident. La physique quantique en parle. Et je viens d'en faire concrètement l'expérience.

Mais je ne suis pas encore au bout de mes surprises face à ces deux compères qui se régalent de ma stupéfaction. Tandis que nous faisons davantage connaissance, j'évoque la maladie dont je souffre et leur dis que pour l'instant, le Reiki ne m'a pas guérie. Corentin sort un pendule de sa poche et le consulte quelques minutes. Puis il lève les yeux et me dit : « *la cause de ta maladie est un lien transgénérationnel avec ton arrière-grand-mère maternelle* ». Je suis sidérée. En plein dans le mille ! Je mets un moment à digérer ce que je viens d'entendre. Puis je parviens à dire : « *oui, je m'en doutais, mais je ne sais pas comment m'en libérer* ». « *Pas de souci, on va te faire un soin* ». Du Reiki ? Non, pas tout à fait me répondent-ils. Il s'agit d'une autre manière, plus directe et plus efficace, d'utiliser l'énergie. Pas moyen d'en savoir plus, ils me disent de simplement les laisser faire.

Sans bouger de leur place, ils ferment les yeux et me demandent d'en faire autant. Nous sommes tranquillement assis dans les confortables fauteuils de leur salon. L'atmosphère de la maison est douce, enveloppante, mystérieuse, vibrante d'énergie. Je fais ce qu'ils me disent. Peu à peu des images m'apparaissent. Une femme en train d'accoucher dans une grande douleur. Beaucoup de sang. Une voix qui répète dans ma tête « *un bain de sang, un bain de sang* ». Puis je sens que c'est fini, j'ouvre les yeux. Elena et Corentin me regardent, souriants. « *Voilà, tu es guérie* » me dit Elena. Ah bon ? ! Comme ça ?... Je veux bien la croire mais tout de même, comment en être sûre ? Elle me conseille d'arrêter mon traitement pour voir si les douleurs reviennent. D'accord. Après tout je n'ai rien à perdre et si cela n'a pas fonctionné je reprendrai les médicaments. Je le fis dès le soir même et trois jours plus tard, les petites douleurs qui persistaient disparurent complètement. Et elles ne revinrent jamais.

Je repartis de chez eux quasiment euphorique. Enfin du concret, de la vraie magie ! Le monde s'était de nouveau agrandi, il se trouvait comme sens dessus dessous. Était-ce un rêve ? Est-ce que je commençais vraiment à créer ma réalité ? Ce couple semblait sorti tout droit de mon imagination. Lola avait le même ressenti. Nous étions bien contentes d'avoir vécu cette expérience ensemble, car nous savions que personne ne nous croirait si nous la racontions. Nous constituions l'une pour l'autre la preuve que cela s'avérait tout à fait réel. Je remerciai la maladie pour le chemin qu'elle m'avait fait prendre. Car en y réfléchissant bien, c'était elle qui m'avait conduite ici. Et elle avait eu de précieux cadeaux pour moi.

***

Deux mois plus tard, constatant que je me trouvais bel et bien guérie, je retournai leur rendre visite, remplie de joie et de gratitude. « *Apprenez-moi. Je veux savoir faire ce que vous faites* ». Et ce fut le début d'une belle amitié et de trois années d'apprentissage au cours desquelles ils me transmirent, ainsi qu'à Lola, leurs connaissances en matière de guérison. Corentin et moi nous sentions très proches, nous avions une forte résonance vibratoire. Il y avait beaucoup de tendresse, de connivence et de confiance entre nous. Je découvris que dans une vie précédente il avait été mon père, un chamane, et avait fait de moi son apprentie. Quant à Elena, je reconnus en elle une mère et également une sœur.

J'avais commencé de retrouver ma famille spirituelle et cela me remplissait de bonheur. Je considérais depuis un certain temps de plus en plus sérieusement la réalité de l'âme. Mais là, je réalisai un peu plus concrètement ce que cela signifiait : que nous nous incarnons de nombreuses fois et que les personnes que nous croisons dans cette vie-ci possèdent parfois avec nous un passé commun. De toute évidence, j'éprouvais pour ces deux êtres le fort sentiment de les connaître déjà. J'avais réellement l'impression que nous appartenions à la même famille, alors que je ne les avais jamais vus. Je m'en trouvais tout à la fois troublée et réconfortée : nous étions reliés par une même histoire et je me sentais tout à coup moins seule.

***

Comme mes nouveaux amis me l'avaient conseillé, une fois rentrée chez moi, je recontactai Oraya. Je l'appelai simplement, et en quelques secondes une présence lumineuse et très dense se manifesta autour de moi. J'avais le sentiment d'être soulevée légèrement du sol par une vibration puissante, pétillante. Une sensation un peu similaire à celle que je ressentais dans mes expériences de sorties astrales, mais en étant tout à fait réveillée et le corps physique en pleine possession de ses moyens. Elle m'invita télépathiquement à prendre un papier et un stylo et me dicta un magnifique et mystérieux poème. Les mots coulaient tous seuls, j'écrivais sans réfléchir. C'était ma première expérience de channeling par l'écriture. Le *channeling*, ou *canalisation*, est un procédé de communication avec une entité d'une autre dimension utilisé depuis longtemps par les voyants et remis au goût du jour par le mouvement New-Age. Il s'agissait de s'ouvrir pour recevoir un message et de le retransmettre soit par l'écriture, soit par la voix. Je posai le stylo et relis le texte à voix haute :

Fille des cordes sages
Crème de rocaille
Opaline de la pierre naissante
Nuagine semence de cristal airain
Coulée d'émeraude aux rayons de givre argentés arc-en-ciel
Or ruisselant du centre de la Terre aux quatre directions
Regard arrondi des lunes immobiles sur le lac de l'âme
Là où le reflet de mes cheveux de cendre fait éclore le diamant des cœurs
Je suis l'eau qui dort à l'aube du secret
Je suis le sourire de l'aurore au seuil des rosées bleues
La caresse héritée des étoiles
Le silence qui vole aux oreilles du vent
L'Hermès radieux d'un rêve éternel

Aucun doute, ce n'était pas du tout mon style de poésie, cela venait d'ailleurs ! Impressionnée et honorée, je remerciai Oraya. Me vint alors une vision :

Je me trouve dans une grande prairie au pied d'une falaise. Oraya avance vers moi et me prend dans ses bras. Elle murmure à mon oreille : « Je te l'avais dit que nous nous retrouverions ! ». Nous nous sentons très émues toutes les deux, nous pleurons de joie. Nous attendions ce moment depuis des milliers d'années, quand nous avions été séparées juste avant la chute de la Lémurie. Elle était alors ma mère, et avait choisi de partir dans une autre dimension. Moi j'avais décidé de rester là, de continuer à œuvrer pour l'humanité depuis ce plan de réalité.

J'ignorais totalement ce que valait cette information, ni ce que je pouvais en faire, mais cela plaisait à mon esprit romanesque, et mon cœur débordait d'amour. Ou bien j'étais dotée d'une imagination débordante teintée de mégalomanie, ou bien j'étais en train de découvrir l'histoire de mon âme. Évidemment, je préférais la deuxième version.

***

J'étais émerveillée par tout ce qui m'arrivait depuis mon initiation au Reiki même si beaucoup de questionnements me traversaient également ; je naviguais entre scepticisme et envie d'y croire. Mais les faits étaient là : les soins que je pratiquais donnaient des résultats concrets, les visions que je recevais correspondaient aux vécus des personnes qui me consultaient, et je me trouvais guérie d'une maladie soi-disant incurable ! C'était vertigineux, miraculeux. Ma raison continuait pourtant de lutter pour adhérer complètement. N'y avait-il pas dans tout cela une grande part de subjectivité ou d'autosuggestion ?... Comment savoir ? Je ne voulais surtout pas remplacer une illusion par une autre.

D'un autre côté, depuis que j'avais renoncé à ma quête d'Absolu, je savais que la seule chose à faire pour que mon existence dans le monde relatif ait un sens était de changer de rêve. Créer une réalité qui me fasse vibrer, qui me procure la joie et la passion de vivre que je n'avais pas trouvé dans l'univers tel qu'on me l'avait décrit depuis ma naissance. Faire de ma vie terrestre une œuvre d'art, un voyage magique, une exploration de l'inconnu. Puisque tout était relatif et ne s'avérait in fine que concepts et représentations, autant adhérer à ceux qui me plaisaient. Je pouvais parler d'autosuggestion comme je pouvais parler de pouvoir créateur et d'auto-guérison, ce n'était qu'une question de point de vue, et surtout, d'intention. Voilà tout l'art de l'enseignement chamanique que Castaneda avait reçu de Don Juan Matus : utiliser l'intention comme outil pour modifier notre perception de la réalité et, du coup, agir concrètement sur celle-ci. Car l'essentiel, c'était que cela *fonctionnait* !

À la même période, Lola fut contactée par son guide, par écriture automatique. Sans l'avoir prémédité ni demandé, alors qu'elle se trouvait en pleine méditation, elle vit soudain sa main prendre un stylo et se mettre à tracer des lettres, puis des mots, sur une feuille de papier. C'était un langage très particulier, il fallait en déchiffrer le sens comme dans un jeu de pistes. Il émanait d'une entité qui disait se nommer Jal et venir des Pléiades. Il ne délivrait pas de messages personnels, seulement des affirmations sibyllines sur le fonctionnement des âmes, des énergies, du karma, de la guérison... Des discours exclusivement métaphysiques que Lola partageait avec moi et que nous nous régalions à essayer de comprendre avec notre intellect limité. Ces séances d'écriture automatique nous transportaient sur un autre plan et nous faisaient monter considérablement en vibration.

Lola mit longtemps à comprendre qui était réellement Jal, car tantôt il prétendait être son guide, tantôt son soi divin. Cela la rendait souvent confuse. Nous n'avions alors aucune idée de la *multidimentionnalité* de nos êtres. Avec le temps et le déchiffrage des messages et visions que nous recevions et mettions en commun, cela devint clair que la plupart des esprits qui nous guident représentent en fait d'autres aspects, dimensions ou incarnations de nous-mêmes. En l'occurrence, Jal était bien la dimension spirituelle de Lola, son âme originelle.

Un soir, alors que j'étais de passage pour le week-end chez mon amie et que nous conversions ardemment avec Jal au sujet de l'ascension de la planète, navigant entre prophéties et concepts philosophiques, le stylo se mit à écrire d'une tout autre manière. Très rapide, avec un sentiment d'urgence. Il parlait d'un mort, d'une veuve éplorée, d'un appel à l'aide. Lola compris qu'il ne s'agissait pas de son guide. Je fermai les yeux et demandai une vision de cette présence. Un homme m'apparut, me donna son nom - Roger - et me fit comprendre qu'il était décédé et perdu, rempli de tristesse et de colère. Il voulait que nous allions trouver immédiatement Elena et Corentin qui seraient en mesure de l'aider.

Nous nous trouvions en contact avec un mort ! Effrayées, à la limite de la panique, nous lui enjoignîmes de partir et de nous laisser tranquilles, lui promettant d'aller voir nos amis le lendemain car, là, ce n'était pas possible, il était minuit passé. Nous ressentions son impatience, son insistance, sa détermination. Il ne semblait pas du tout disposé à s'en aller. Il resterait près de nous tant que nous n'aurions pas tenu promesse. Nous fîmes brûler de la sauge partout dans la maison, répétâmes plusieurs fois « *Va-t'en ! laisse-nous tranquilles !* », flanquâmes même précipitamment le stylo et le cahier dehors comme s'ils étaient possédés. Puis nous nous couchâmes, bien décidées à aller dès la première heure trouver Elena et Corentin. Mais je ne fermai pas l'œil de la nuit tellement j'avais peur. Pour quelqu'un qui jusqu'alors ne croyait pas aux fantômes, l'effroi viscéral que je ressentais était presque comique.

Le lendemain, après avoir avalé le petit-déjeuner, nous filons tout droit vers le mas chaleureux dans la montagne. En entendant notre histoire relatée avec force gestes et frayeur dans la voix, nos amis se mettent à rire.

— Mais de quoi donc avez-vous peur ?

— Ben c'est un mort, un fantôme !

— Oui, c'est une âme perdue qui cherche de l'aide, elle ne vous veut aucun mal, nous dit Elena. « Elle a seulement besoin d'être accompagnée vers le monde des âmes, au-delà de l'astral, le plan lumineux où les êtres qui ont quitté leur corps physique se retrouvent et se reposent dans le sein de l'unité divine avant de choisir une nouvelle incarnation. »

Corentin enchaîne : « Au moment de la mort, la plupart des gens voient un tunnel avec une forte lumière au bout, s'y dirigent, sont accueillis par des entités spirituelles et accompagnés dans cet autre plan. Mais certains se retrouvent perdus, ne savent pas où aller, ne voient pas ce tunnel, pire encore : ne savent même pas qu'ils sont décédés. Ils errent dans l'astral, entre les deux dimensions, et deviennent ce qu'on appelle des fantômes. Il peut exister plusieurs raisons qui les empêchent de partir : une mort violente comme le suicide, des émotions de colère ou de haine, la tristesse de quitter les êtres ou les lieux qu'ils aiment, et surtout, bien souvent, les membres de leur entourage qui les retiennent sans le savoir en se lamentant et n'acceptant pas leur disparition. Ils restent alors par culpabilité ou attachement à ces personnes. Ce phénomène s'avère d'ailleurs l'une des causes des maladies que l'on peut rencontrer, la proximité d'une âme errante et tourmentée pouvant entraîner de nombreux problèmes de santé chez un individu, surtout si elle se « colle » à lui, car sans le savoir elle dérègle son équilibre énergétique. Les guérisseurs et les médiums peuvent aider les défunts à retrouver leur chemin. Et de fait, ils sont souvent contactés car ils rayonnent une lumière particulière dans l'astral qui les attire. ».

« Ok, pourrions-nous alors faire partir ce pauvre Roger qui attend depuis hier soir ? » Je suis toujours sous l'effet de la panique et de la nuit blanche que je viens de passer, et sa présence insistante m'est extrêmement désagréable.

Corentin sourit, nous dit de fermer les yeux, de visualiser une colonne de lumière et d'appeler l'archange Michaël pour qu'il libère Roger du monde terrestre et l'accompagne vers l'au-delà. Il nous explique que Michaël, ou Saint-Michel, est une entité spirituelle qui possède le pouvoir de délivrer les âmes. Il est celui qui, en ces temps de guérison collective, « coupe » les liens qui nous attachent à des personnes, des lieux, des schémas, des mémoires, des vies passées. Au-delà du folklore chrétien qui le considère comme le plus puissant des anges, il fait partie de ces nombreux êtres de lumière qui nous entourent. C'est un guide, un « médecin du ciel ». Ces entités vibrent à une telle fréquence énergétique qu'il nous est impossible de les voir depuis notre fréquence à nous, beaucoup plus basse. Mais elles s'avèrent nombreuses et entendent toujours nos appels. On les retrouve sous diverses formes dans toutes les traditions religieuses du monde.

Je visualise la colonne de lumière et suis les instructions de Corentin, à l'aveuglette, sans aucune certitude, mais avec confiance. Une fois le procédé terminé, la différence est nette. Roger est bien parti, je respire à nouveau à pleins poumons et retrouve ma légèreté. Comme si j'émergeais d'un mauvais rêve, je réalise ce que je viens encore de découvrir : il existe des âmes qui ne trouvent pas le « passage » au moment de la mort et que je peux aider. Jusqu'à ce jour, j'étais convaincue que tout le monde se libérait en quittant son corps physique. L'instant du décès signifiait pour moi le retour à la Source, la dissolution de l'ego dans « le Grand Tout ». La fin du rêve et le grand réveil de la conscience. C'est pourquoi je ne croyais pas aux histoires de fantômes ou de maisons hantées…

Mais les faits sont là, une fois de plus, et confirmés par des personnes qui me semblent très sensées. Je m'interroge tout de même sur un point : pourquoi Roger n'est-il pas venu les trouver eux directement, au lieu de passer par nous en nous effrayant de la sorte ? Corentin me répond qu'il s'agissait d'une « ruse de l'Esprit » : l'Intelligence de la vie a dirigé cette âme vers nous pour que nous prenions conscience de notre don et apprenions à nous en servir, car nous sommes, Lola et moi, « passeuses d'âmes ». C'était initiatique.

***

Mes croyances venaient de se faire à nouveau bousculer... Et de nouvelles aventures commençaient. À partir de ce jour, je fus souvent visitée par des âmes errantes et au cours des années qui suivirent, j'en raccompagnai un grand nombre. Depuis l'histoire de Roger, je n'ai plus jamais eu peur d'elles. Je vécus ces rencontres dans la joie et l'amour, heureuse et reconnaissante de pouvoir aider ces êtres à retrouver le chemin de la maison, de la libération, de l'Unité. J'en revenais cependant parfois avec la nostalgie de l'au-delà, où tout est si doux, si simple, si paisible, vibrant d'amour. Mais je savais désormais que ma place se trouvait bien ici, sur Terre, dans cette dimension. C'était ainsi que j'avais choisi de contribuer au plan divin. En servant de pont entre les mondes.

Souvent, c'était effectivement lors d'un soin énergétique que je constatais qu'une âme errante restait attachée à la personne qui me consultait. Cette âme m'apparaissait sous sa forme physique et, en focalisant mon attention, j'entrais en contact télépathiquement avec elle. Je lui expliquais alors qu'elle ne possédait plus de corps matériel et que sa présence dans l'aura de la personne perturbait énormément l'équilibre psychosomatique de cette dernière, la rendant malade. Il fallait qu'elle accepte de partir car elle aussi avait un chemin à poursuivre. Si je sentais qu'elle était d'accord, je visualisais alors une colonne de lumière et l'invitais à s'y diriger, puis j'appelais ses guides ainsi que l'archange Michaël afin qu'ils l'accompagnent dans l'autre monde. Je restais connectée à elle jusqu'à ce que je la perçoive libérée, en paix. Cela se traduisait généralement par une bouffée de joie dans mon cœur et l'impression que l'on m'envoyait un « bouquet de *mercis* » depuis l'au-delà. D'autre fois, en arrivant dans un lieu, je savais qu'une âme errante se collait à moi car j'éprouvais d'un coup un malaise, le sentiment d'être écrasée physiquement sous un poids. Un mal de tête s'associait généralement à cette impression ainsi qu'un changement brutal d'humeur et - me concernant (chaque médium ressentant les choses à sa façon) - une douleur particulière dans le dos. J'entrais alors de la même manière en contact télépathique avec cette âme pour l'aider à changer de plan.

Si apprendre que les âmes ne rejoignaient pas directement la Source après la mort du corps physique fut pour moi étonnant et déconcertant, en revanche le recours à l'archange Michaël me surprit moins. Je crois en l'existence des êtres de lumière depuis ma rencontre avec mon « ange gardien », quelques années avant l'expérience de Roger, durant ma période mystique. J'éprouvais à cette époque la curiosité de vérifier si les anges existaient vraiment, s'il y avait réellement un autre plan peuplé d'êtres spirituels, et il me vint l'idée de demander tout simplement à mon hypothétique ange gardien de se manifester. Suite à quoi, après une série de synchronicités annonciatrices pendant quelques semaines (j'entendais parler des anges partout où j'allais !), je vécus un soir une très puissante et inoubliable expérience énergétique, au cours de laquelle je me sentis comme soulevée sur les ailes d'un ange, en état de grâce pendant une bonne heure. Une communion d'une immense douceur, fusionnelle et extatique. Il me fut alors révélé que cet esprit lumineux était mon double, qu'il était moi à un niveau beaucoup plus vaste. Il savait tout de moi, de cette vie et de toutes les autres, jusque dans l'intimité la plus profonde de mon être ! Il me connaissait infiniment mieux que je ne me connaissais moi-même. Il avait toujours été là, depuis le début de mes incarnations, il veillait sur moi, m'accompagnait à chaque instant et m'aimait d'un amour total et inconditionnel... Il était mon bien-aimé, celui que je cherchais depuis toujours sans le savoir à travers les hommes que je rencontrais ! Je ne saisis pas très bien à l'époque s'il se trouvait en moi ou à l'extérieur de moi, ce n'était pas très clair, mais cela n'avait au fond pas vraiment d'importance car je savais qu'intérieur et extérieur étaient une illusion, que la réalité s'avérait une et indivisible, même si, ma conscience se trouvant absorbée dans le rêve de la dualité, je n'en avais plus le ressenti direct.

À partir de ce jour, je me mis à faire appel à mon double très régulièrement pour m'apaiser, me guider ou me protéger. Je le nommais « mon Bienveillant » et sentais sa présence aimante à mes côtés dès que je pensais à lui. Cette expérience très concrète m'apprit que nous sommes tous accompagnés par un esprit, ou plutôt une force, qui nous soutient et nous aime d'une manière absolue et permanente. Qu'on l'appelle ange, âme, conscience supérieure, Soi, double, il s'agit finalement d'une même chose. Je comprendrais bien plus tard que l'âme (que l'on peut aussi nommer le corps spirituel ou le corps de lumière) est la première forme que prend la Conscience universelle avant de se manifester dans la matière en tant qu'entité physique. C'est ainsi que notre « ange gardien » est nous-même, sur un plan plus subtil, vibratoire. Plan qui ne connaît ni la séparation, ni les limites spatio-temporelles, et que les physiciens découvrent peu à peu à travers la physique quantique.

***

Début juillet de cette même année, je passai mon deuxième niveau d'initiation au Reiki avec mes nouveaux enseignants, Elena et Corentin. Ils m'apprirent à faire des soins à distance en me connectant aux personnes ou aux lieux à travers le champ énergétique de l'univers. C'était merveilleux. La preuve, non plus dans le ressenti intérieur, mais dans l'expérience pratique, que nous étions tous reliés. Ce qui densifiait un peu plus la réalité de l'Unité.

En revanche, mauvaise surprise, après ce second rituel d'initiation je n'eus plus aucune vision ! J'avais subitement perdu mon don ! Je m'en trouvais déçue et inquiète, bien que soulagée par ailleurs des poids émotionnels que me faisaient porter ma médiumnité. « *Fais confiance à l'Énergie* » s'était contenté de me dire Corentin quand je lui fis part, un peu consternée, de ce constat. L'Énergie, l'Intelligence divine, allait m'imposer une pause de plus de six mois à travers une nouvelle épreuve physique, laquelle laisserait à mes dons le temps de parvenir à la maturité requise pour développer mon potentiel de guérisseuse. Car je commençais à être fatiguée émotionnellement à force de ressentir la souffrance des autres. À ce rythme-là, j'aurais sans doute fini par devoir abandonner la pratique des soins, pour me protéger.

Quelques jours après le stage, je fis un rêve très impressionnant et annonciateur :

Je me trouve à l'hôpital, j'ai un cancer de l'estomac en phase terminale. Je sais que ma mort est imminente, je vis ma dernière journée. Je suis seule, personne ne peut venir me voir car le pays est en révolution, peut-être en guerre, et on ne peut plus accéder à l'hôpital. Je termine ma vie dans la solitude et la souffrance. Je pense à ceux que j'aime, surtout à Neil. Je prends un stylo et un papier pour lui transmettre les quelques perles de la sagesse que j'ai acquises et qui pourront peut-être l'aider dans sa vie.

Plus la journée passe, plus la douleur augmente. Mais je suis sereine, car je sais que bientôt je serai libérée, je retrouverai mon être véritable et retournerai à la Source. Et je m'en réjouis profondément. La nuit arrive, j'ai très mal à l'estomac, c'est comme si quelque chose me mangeait, me dévorait de l'intérieur. Mon estomac est en feu, comme un trou noir qui serait devenu le centre de mon corps et aspirerait vers lui toutes mes cellules dans un processus de puissante contraction. Je me recroqueville sur moi-même, mon corps n'est plus que souffrance. Mais je la supporte car je sais ce qui m'attend ensuite. Je me dis « J'ai toujours pensé que je mourrais à l'heure bleue ». Mais les premiers rayons du soleil apparaissent. L'aube passe et je ne suis pas morte. Je me demande si cela signifie que je dois vivre encore une journée et une nuit, jusqu'à la prochaine aube. J'accepte cette idée, qu'est-ce qu'une journée de souffrance en comparaison de la Plénitude qui m'attend ensuite ? Je dis à l'Esprit : « Ok ! Si c'est Ton souhait, je supporterai cette journée de plus, qu'importe puisque bientôt je serai entre Tes bras pour l'éternité ». Malgré la douleur, je suis habitée d'une immense joie. Je ne ressens aucune peur à l'idée de mourir, bien au contraire, et je m'y prépare dans un état de profond recueillement.

Je me réveillai au milieu de la nuit fort désappointée. Le rêve s'avérait tellement intense et réaliste que j'avais du mal à croire que ce n'était qu'un rêve. J'éprouvais le sentiment de revenir d'une expérience de mort imminente. Je me sentais presque déçue d'être encore en vie ! La Libération paraissait si proche, à portée de mains ! Je me rendormis et… le rêve repris.

Je me trouve à nouveau à l'hôpital, mais, cette fois, je ne suis plus malade ; je fais partie de l'équipe soignante. Je suis médecin. Je retourne dans ma chambre, j'y trouve mon petit ami, un jeune homme très gentil qui s'appelle Josué. Je lui explique comment je soigne, je lui fais une démonstration. Je me place debout à côté de lui et me mets dans la posture du tai-chi. Je me sens puissante, mon corps est hyper robuste, plein de force vitale et bien ancré dans le sol, vibrant de Présence. Je lui dis que c'est ainsi que je procède pour communiquer mon énergie aux malades et les guérir.

Au réveil, très impactée par ce rêve, je le notai en me demandant ce qui m'attendait. De toute évidence quelque chose de fort se préparait dans mon psychisme. Fin août, suite à un blocage intestinal, je me déchirai la paroi interne de l'abdomen au niveau de l'estomac en forçant trop pour aller à la selle. Ce n'était pas douloureux, mais une boule étrange pointait au-dessus de mon nombril et mon ventre était énorme. Je consultai un médecin. Ce qui m'arrivait portait le charmant nom médical d'« éventration », ou, plus poétique, d'« hernie de la ligne blanche ». Il me fallait être opérée. La déchirure ne pouvait être réparée qu'avec une sorte de prothèse, une plaque synthétique placée à l'intérieur du corps.

Un mois après, je suis l'hôpital, l'opération est terminée et je souffre atrocement. On m'a posé une prothèse de sept centimètres de diamètre sous la peau en plein milieu du buste, au niveau du troisième chakra, le centre émotionnel du corps. Je devais avoir sacrément besoin d'être protégée des émotions ! En attendant, la douleur est telle que je ne peux plus bouger. Une pointe acérée pulse en permanence du côté droit, un peu au-dessus du foie. Tout mouvement l'intensifie jusqu'à l'insupportable. 10/10 sur l'échelle de la douleur ! Le chirurgien ne comprend pas, il n'a jamais vu une réaction si violente à ce type d'opération. On me garde quelques jours de plus que prévu jusqu'à ce que la douleur redescende au niveau six, et je rentre chez moi. Les journées passent, mais mon état ne s'améliore pas. Je suis incapable de porter le moindre poids et je mets cinq bonnes minutes à me lever quand je suis assise, parfois je n'y parviens même pas. Je n'ai jamais connu une telle torture. Je me réveille un matin avec de la fièvre. Retour à l'hôpital. L'échographie révèle une infection : je fais un rejet de la prothèse. On me place sous antibiotiques et sous surveillance. Enlever la prothèse serait très compliqué et peut-être pire ensuite. Il faut que mon corps l'accepte.

Lola prévient Elena et Corentin auxquels je n'avais pas parlé de cette opération. Corentin me téléphone et me réprimande :

— Qu'est-ce qui t'a pris de te faire opérer ? Et le Reiki alors ?

— Le Reiki aurait pu réparer une déchirure abdominale ?

— Bien sûr que oui, le Reiki peut tout faire ! Il peut même te faire pousser des ailes dans le dos si tu le souhaites ! Lâche-t-il dans un mélange d'humour et de tendre colère.

Ils m'envoient des soins à distance et je commence à me sentir mieux. Une semaine plus tard je peux quitter l'hôpital.

La douleur persista néanmoins durant six mois, accompagnée d'une telle fatigue que je ne pus donner aucun soin, ni même m'en faire à moi-même. Je traversai cette épreuve dans une grande solitude. Je devais continuer à m'occuper de mon enfant alors âgé de neuf ans, faire le ménage dans la maison, les courses, monter les paquets lourds sur trois étages, travailler les rôles pour lesquels je m'étais engagée au théâtre. Je faisais tout cela au ralenti, tant bien que mal. Je me sentais si fragilisée, j'aurais eu tellement besoin que l'on s'occupe de moi ! Ah, si j'avais eu un amoureux ! Que c'eut été bon, pour une fois, d'être dorlotée, soutenue, entourée d'amour. Où était-il donc cet homme que j'appelais constamment de mes vœux ? S'il devait arriver un jour, le moment était venu. Qu'il se secoue donc les plumes et entre en scène, car j'avais vraiment besoin de lui, là. D'accord, Cori m'avait annoncé que cette période de ma vie serait consacrée à mon évolution spirituelle, mais pour combien de temps ?... De plus, de ce côté-là, il ne se passait plus rien non plus. Tout était à l'arrêt, comme mis entre parenthèses. La seule chose qui me préoccupait au quotidien était de parvenir à gérer la douleur.

Je tins le coup malgré tout, grâce au soutien d'Elena, Corentin et Lola qui me faisaient des soins à distance régulièrement, et trouvant mon endurance dans l'espoir que cette épreuve physique m'apporterait pour la suite une plus grande faculté de résistance aux souffrances morales. Je m'accrochais au message que m'avait adressé mon inconscient à travers mon rêve : je vivais une petite mort initiatique qui allait me conduire à une libération et à l'affirmation de ma vocation de guérisseuse.

En effet, quand je pus enfin retrouver une vie normale et me remettre à pratiquer le Reiki, de nouvelles surprises m'attendaient. Je ne recevais plus de visions spontanées et imposées, mais si je demandais à voir, je voyais, et beaucoup mieux qu'auparavant. J'observais les scènes qui se déroulaient avec détachement, je ne me sentais plus concernée, je ne vivais plus les émotions associées. Des choses beaucoup plus précises me venaient et j'accédais même désormais à des informations provenant de vies antérieures. Le second degré de Reiki avait modifié mon alignement. Avait-il été nécessaire que je porte cette plaque synthétique au prix de telles souffrances ?... Sans doute, puisque tout était parfait...

***

Je trouvais assez déroutant de visualiser les mémoires karmiques des gens, car lors de mon illumination spirituelle il m'avait été révélé, d'une part, que le temps chronologique était une illusion et, d'autre part, qu'au moment de la mort du corps physique la conscience individuelle reconnaît sa nature universelle et retourne à l'Unité. En revanche, j'avais vu aussi que la Conscience ne cessait jamais de se manifester et de prendre forme. Quand une forme de vie cessait, une autre débutait. Il y avait bien, sur un plan *relatif*, un temps et une continuité d'expériences (même si je savais qu'en réalité, tout se passait simultanément, dans un seul et éternel instant). Un ensemble d'informations difficilement concevables pour l'intellect qui se prenait les méninges dans un paradoxe. Contacter des mémoires de vies passées impliquait de plus l'idée d'une âme individuelle, ce qui ne cessait de me questionner. Je recevais de ce côté des informations assez précises, bien qu'invérifiables, et je sentais qu'elles n'étaient pas le fruit de mon imagination. Après tout, je pouvais concevoir que la Conscience rêvait sur plusieurs niveaux, comme des poupées russes. Cela signifiait qu'elle prenait en premier lieu la forme d'une âme, d'un « corps spirituel », avec lequel elle expérimentait de multiples existences à travers des corps matériels. Je finis par trouver une cohérence en considérant ces existences comme des vies parallèles, simultanées, et non pas chronologiques.

Mes capacités médiumniques évoluant de plus en plus rapidement, je constatai également une autre nouveauté, moins agréable : je servais de nourriture à des entités de basse vibration et j'absorbais les énergies émotionnelles des personnes en souffrance avec qui je me trouvais en contact. En fait, je réalisai que j'étais depuis longtemps une éponge à émotions et une denrée de choix pour les entités invisibles, mais que je ne le savais pas. Jusqu'alors, je me croyais lunatique. Je vivais régulièrement des baisses de régime, physiques ou morales, sans raison apparente. Je connaissais des périodes de fatigue ou de déprime qui parfois duraient quelques heures, parfois plusieurs jours ou semaines. Je découvris que ce n'était pas l'indice d'un dérèglement psychique, mais de « parasitages ». Cette prise de conscience constitua un soulagement, même si ces parasitages devinrent de plus en plus fréquents à mesure que mes perceptions extrasensorielles s'intensifiaient. Corentin m'expliqua que certaines entités se nourrissent des émotions négatives comme la colère, la peur, l'anxiété, l'angoisse, et qu'elles viennent s'abreuver chez les personnes qui sont très réceptives et dont le corps énergétique est vulnérable ou fragile, ce qui était le cas de nombreux médiums. Je me rappelai des démons du matelas qui m'importunaient lors de mes sorties astrales et je compris que cela faisait des années que ces êtres gravitaient autour de moi et me prenaient mon énergie. C'étaient pour la plupart des esprits qui vivaient dans l'astral et qui pouvaient s'apparenter à des animaux. Quand je les visualisais, ils m'apparaissaient comme des espèces de serpents, de sangsues ou de chauve-souris. Corentin me dit - comme cela m'avait déjà été conseillé quand je faisais des rêves lucides - que la première instruction élémentaire à leur sujet était de ne pas en avoir peur car la peur renforçait leur accroche. Il n'y avait d'ailleurs pas lieu de les craindre, ils ne faisaient que se nourrir, comme les moustiques se nourrissent de notre sang. Cela ne s'avérait certes pas agréable, mais ce n'était pas méchant. Il me donna d'excellents outils pour les détacher de mon aura et me conseilla de pratiquer intensément le Reiki sur moi pour renforcer mon corps énergétique. Il me recommanda de me faire des nettoyages matin et soir, de prendre des « douches d'énergie », m'assurant que si je suivais ses conseils, je cesserai à la longue de les attirer. Pour cela, je devais visualiser une lumière blanche qui pénétrait dans mon corps et éloignait les énergies et entités de basse vibration qui s'y trouvaient, exactement comme la citronnelle éloigne les moustiques. Il était important d'agir en nourrissant l'intention que ces esprits soient accompagnés pour retrouver le chemin de leur propre monde, afin qu'ils ne sautent pas sur d'autres personnes. Il ne s'agissait pas de les considérer comme des ennemis, mais de les traiter avec respect et amour. Cela me paraissait évident, car je savais désormais que la dualité bien/mal est une conception relative. Tout être a priori nuisible, humain ou autre, a son rôle à jouer dans l'équilibre cosmique et s'avère parfaitement innocent, car ses actes ne sont que la conséquence de l'ignorance de sa nature divine. Ce qui n'excluait pas, naturellement, qu'il faille s'en protéger.

Les douches de lumière blanche se révélèrent incroyablement efficaces. Dès que je sentais les signes d'un parasitage (coup de blues injustifié, grosse fatigue, lourdeur dans la tête, esprit brouillé, céphalée, épaules écrasées...), j'effectuais le nettoyage. Si j'avais le réflexe de le faire dès les premiers symptômes, en quelques minutes je retrouvais mon dynamisme et ma légèreté. C'était épatant. Je lâchai ainsi définitivement la croyance que j'étais cyclothymique, car je détenais désormais la preuve qu'il s'agissait de tout autre chose. J'appris bien entendu à pratiquer la même opération sur les autres et cela rendit mes soins encore plus efficients, car bon nombre de personnes arrivaient chez moi « chargées » sans le savoir.

Il me fallait cependant avoir recours à cette douche de lumière chaque jour. Et, parfois, plusieurs fois par jour ! Surtout après m'être rendue dans un lieu public ; le pire étant le supermarché... Vivant en ville, dans un quartier animé et fréquenté par de nombreux êtres aux existences très dures (clochards, drogués, alcooliques...), je ne pouvais pas faire un pas dehors sans être assaillie.

Cela s'avérait évidemment assez pesant de vivre ainsi. Corentin m'avait cependant rassurée en m'expliquant d'une part que c'était passager et, d'autre part, que c'était initiatique car cela m'obligeait à pratiquer le Reiki sur moi-même quotidiennement, ce que je n'aurais pas fait sans cela car je suis paresseuse... Or, selon lui, la pratique du Reiki était un cadeau que la vie avait mis sur mon chemin pour me mener à la reconnexion avec mon essence divine, à l'éveil auquel j'aspirais. L'auto-traitement par l'Énergie avait pour effet non seulement de renforcer le capital énergétique et de ré-harmoniser les corps subtils, ce qui permettait d'être en meilleure santé et d'accroître l'ancrage, la lucidité et les facultés extrasensorielles, mais également de dissoudre progressivement les mémoires, croyances, schémas psychologiques et énergies émotionnelles cristallisés qui voilaient notre vraie nature.

Le temps allait me montrer que mon enseignant disait vrai. Il me fallut environ trois années de pratique intensive et de douches quotidiennes de lumière blanche pour que les parasitages cessent définitivement ou ne se produisent plus que très occasionnellement.

Je découvrirais par moi-même bien plus tard que les entités perturbatrices ne peuvent pénétrer dans notre aura que si nous portons en nous des blessures et mémoires émotionnelles non reconnues et non traitées (ce qui peut impliquer celles héritées de nos ancêtres ou celles de vies antérieures). Ces esprits du bas astral qui nous visitent sont ainsi des révélateurs de l'état de notre système psychique inconscient ; en ce sens, ils constituent des alliés dans le processus d'éveil. Le « travail sur soi » est incontournable dans toute démarche spirituelle car plus nous reconnaissons notre lumière, plus nos ombres sont mises en évidence... C'est un phénomène énergétique qui nous offre la possibilité de nous libérer de nos souffrances et de nos entraves à l'amour et à la capacité d'être heureux, en *en prenant conscience.* On ne peut pas en faire l'économie.

Le terme « développement personnel » laisse sous-entendre l'épanouissement de l'individu et peut sembler contradictoire avec la notion d'éveil qui déconstruit la réalité du personnage, du moi identifié à une personne. Il serait plus juste de parler de développement *transpersonnel*, d'une voie qui permet d'aller au-delà du personnel et de développer non pas l'individualité mais la reconnaissance de notre nature universelle. Cependant, je finirais par me rendre compte au fil de ce cheminement initiatique, que cette reconnaissance de notre essence impersonnelle a pour conséquence surprenante de permettre à l'individu d'épanouir ses dons et talents innés : ce pour quoi la vie a créé cette forme unique et singulière. L'Être libéré de l'emprise du « faux moi » peut alors déployer tout son pouvoir créateur à travers le corps qu'il incarne. Quand la conscience ne se prend plus pour une personne séparée du Tout et qu'elle se reconnaît comme étant la Vie elle-même prenant l'apparence d'une forme matérielle temporaire, le moi identifié cesse d'être au centre et reprend sa place d'outil au service de la créativité divine. Jung a inventé le terme *d'individuation* pour décrire cela. Ainsi, tout ce qui pouvait dénaturer les potentialités de notre être véritable, comme le besoin de reconnaissance, l'avidité, la recherche de profit, ou encore les inhibitions, peurs de l'échec et croyances limitantes, n'est plus le moteur des actions. Il ne reste que « l'action juste », constituée de l'élan naturel de l'Être à se manifester et à exploiter ses potentiels sensoriels et psychiques en harmonie avec l'ensemble. Un peu comme dans une fourmilière où la reine pond exactement le type de fourmis dont la communauté a besoin, chaque être humain dans sa nature innée et singulière s'avère exactement ce dont le monde a besoin au moment où il apparaît sur la scène de l'existence terrestre.

Ma femme chamane

Une année s'était écoulée depuis la tenue du premier festival de chamanisme en France. Il eut lieu pour la seconde fois au même endroit, au printemps 2008. Enchantées de notre première expérience et de ce qu'elle avait changé dans nos vies, Lola et moi décidâmes d'y assister à nouveau. Les mêmes protagonistes étaient présents mais cette fois-ci nous étions dès le départ en ouverture, détendues, et même contentes de les revoir. Finalement, tout folkloriques que nous paraissaient certains, nous les aimions bien ! Nous nous sentions un peu en famille. Nous faisions tous partie, chacun à notre manière, de la nouvelle humanité qui était en train de fleurir sur Terre. Nous vécûmes à nouveau de beaux moments, mais je rentrai frustrée d'avoir manqué un atelier avec l'initié toltèque que nous avions rencontré l'année précédente. Il animait « un voyage à la rencontre de notre chamane intérieur » et je tenais absolument à y participer. Mais suite à un concours de circonstances, j'étais arrivée trop tard. Grande déception !

De retour chez moi, incapable de rester sur cette frustration, je décidai d'effectuer seule ce voyage. Je n'avais pas peur de me perdre, je connaissais le chemin. Je l'avais encore parcouru pendant le festival lors d'un autre atelier, je savais comment me rendre dans le monde d'en bas et en revenir. Et Cori m'accompagnerait. Je me sentais en confiance et la voix de l'exploratrice résonnait fortement en moi. Puisque je n'avais pas, à regret, les moyens de voyager physiquement, je le ferai spirituellement. J'ignorais que cette première expérience en solitaire allait me projeter dans une nouvelle aventure, celle de l'auto-initiation. Je la relate ici en détail pour l'intérêt qu'elle présente, mais je dois avant cela mettre en garde contre les dangers inhérents à la pratique du voyage chamanique, comme je l'ai déjà évoqué avec l'incident survenu à Lola. Au moins lors de son premier voyage, il est fortement recommandé d'être guidé. Le risque de ne pas remonter est bien réel, et rester coincé dans le monde d'en bas peut avoir des conséquences fâcheuses. De plus, il s'avère indispensable de savoir contacter ses énergies protectrices si on l'accomplit seul.

En premier lieu, je préparai la pièce en faisant brûler de la sauge, plante réputée éloigner les entités parasites. Puis je m'allongeai sur le dos les yeux bandés par un foulard. Je demandai à mes guides de m'assister - en l'occurrence je convoquai Cori et mon ange gardien - et enfin j'entrai dans le monde invisible comme j'avais appris à le faire :

Je me visualise dans une prairie, face à l'arbre de mon choix. C'est lui qui me sert de passage entre les mondes. Il s'agit d'un énorme saule, celui du jardin de mes parents à qui je confiais tous mes secrets quand j'étais enfant. Il y a une petite ouverture dans l'une de ses racines, je rapetisse et me glisse dedans. Je descends dans la racine en suivant un couloir sombre d'où émane une douce pulsation lumineuse. J'arrive devant la porte qui donne accès au monde d'en bas. Je la pousse et franchis le seuil. J'entre dans mon espace intérieur de sérénité et de sécurité. Un lieu où je me sens extrêmement bien. Chez moi ! C'est au bord d'une rivière, dans une forêt tropicale d'Amazonie. Je me trouve en hauteur, au sommet d'une petite cascade. L'eau dévale tranquillement un énorme rocher moussu. J'aperçois les sommets de la Cordillère des Andes au loin. L'atmosphère est paisible et joyeuse : des concerts d'oiseaux, une brise légère, un grand soleil, une rivière d'un bleu turquoise étincelant. En dessous de moi, une petite plage de sable accueillante se devine entre les arbres touffus. J'y descends. Un petit feu fraîchement allumé semble m'attendre. J'appelle Cori. Il arrive, sous sa forme d'aigle, et se pose sur un arbre au-dessus de moi. Je suis émue et excitée. J'attends un peu, je me laisse imprégner de l'ambiance sacrée du lieu. Puis quand je me sens prête, j'appelle ma femme chamane intérieure. Elle apparaît aussitôt, sortant de la forêt, et vient vers moi. Elle est vieille et jeune à la fois, impossible de lui donner un âge. Elle dégage une grande puissance et irradie l'imposante beauté de la femme sauvage, réalisée et libre. Elle est douce, souriante, remplie de bienveillance. Comme il est d'usage dans un voyage chamanique lorsqu'on rencontre un être, je lui demande son nom. (J'avais appris lors des ateliers du festival que si le personnage ou l'animal qui nous apparaît ne nous donne pas son nom, c'est qu'il ne s'agit pas d'un esprit allié mais d'une entité parasite. Il convient alors de la renvoyer simplement en lui demandant de s'en aller, puis d'appeler à nouveau notre guide.) Elle me répond : Leonora. Elle s'approche de moi et me serre dans ses bras, puis me prend les mains et m'invite à m'asseoir avec elle devant le feu. Je lui demande ce qu'elle peut faire pour moi. Elle me dit : « Te guider sur le chemin des origines. Faire vibrer ton ventre pour te connecter à la nature. Te donner les yeux de l'intuition.

— Puis-je faire appel à toi quand je donne des soins ?

— Oui. Pour apaiser les douleurs. Et pour avoir des visions. »

Elle m'engage à revenir la voir souvent car elle a, m'assure-t-elle, beaucoup de choses à m'apprendre. Je repars, repasse la porte, monte dans la racine, sort de l'arbre et revient dans mon corps, toute émoustillée.

Comme je l'avais fait précédemment pour Cori, je me mis aussitôt à effectuer des recherches sur son nom via internet. J'étais interpellée car je me souvenais que pendant l'adolescence, lorsque je devais me trouver un prénom dans les exercices d'improvisation pendant les cours de théâtre, je choisissais toujours « Éléonore » ou « Éléonore ». J'ignorais pourquoi mais je me sentais en résonance avec cette sonorité. Ce que je découvris me stupéfia. Leonora, ou Éléonore, signifie en grec « compassion », en latin « celle qui apaise » et en arabe « Dieu est ma lumière ». Ne m'avait-elle pas dit qu'elle avait le pouvoir d'apaiser les douleurs ?.. Celles qui portent ce prénom sont fêtées le 25 juin. Le jour où je suis devenue mère ! N'ayant pas eu de culture religieuse et mon prénom n'étant pas fêté dans le calendrier, je ne m'étais jamais intéressée aux fêtes des saints et j'ignorais totalement celui qui était célébré le jour de la naissance de Neil.

C'était prodigieux ! Éléonore avait toujours été là. Et à présent qu'elle était réveillée, je la sentais bien vivante en moi. Elle me donnait de la densité. Sa présence m'inspirait la joie, l'amour, la passion de vivre et je m'en imprégnais goulûment. « Celle qui apaise » réconfortait mon cœur esseulé, me réconciliait avec moi-même, me redonnait confiance en moi et en mes potentiels. Dès lors je descendis presque chaque jour à sa rencontre sur la plage ou dans la forêt. M'asseoir simplement à côté d'elle auprès du feu me remplissait de force, de foi et de courage. Mais qui était-elle vraiment ? Un aspect de ma psyché ou un esprit extérieur à moi qui me guidait ? Cette question me tarauda un bon moment. Je finissais toujours par y répondre : « ni l'un ni l'autre, ou les deux. Intérieur et extérieur sont des illusions ». Mais cela ne satisfaisait qu'à moitié mon mental.

***

Elena et Corentin, à qui je rendais visite régulièrement, m'enseignaient progressivement les techniques de soins adaptées aux demandes que je recevais au cours de mes séances. Dissoudre les blocages émotionnels, nettoyer les mémoires karmiques et transgénérationnelles (héritées de nos ancêtres), et même « couper » les magies noires, domaine que je croyais jusqu'ici réservé aux marabouts... Ces « mauvaises utilisations de l'énergie », comme le disait Corentin, étaient bien plus fréquentes qu'on ne le pensait et causes de nombreuses maladies physiques ou psychiques. La plupart provenaient d'une vie antérieure et se manifestaient dès la naissance ou se réactivaient un beau jour au cours de l'existence. La magie noire avait été utilisée pendant des siècles en Occident et l'était encore très couramment dans de nombreux pays. La loi de cause à effet s'avérait autant valable dans le monde de l'énergie que dans le monde physique, d'où les « retours karmiques » des actes de magie, qu'ils soient employés pour faire du bien ou pour nuire à autrui.

La façon qu'avaient mes amis de la traiter consistait à la neutraliser et non à la renvoyer à l'envoyeur comme cela se faisait dans les anciennes traditions. En procédant ainsi, nous pouvions rompre le cercle insensé des mauvais sorts qui sautent d'une personne à une autre. J'apprenais que ce qui était demandé aux guérisseurs, en ces temps modernes, était de transmuter ou purifier par la force de l'amour les énergies qui abaissaient le taux vibratoire de la planète. C'était notre participation à l'ascension de la Terre vers une nouvelle dimension de conscience. La tâche s'avérait colossale. L'humanité avait accumulé depuis des millénaires une telle mémoire de souffrance, de peur, de haine, de désespoir ! Les travailleurs de lumière, comme certains nous appelaient, n'étaient pas trop nombreux.

Nos rencontres, aussi riches que joyeuses, nous apportaient beaucoup. Lola était toujours de la partie et nous formions un quatuor passionné et avide d'échanges. Nous éprouvions un réel plaisir à partager nos expériences et nos réflexions. En leur compagnie je me sentais dans une bulle sécurisante, chaleureuse et nourrissante. Corentin parlait de longues heures tandis qu'Elena nous servait des petits plats tout en commentant de-ci de-là les propos de son mari pour les enrichir, les argumenter ou les corriger quand elle n'était pas d'accord avec lui. Ils nous racontaient avec beaucoup d'humour et moult détails les aventures qui avaient jalonné leur vie de guérisseurs. Par de nombreux exemples, ils nous montraient comment il était possible d'utiliser l'énergie et de se laisser guider par elle.

***

En parallèle, je recevais de Leonora des enseignements complémentaires à travers mes voyages ou méditations. Je vivais en étroite communion avec mon univers intérieur et en tirais un grand bonheur mais, de fait, je me trouvais de plus en plus en décalage avec le monde extérieur. La vie en ville me pesait et la nature me manquait considérablement. Je n'avais pas souvent l'occasion de m'y rendre. Il fallait prendre la voiture dans la circulation et la pollution et il s'avérait difficile de trouver des endroits un peu tranquilles et sauvages sans faire, au minimum, une heure de route. C'était décourageant car, au retour, je passais au moins autant de temps dans les embouteillages et perdais tout le bénéfice de mon escapade. Il n'y avait guère que dans les Cévennes où je pouvais me ressourcer, mais, entre mon enfant scolarisé et mes activités de comédienne, je n'y séjournais jamais bien longtemps. La frustration s'installait sournoisement, amplifiée par le sentiment croissant d'être agressée par les énergies de la ville, du stress et de cette déchéance humaine qui, dans mon quartier, s'étalait à chaque coin de rue. Je commençais à envisager sérieusement un changement de vie.

Heureusement, comme je l'ai déjà évoqué, j'aimais sans modération l'atmosphère de la côte méditerranéenne pour l'intensité lumineuse qui y régnait et qui prenait une dimension mystique à mes yeux, surtout les jours de mistral. L'azur radieux et infini des cieux, les reflets du soleil sur les murs d'une blancheur saisissante, les jeux d'ombre et de lumière des arbres dansant dans le vent, les ruelles éblouissantes de contrastes et de couleurs, les cris permanents des mouettes se jouant des tribulations humaines, sans parler des époustouflants couchers de soleil sur la mer... J'adorais déambuler dans les beaux quartiers surplombant la corniche autour de Notre Dame de la Garde, humant la vibration d'un autre temps qui émanait de cette cité fondée par les Grecs deux mille ans auparavant ; ou encore descendre en fin de journée sur le Vieux-Port et marcher jusqu'au bout de la jetée pour m'asseoir sur un rocher et laisser mon esprit s'absorber dans la magie de ce moment où les bateaux de pêche rentrent au port tandis que le ciel s'embrase de mille feux. Cette ambiance sacrée que mon âme parvenait toujours à capter au milieu de l'hostilité de la ville m'aidait considérablement à tenir le coup dans l'attente d'un rapprochement avec la nature.

***

C'était toujours le désert dans ma vie affective. Plusieurs rencontres sans lendemain s'enchaînèrent cependant sur quelques mois, dont la teneur m'indiqua que le schéma homme dominant/femme dominée, était encore actif en moi. Je m'en trouvais décontenancée car j'avais cru que ce conditionnement avait été modifié depuis ma victoire sur le tyran intérieur. Je décidai d'aller dans le monde d'en bas demander guidance à Leonora.

Je la trouve qui m'attend sur la plage, en compagnie de Cori sous sa forme humaine. C'est la première fois que ce dernier m'apparaît ainsi. C'est un moine, un homme très doux, d'âge mûr, rayonnant de compassion. Face à ces deux êtres emplis d'amour, je me sens comme une enfant en sécurité avec des parents affectueux et attentionnés. Je leur demande pourquoi je porte en moi une vision si négative du masculin et comment je peux faire pour la transformer. Ils me font comprendre qu'il y a un lien avec mon grand-père maternel, et aussi avec la sexualité. Leonora me dit qu'il me faut recevoir un soin. Je m'allonge à côté du feu. Cori s'assoit derrière ma tête, sur une pierre ; il joue de la flûte et du tambour. Leonora s'agite autour de moi, chante, crie, souffle, murmure, tout en passant ses mains au-dessus de mon corps. Elle écarte mes jambes et les resserre vivement, plusieurs fois. Puis, en le tirant par ma bouche, elle extrait de mon bas-ventre un serpent qui se trouvait logé là. Je le sens monter dans mon ventre, mon œsophage, ma gorge, et enfin il est expulsé. J'ai un haut-le-cœur et je pousse un cri rauque. C'est très désagréable. Leonora le tient par la gueule. Je sens qu'il est terrorisé, et pas vénéneux. Elle le caresse affectueusement jusqu'à ce qu'il se calme et le pose sur ma poitrine. Il s'enroule sur lui-même, se recroqueville entre mes seins comme un animal blessé. Il est tout doux ! Attendrie, je lui diffuse de l'amour et le remercie. Puis Leonora le prend délicatement dans ses mains et le dépose dans la rivière. Il s'en va, libre, joyeux. Je ressens un grand vide dans mon ventre qui est comme dégonflé, tout plat, avec un trou à l'intérieur. Leonora pose ses mains dessus pour le remplir d'énergie. Ensuite elle masse mon corps éthérique pendant un petit moment. Puis elle me dit que le soin est terminé, si je veux je peux dormir. Cori continue à jouer de la flûte, un air enveloppant, chaud, d'une grande douceur. Elle s'assied à côté de lui et chante une berceuse. Je m'endors comme un bébé.

Que représentait ce serpent ? D'après les enseignements reçus de Corentin, il s'agissait probablement d'une entité parasite ayant trouvé à se loger dans mes organes génitaux. Comment était-elle arrivée là ?.. Mystère ; probablement à la suite d'un traumatisme sexuel puisque j'avais effectivement été victime d'attouchements abusifs dans mon enfance et mon adolescence. Quant à mon grand-père, il était une représentation parfaite du tyran domestique, de l'homme brutal, autoritaire et despotique. L'héritier d'une longue tradition d'oppresseurs du féminin qui me terrifiait quand j'étais enfant et mettait sous pression tout son entourage. Le parfait support sur lequel s'était appuyé le prédateur de ma psyché pour asseoir son pouvoir.

J'admirais la méthode que Leonora avait employée avec le serpent. Ce pauvre être, aussi effrayé que moi, n'aspirait qu'à retourner dans le monde qui était le sien. Il n'avait rien à faire dans mon ventre. Ce soin de ma belle chamane s'avérait en parfait accord avec les techniques que me transmettaient Corentin. Les entités parasites étaient traitées avec compassion et raccompagnées chez elles. Elles s'en trouvaient la plupart du temps fort reconnaissantes. J'avais entendu parler de guérisseurs qui chassaient ces esprits comme s'ils s'agissait de démons, dans un combat mythique du bien contre le mal. Je me sentais bien contente pour ma part d'être à l'école de la non-dualité et de l'amour !

Les multi-dimensions

Dans le courant de l'été je fis la connaissance d'une jeune femme très sympathique qui vivait avec son compagnon en Ardèche dans un petit hameau à l'orée d'un bois. Elle me raconta que son ami et elle connaissaient, depuis quelques années, de grandes ouvertures de conscience, et qu'ils communiquaient quotidiennement avec les esprits de la nature, dont leur forêt foisonnait. Ils nous invitèrent, Lola et moi, à passer quelques jours chez eux pour nous faire découvrir leur univers et leurs amis invisibles.

Véra et Slimane étaient horticulteurs et travaillaient en étroite collaboration avec les dévas et le petit peuple. Pour eux, il s'agissait d'une réalité incontestable. Ils avaient tous deux développé le don de les sentir ou d'entrer en contact télépathique avec eux. Leur jardin et leurs cultures étaient magnifiques, soignés et bichonnés avec amour, dignes des célèbres jardins de Findhorn*.

Nous fîmes en leur compagnie de délicieuses promenades à la rencontre de fées, de lutins et de licornes. Pour moi, c'était tout à fait nouveau mais je ne demandais qu'à pénétrer cette dimension. Nous prenions un grand plaisir à faire des expériences de perception ensemble. Slimane s'arrêtait parfois devant un arbre et nous disait : « *Là, il y a une présence. Pouvez-vous deviner ce que c'est ?* » Je fermai alors les yeux pour demander une vision, tandis que Lola prenait son cahier et son stylo pour interroger son guide. Deux fois sur trois, nous obtenions la même réponse, et Slimane nous la confirmait. Je voyais par exemple un cheval blanc, et Lola recevait un message du type « *les grandes âmes des licornes sont là* ». Nous en étions émerveillées et nous restions alors un moment en silence pour nous connecter à l'énergie de

---

* Le «Findhorn Ecovillage», fondé en 1962, situé dans la baie de Findhorn au nord de l'Écosse est une communauté spirituelle internationale d'environ 400 personnes connue pour son travail avec les plantes. Le jardin où ils réussirent à obtenir des légumes énormes sur un terrain peu fertile grâce à ce qu'ils appellent une « communication subtile avec les devas de la nature » leur valut des articles de presse élogieux et un certain intérêt médiatique.

l'être qui nous faisait l'honneur de se manifester à nous ; nous imprégnant de sa lumière, sa douceur, sa magie, sa sagesse et sa vibration bienfaitrice ou curative. D'autres fois, rien de ce que nous recevions ne se rejoignait. Mais nous étions novices en la matière et Slimane nous affirmait qu'avec un peu d'entraînement, cela deviendrait tout à fait évident pour nous. Quoiqu'il en fût, mon enfant intérieur se régalait de ces moments. C'était joyeux, pétillant, plein de poésie.

Lola dut rentrer chez elle et je prolongeai mes vacances de quelques jours. Un soir, Véra s'absenta pour aider au service dans un restaurant où elle travaillait de temps à autre et je restai seule avec Slimane. Ce jeune homme avait une perception des entités et des âmes errantes extrêmement développée. Il les distinguait clairement, les yeux ouverts, se superposant à la réalité « ordinaire ». Il en voyait en permanence. Tout comme moi, il était constamment visité ou parasité par ces êtres. Nous eûmes de longs échanges sur la manière de nous nettoyer ou de nous protéger et cela nous enrichit beaucoup tous les deux. Son cas s'avérait pire que le mien. Nous ne pouvions pas passer un repas sans qu'il aperçoive à plusieurs reprises une entité pénétrer dans la pièce ! À chaque fois, nous devions interrompre notre dîner pour la faire partir. C'était un peu usant à la longue, et Slimane m'avoua que parfois, il craquait. Il avait consulté plusieurs chamanes et énergéticiens mais cela n'avait rien changé. Une porte s'était ouverte en lui quelques mois auparavant qu'il ne parvenait pas à refermer. Je lui dis ce que m'avait expliqué Corentin, que c'était probablement initiatique, et je lui conseillai de s'initier au Reiki.

Ce soir-là, après le souper, il me demanda si je pouvais convoquer Leonora car il souhaitait l'interroger sur divers sujets. Il n'avait, me disait-il, aucun doute sur l'authenticité et la valeur spirituelle de ma guidance, et se sentirait très honoré de pouvoir s'entretenir avec l'esprit de la chamane qui m'accompagnait. Nous nous trouvions sur la terrasse couverte qui prolongeait leur maisonnette, sirotant une tisane de plantes variées. L'atmosphère était douce et un peu magique, emplie des petits bruits de la nuit, des chants des grillons et des scintillements des lucioles, à moins qu'il ne s'agisse de ceux des fées... Je fermai les yeux et invoquai Leonora. Elle m'apparut et accepta de prodiguer à Slimane guidances et conseils. Un dialogue commença entre eux. Il posait des questions et je recevais les réponses par télépathie ou sous forme d'images. Soudain, comme cela arrivait fréquemment, Slimane s'interrompit au beau milieu d'une phrase pour scruter les alentours d'un air soucieux. Je le regardai : « *Que se passe-t-il ?... Tu as vu une entité ?* » Il acquiesça. Il suggéra de profiter de l'occasion pour savoir ce que Leonora pouvait lui dire au sujet de ces présences qui ne cessaient de le tourmenter. Je refermai les yeux et m'adressai à mon guide : « *Leonora, qui est cette entité et que veut-elle ?* » Je l'entendis me répondre alors, dans un grand éclat de rire gentiment moqueur : « *Ce n'est pas une entité, c'est une forme-pensée !* ». Au même instant, le bruit sourd d'un objet tombant au sol me fit sursauter et rouvrir les paupières. Je vis une petite souris, juste devant moi, apparemment morte. Elle s'était jetée du toit de la terrasse ! Je me tournai vers mon nouvel ami les yeux écarquillés et lui rapportai ce que ma belle chamane venait de me dire. Nous n'osions plus bouger, encaissant l'information en fixant bêtement la souris. Au bout de quelques secondes, celle-ci reprit vie et s'enfuit. Ce fut une grande leçon, surtout pour Slimane. Nous comprîmes ce soir-là que nous étions parfois les seuls créateurs de nos « parasitages ». Même si cela ne remettait pas pour autant en cause l'existence des démons du matelas et autres habitants du bas astral. Mais plus nous focalisions sur ces êtres, plus nous en voyions autour de nous... Réaliser cela me fit prendre un peu de recul sur une forme de fascination que j'entretenais sans m'en rendre compte envers le monde invisible. Cet univers n'étant pas abordable avec nos sens habituels et se trouvant toujours à la limite de l'imaginaire, il convenait, lors de toute interaction avec lui, de rester prudent et conscient des jeux de nos désirs et de nos peurs. Une fois encore, il s'agissait de comprendre que nos croyances créent notre expérience et que toute « réalité », qu'elle soit matérielle ou spirituelle, reste relative... Et que nous avons, d'une certaine manière, le choix d'y adhérer ou non selon ce qu'elle provoque en nous.

Je repartis de ce séjour accompagnée d'une charmante fée - une réalité à laquelle il me plaisait d'adhérer - qui vécut quelques mois dans ma maison et y diffusa de subtiles et joyeuses vibrations, avant de s'en retourner batifoler dans ses bois enchantés.

***

Les enseignements, les pratiques énergétiques et les surprises s'enchaînaient. L'année touchait à sa fin quand Lola me téléphona pour m'annoncer qu'elle avait reçu un message pour moi de la part de Jal. Notre ami pléiadien commençait tout doucement à nous prodiguer des conseils personnalisés, toujours à sa manière très énigmatique. Il me disait qu'il me fallait trouver le « prince d'Aragon » Je tapai simplement ces mots sur internet et découvris la généalogie de Raymond-Bérenger IV, 1198-1245, fils d'Alphonse II de Provence, prince d'Aragon, et de Gersende II de Sabran, comtesse de Forcalquier. Aragon était une province espagnole. Interpellée, car j'habitais en Provence et avais vécu une partie de mon enfance dans la région de Forcalquier, je continuai ma lecture. Ce Raymond-Bérenger avait eu quatre filles qu'il avait mariées avec quatre rois. Elles étaient bien connues encore de nos jours dans le sud de la France comme les « Princesses de Provence ». Marguerite, qui devint reine de France en épousant St Louis ; Béatrice qui épousa Charles D'Anjou, roi de Sicile ; Sancie qui s'unit au duc de Cornouailles, roi des Romains ; et Éléonore qui se maria avec Henri II Plantagenêt, roi d'Angleterre. Je m'agitai dans mon fauteuil. Qui était cette Éléonore ? Elle était née le 25 juin 1223 à Aix-en-Provence. Morte en 1291 au couvent d'Amesbury en Grande-Bretagne où elle avait terminé sa vie dans une grande piété après le décès de son mari. Elle avait été canonisée pour sa bonté et son dévouement. Il s'agissait donc de Sainte Éléonore, celle qui était fêtée dans le calendrier le jour de la naissance de Neil !

Le guide de Lola était un drôle de personnage. Un vrai scénariste. J'admirai la façon qu'il avait eue de m'amener à découvrir que mon nouveau guide, ma chamane intérieure, avait eu une existence terrestre. Le doute m'assaillit : aurais-je été Éléonore de Provence, reine d'Angleterre au XIIIe siècle ?

Quand je posai la question à Jal, il répondit que ce n'était pas si simple. Il évoqua des histoires de parcelles et de divisions d'âmes auxquelles je ne compris pas grand-chose.

Ce fut environ un an plus tard, en lisant un roman de Paolo Coelho, *Brida*, que je pus mieux saisir de quoi il s'agissait. Dans la tradition ésotérique Celte, la Wicca, il est enseigné que certaines âmes se divisent en deux avant de se réincarner, formant ainsi deux êtres à partir d'un. Ces deux personnes sont alors « l'autre partie » l'une de l'autre. Si après la mort, leurs âmes se divisent à nouveau, cela fait quatre individus issus d'une même âme, etc. Ce qui signifie que nous pouvons avoir plusieurs « autres parties » de nous-mêmes incarnées en même temps que nous. Ce phénomène permettrait, selon cette tradition, la multiplication des âmes tout au long de l'histoire humaine. Je réalisai alors que j'étais probablement, en tant que Suyin, l'une des divisions d'âmes d'Éléonore de Provence. Mon cerveau logique put ainsi concevoir que Leonora, ma femme chamane, représente un aspect de mon âme investi de la mémoire et des caractéristiques d'Éléonore de Provence. Avec le temps, je comprendrais d'une manière encore différente la réalité de l'âme. À travers mes contacts avec les défunts, mes guides et les enseignements de Jal que nous parviendrions Lola et moi à mieux décoder, l'âme se révélerait de plus en plus être une conscience spirituelle fractale vivant de multiples vies simultanées, chaque vie contenant les informations des autres. Cette perspective est encore plus large que celle de la tradition Wicca, sans pour autant l'exclure. La nature de l'âme mériterait l'écriture d'un livre à part entière, voire de plusieurs !

J'en viendrais ainsi à admettre qu'Éléonore de Provence et Suyin Lamour soient deux histoires, deux expériences, vécues par une même âme. Dix ans plus tard, la « Princesse de Forcalquier » continue de se manifester dans mon existence à travers de nombreux petits signes.

Cette guidance inattendue de Jal constituait une nouvelle confirmation que j'étais bel et bien entrée dans une autre dimension de la réalité, une dimension spirituelle et irrationnelle mais néanmoins cohérente, qui possédait sa logique propre et ses lois, et que je ne nageais pas en plein délire. Mon mental cartésien repoussait ses limites de mois en mois et s'adaptait de son mieux à ce nouveau paradigme, tout en s'inclinant de plus en plus, avec humilité, confiance et curiosité, devant le mystère, la complexité et les infinies potentialités de la Manifestation.

***

Courant mai, ce nouveau paradigme allait franchir encore un palier. J'assistai à une séance très particulière de channeling donnée par un médium qui prétendait canaliser directement par la parole les guides spirituels et les êtres de lumière des plans parallèles. Ceux-ci s'adressaient au public à travers lui et divulguaient des messages au sujet des grands changements qui s'annonçaient pour 2012. Parmi ces êtres, figurent des personnages mythiques qui ont eu des incarnations terrestres et qui, d'après certaines sources, reviendraient aujourd'hui auprès de nous sous leur forme spirituelle pour accompagner l'ascension de la Terre dans l'ère du Verseau, l'âge d'or annoncé depuis des millénaires dans diverses civilisations. Ère au cours de laquelle l'humanité éveillée à sa dimension divine vivra dans l'harmonie, l'unité, la paix et l'amour... On les appelle des « maîtres ascensionnés » dans le milieu new-âge car il s'agit de consciences éveillées, de sages.

Depuis quelques années de nombreux médiums recevaient des messages écrits de ces entités et certains les diffusaient sur internet. J'en lisais de temps en temps. Il s'agissait d'un univers que je découvrais totalement et selon ma perception, il y en avait à prendre et à laisser. Mais je n'avais jamais entendu quelqu'un les transmettre directement par la voix. Très intriguée, j'y allai. Supercherie ou véritable guidance ? Les deux étaient possibles et je demandai à voir... Je mis une bonne heure à me détendre tant j'étais sur la défensive devant cet homme qui avait toutes les apparences d'un charlatan. En tenue de sadhou*, surchargé de bracelets et de colliers, des bagues ornées de pierres semi-précieuses à chaque doigt, il siégeait sur une estrade assis en lotus, entouré de bougies, de cristaux et d'encens indiens à l'entêtante odeur de rose. Des personnes fiables m'avaient assuré qu'il s'agissait d'un vrai médium et également d'un puissant guérisseur. Peut-être, mais cela me faisait le même effet qu'au festival de chamanisme, cette fois sur le mode hindou : pourquoi avait-il besoin de s'entourer de tout ce folklore alors que c'était un Occidental ? Dans la salle, se trouvaient ses disciples, des personnes ayant suivi des stages avec lui, et quelques curieux

* Un sadhou est un ascète hindou qui a renoncé à la société pour se consacrer à la spiritualité.

dans mon genre. La plupart semblaient comme hypnotisés. Je me sentais très mal à l'aise. Joël - c'était son nom - nous préconisa d'être bien réceptifs durant la séance car les maîtres ne se contentaient pas de nous parler à travers lui, ils en profitaient pour agir énergétiquement sur notre ADN afin d'accélérer notre éveil spirituel. À travers sa voix, s'exprimèrent tour à tour... Bouddha, Jésus, l'archange Michaël, Marie, Kuan Yin (la déesse chinoise de la compassion) ... Mais également des pléiadiens, puis Ashtar Sheran, le commandant de la flotte galactique formée par des sages natifs d'autres planètes qui nous surveillaient de là-haut et nous préparaient à les rencontrer physiquement dans les prochaines années. Et puis, petite surprise, il y avait aussi Adama, un habitant de Télos. Un copain d'Oraya.

Je luttai pendant la première moitié de la séance. Ok le spectacle était impressionnant ; sa voix se modifiait en fonction des êtres qui intervenaient et elle devenait parfois très douce, d'autres fois profonde ou retentissante. Le passage avec les pléiadiens fut particulièrement déroutant : des sons bizarres sortaient de sa bouche, gutturaux et rythmés, entrecoupés d'un langage compréhensible pour nos cerveaux. Les messages, en revanche, s'avéraient de véritables enseignements spirituels. Ils parlaient de l'éveil de la Conscience, du Soi, de la non-dualité, de la nouvelle réalité que nous étions en train de créer, de la Source, de l'Amour universel... Rien à redire là-dessus, pas un soupçon de prosélytisme ni d'endoctrinement. Mais je n'adhérais pas, je n'y croyais pas. C'était trop énorme pour être vrai ! Je ne mettais pas en question l'existence d'entités spirituelles, puisque je me trouvais moi-même en contact avec des guides invisibles, là n'était pas le souci. C'était l'aspect démonstratif de cette façon de transmettre les messages, comme un one man show, à la limite du grotesque, qui les discréditait.

Toutes les personnes présentes avaient les yeux fermés et paraissaient très concentrées. J'avais les yeux ouverts et j'observais à la fois Joël et les réactions des gens, partagée entre l'envie de rire et de partir. En complet décalage, je réalisai cependant que si je continuais à aborder cette séance de channeling avec mon mental, je serai venue pour rien. Ce n'était pas de cette manière que je saurai si les « maîtres » parlaient réellement à travers cet homme. Je me résolus à rester et à lâcher un peu ma tête pour me mettre en réception, histoire de voir ce que valait tout cela depuis mon ressenti. Après tout, ce qui comptait c'était le fond, non la forme. Si celle-ci me déroutait complètement, je détenais cependant suffisamment de connaissances spirituelles pour savoir que les paroles prononcées ici étaient pleines de vérité et qu'elles émanaient d'un niveau de conscience élevé. Ce contraste entre la forme et le fond m'intriguait et méritait que je poursuive l'expérience.

L'essentiel à retenir au sujet de 2012, nous fut-il transmis, était que nous devions nous attendre non pas à la fin du monde, contrairement à ce qu'annonçaient les diverses prophéties apocalyptiques, mais au début d'un nouveau paradigme pour l'humanité. Ceci rejoignait totalement ce que Jal, le guide de Lola, exprimait dans ses messages depuis plusieurs mois. Notre conscience allait faire un bond, nous allions tous, à compter de cette date, réaliser notre essence spirituelle. Mais pour cela, nous passerions par de grands nettoyages. Tout ce qui, en nous, ne correspondait plus à un état d'être libre et harmonieux allait être élagué. Une gigantesque et collective œuvre au noir, si je comprenais bien. Cela ne serait pas de tout repos et il nous faudrait absolument rester centrés et confiants car certains d'entre nous pourraient perdre les pédales. Mais Joël, ou plutôt les guides à travers lui, nous conseillaient de ne pas écouter les prédictions cataclysmiques de tous poils. Il s'agirait essentiellement, pour l'Humanité, d'un changement intérieur. J'écoutais sa voix, les yeux fermés, cessant tout mouvement mental, me laissant porter par l'énergie qui se manifestait en ce lieu et en cet instant. Peu à peu je sentis mon taux vibratoire augmenter. Une onde très douce m'enveloppa et mon cœur s'ouvrit. Pendant la dernière demi-heure, ma tête fourmillait, mon chakra coronal était suractivé, j'avais légèrement décollé du sol et j'étais remplie d'amour, agréablement surprise de me trouver repositionnée sur mon Être, sur la Présence.

Je rentrai chez moi à la fois ravie et dubitative. J'étais très étonnée d'éprouver la même sensation qu'après avoir reçu un puissant soin énergétique. J'ignorais qui était vraiment cet homme, mais derrière son apparence de mystificateur il possédait un fort pouvoir spirituel, je n'avais plus de doute là-dessus. S'il employait une forme d'hypnose, elle était une médecine et non une emprise, car elle avait pour effet de recentrer la conscience sur sa dimension universelle. J'allai me coucher encore pleine de questions, mais très heureuse de cette reconnexion avec le Soi.

Dans la nuit je fis un songe incroyable d'une rare netteté, l'un des rêves les plus intense de mon existence :

J'assiste à un séminaire mené par Joël. Il officie lors d'une cérémonie de soins. Il se tient au centre d'un cercle de personnes assises autour de lui. J'en fais partie. Il me désigne, avec trois autres, nous invitant à s'approcher de lui. Il ne cesse de changer de visage, comme s'il était un mélange de multiples personnages, tant masculins que féminins. L'atmosphère est saturée d'énergie. Il me donne à boire dans une coupe un liquide rouge, j'ignore s'il s'agit de vin ou de sang. J'en bois une gorgée et ma perception se modifie. J'entre dans une sorte de transe et j'ai cette vision :

« Une pancarte avec une date : 11 juillet 1879. C'est ma date de naissance. Une calèche remplie de lingots d'or, renversée. Elle a été attaquée. Je suis à l'intérieur, je suis un homme, et je suis mort. »

Je reviens à moi. Le soin est terminé, je retourne m'asseoir. Joël me demande de rester avec lui jusqu'à la cérémonie du soir car j'ai rendez-vous avec le soleil.

La nuit est tombée, Joël commence à œuvrer dans un nouveau cercle de guérison. Il apparaît sous une forme androgyne, il a de longs cheveux bruns, de la poitrine, et une petite barbe. (Le Joël « réel » rencontré la veille n'avait pas du tout cette apparence, il était bien masculin avec des cheveux courts châtain clair). Il me dit que je suis une guérisseuse et que je suis capable de soigner les gens en utilisant les mêmes méthodes que lui. Si je veux, il peut m'apprendre. Il m'appelle « petite sœur » et il me serre dans ses bras, plein d'amour, de tendresse et de bienveillance. À la fin de son office, je prends des rendez-vous avec les personnes qui y ont participé pour leur donner moi-même des séances de soin individuelles.

Je me réveillai à quatre heures du matin puissamment imprégnée de ce songe. Mon plexus solaire et ma poitrine pulsaient fortement, je vibrais de partout. Les couleurs et les sons se trouvaient amplifiés, des points et des filaments lumineux pétillaient partout autour de moi. Je me levai, m'assis dans la cuisine pour boire un verre d'eau et me remettre de mes émotions. Soudain une lumière s'alluma derrière moi. Je me retournai : l'éclairage de la pièce n'avait pas changé, pourtant c'était comme s'il y avait une lampe supplémentaire. Cela me mit sous tension, j'étais encore sous le choc de mon rêve et nous étions au beau milieu de la nuit, heure privilégiée pour les peurs irrationnelles. Mon chat entra dans la cuisine et s'arrêta net, regardant dans la direction de la lumière fantôme, comme sur ses gardes. Il avait perçu la présence lui aussi. Je retins mon souffle, suspendue au comportement de mon ami à quatre pattes. Puis il avança tranquillement et je me sentis rassurée. Si mon chat n'avait pas peur, alors je n'avais rien à craindre.

Je pris une grande respiration pour calmer les battements de mon cœur et demandai qui était là. Je reçus télépathiquement : « Ashtar Sheran ». Ashtar ? ! J'étais fébrile. Même si j'étais convaincue de l'existence de vies extraterrestres, en revanche je ne croyais pas sérieusement à celle de la flotte galactique et de son commandant. Ça faisait trop Star Trek. Mais qui sait, cet être possédait peut-être vraiment une réalité au-delà de la façon dont le mouvement new-âge le présentait ? … Il me pria de prendre un stylo. Partagée entre surprise, amusement et inquiétude pour ma santé psychique, j'obtempérais sans réfléchir. Surtout ne pas laisser le mental interférer et couper le contact. Après tout, j'avais communiqué avec Oraya de l'inframonde, pourquoi pas avec Ashtar Sheran des sphères stellaires ? Je n'étais plus à ça près.

Il me dicta ce message télépathiquement, que je retranscrivis sur le papier :

Bienvenue parmi tes frères des étoiles, enfant de Vénus. Le temps du retour est arrivé. Ton âme a vécu sur Vénus bien avant ton cycle d'incarnations sur Terre, et tu te reconnectes à cette mémoire. Ton aura est de couleur dorée, et tout comme Joël, tu œuvres dans le rayon doré de la compassion. Ce rêve que tu as reçu n'était pas un rêve, mais une vision d'un autre plan. Joël a guéri l'un de tes karmas. L'or que tu as vu était symbolique. Il représentait une énergie qui t'a été volée en ta dimension 1920 ainsi qu'à tes frères et sœurs de lumière. Elle t'a été restituée cette nuit. Merci pour ta collaboration au grand œuvre cosmique de transmutation. Merci de faire grandir l'Amour dans le cœur des êtres.

Je ne compris pas grand-chose à ce message, mais je restai sonnée pendant plusieurs jours. Ma réalité venait encore d'être bousculée. J'écrivis à Joël par courriel pour lui conter mon rêve et la communication avec Ashtar. Il confirma tout. Il m'affirma que dans l'une de nos autres dimensions, la dimension vénusienne, lui et moi étions frère et sœur. Tout comme pour l'inframonde qui est une réalité parallèle de la Terre, il existe une réalité parallèle de Vénus dans laquelle vivent des consciences très évoluées, qui sont des guides ou des sages pour les humains de la 3ème dimension (celle que nous connaissons). Joël prétendit que j'étais - en tant que Suyin - le double terrestre de l'un de ces êtres, une « Gardienne de la Joie ».

Je me retrouvais en plein new-âge, et mes idées reçues en prenaient un sacré coup. J'accueillais ces informations sans vraiment y donner mon accord, mais dans l'ouverture. C'était un peu gros et un peu mégalo aussi... Mais après tout, pourquoi pas ? Tout était possible. C'était vertigineux de m'imaginer vivre, penser, agir sous d'autres formes dans des mondes parallèles. Il y avait déjà les vies antérieures qui pour moi étaient, en réalité, des existences simultanées, et maintenant il y avait ces « multi-dimensions » ! Mais peut-être s'agissait-il de la même chose ?... Nous serions donc des âmes qui expérimentons de nombreuses vies, d'innombrables univers, différents niveaux de conscience... Après tout, j'avais bien la preuve que nous avions à la fois un corps physique et un corps astral qui pouvaient coexister dans deux réalités différentes... Pourquoi n'y en aurait-il pas d'autres ? Comme toujours, rien ne valant l'expérience, je décidai de me connecter à ma dimension vénusienne pour tenter de valider les affirmations de Joël. Puisque cette « gardienne de la Joie » et moi étions une seule et même conscience, je devais logiquement pouvoir établir un contact avec elle...

J'entrais en état visionnaire assez facilement à présent. Il suffisait que je me centre, émette ma demande et les images apparaissaient sous mes paupières closes. Pas aussi nettes que si j'étais au cinéma, plutôt comme un rêve mais suffisamment perceptible pour distinguer des détails précis.

Une montagne de forme pyramidale se dresse devant

moi. Je m'élève au-dessus d'elle et découvre une immense cité constituée de dômes et de pyramides en cristal. Ce ne sont pas des habitations, mais des lieux de méditation et de cérémonies. Je comprends que les êtres qui vivent ici n'ont nul besoin de se nourrir ou de dormir. Ils sont au service du divin, ils œuvrent pour l'humanité en veillant sur la Terre et sur ses habitants. Ma vision zoome sur un vaste espace circulaire où semble se tenir une réunion. Je vois une grande femme aux cheveux très longs, blonde, vêtue d'une robe de couleur claire drapée jusqu'aux pieds. Elle me regarde et me sourit. Je la salue et lui demande de me dire qui elle est, quel est le sens de son rôle de « gardienne de la Joie ». Elle me répond : « Éveiller/révéler la Joie chez autrui. La Joie est la Flamme de Vie, l'énergie qui anime la Manifestation. C'est un feu d'Amour qui baigne les cœurs de sa douce chaleur/lumière accueillante et bienveillante. »

Je comprends que la Flamme de Vie, la Joie dont elle parle, est ce que la tradition japonaise du Reiki appelle l'Énergie universelle de Vie.

« Et à mon niveau, que représentes-tu pour moi ?

— *Je suis ta muse. Je suis celle qui accompagne l'écrivain et le poète en toi. C'est à moi que tu es reliée quand tu reçois l'inspiration. Ta poésie est porteuse de l'énergie de la Flamme de Vie. Continue à transmettre/révéler la Flamme de Vie par l'écriture. Ceux qui lisent tes textes en reçoivent l'émanation, consciemment ou non.* »

J'aime ce que dégage cette femme, je me sens extrêmement bien en sa présence, une puissante vibration traverse mon corps. Mon deuxième chakra, celui du ventre, pulse de la pure joie d'être, tandis que mon cœur rayonne d'amour et de gratitude. Bien que très intense, son énergie est douce et humble. Je comprends qu'une conscience très élevée spirituellement ne signifie pas qu'il s'agit d'un être avec des « super pouvoirs ». Au contraire. Ce qui la rend « supérieure », c'est qu'elle est simplement et humblement au service de l'Amour. La vision s'efface, et je sais que je n'en apprendrai pas davantage. Je ressens que ce simple contact a un impact profond sur mon psychisme et fera son œuvre alchimique en moi.

Messages initiatiques

En l'espace de quelques mois, mon taux vibratoire avait considérablement augmenté ; je me sentais constamment reliée à l'univers tout entier et mon corps était animé par une pulsation paisible et joyeuse. Dans cet état, la créativité et l'intuition sont également exacerbées et l'on voit au-delà des apparences tandis que le nombre de synchronicités se multiplie dans nos vies. Malgré la solitude affective et la frustration sur le plan charnel qui s'intensifiait avec l'éveil de ma pulsion de vie, je goûtais des moments de pure jubilation. Mon cœur débordait d'amour. Il en était brûlant. C'était délectable, mais j'avais beaucoup de mal à canaliser cette énergie. J'aurais tellement aimé la partager avec un homme ! Mais aucun de ceux qui croisaient ma route ne semblait prêt à la recevoir. Heureusement que je donnais des soins pour lui fournir un moyen d'expression. Sans cela, une telle puissance m'aurait consumée ! Sur scène aussi, je diffusais cet amour au public à travers les rôles que j'incarnais. Mais je me désintéressais peu à peu du théâtre. Trop de stress entre les comédiens, trop d'enjeux, trop de trac. Mes perceptions sensorielles s'étant énormément affinées, je constatais que le trac faisait violence à mon corps énergétique et je me demandais pourquoi je m'infligeais cela. Le plaisir que je ressentais sur les planches ne valait pas que je me maltraite de la sorte. Et puis, il me fallait l'admettre, ma passion s'était reportée sur d'autres sphères, celles de mes découvertes spirituelles qui me nourrissaient bien plus profondément.

Je ne cherchai pas à cultiver le lien avec Joël. Je sentais qu'il m'avait ouvert à de nouveaux horizons et de nouveaux dons, mais que nous n'avions pas plus à partager sur ce plan de manifestation terrestre. C'était visiblement un sentiment réciproque car après quelques échanges, il cessa de m'écrire lui aussi.

Forte des nouvelles possibilités d'exploration que m'avaient apportées mes contacts écrits avec Oraya et Ashtar, je m'attelai à expérimenter davantage le channeling. Pour ma première séance, je choisis d'interroger mon ange, mon « double spirituel », avec lequel je demeurais en contact depuis mes années mystiques. Je l'invoquai, me centrai sur lui et me mis en réceptivité. Je sentais ses émanations se transformer en concepts, que mon cerveau traduisait avec les mots qu'il connaissait et que ma main écrivait très rapidement par moments - comme si elle essayait d'aller aussi vite que la pensée - et plus lentement à d'autres, comme pour me laisser soupeser le poids des informations reçues. J'entamai ce dialogue en lui demandant qu'elle était ma mission sur Terre. Il me répondit directement et simplement :

« Guérir. Guider. Grandir. »

Ces mots coulèrent en moi comme une évidence et je pris un moment silencieux pour en ressentir la portée. Il y avait de multiples façons de les entendre et je sus qu'ils m'accompagneraient désormais dans mes méditations. Puis je continuai à l'interroger :

— Es-tu à l'intérieur ou à l'extérieur de moi ?

— *Il n'y a pas d'intérieur. Tu n'es pas quelque chose de clos. Tu es l'Infini. Je ne suis pas en toi, je suis toi à un autre niveau. Un niveau où tu as le don d'ubiquité* et de télépathie, où tu peux traverser la matière. Je suis la Lumière qui t'anime car je suis ton vrai « moi », ton Soi, ton énergie vitale. Nous sommes toi et moi une conscience unique qui s'est divisée.*

— Et qui doit se réunir ?

— *Oui, la quête spirituelle ou quête d'éveil n'est que la quête du double, de la réunification avec le Soi.*

— Que m'arrive-t-il en ce moment ?

---

* Capacité d'être présent en plusieurs lieux à la fois.

— *Tu découvres les multidimensions de ton être. Suyin est une petite partie d'une conscience composée de multiples expériences de vie. Tu es médium. Et tu es éveillée dans un autre plan dimensionnel.*

— Comme tout le monde ! Répondis-je spontanément, m'appuyant sur ma connaissance que tout est Conscience et que la Conscience est déjà pleinement éveillée à elle-même.

— *Oui dans l'absolu et pas tout à fait dans le plan d'évolution des âmes. Tu es éveillée dans l'individualité consciente de la Source et non dans l'indifférencié de l'Un.*

Je marquai un temps pour digérer ces mots. Je sentais la puissante vibration du Soi animer mon cœur en une douce, enveloppante et intime pulsation. Les notions que ce message évoquait me donnaient le vertige. La pensée d'être sujette à un délire s'insinua. Pourtant, intuitivement, je me savais connectée à l'espace de vérité en moi. J'interrogeai mon guide à ce sujet :

— Comment puis-je savoir si je ne suis pas en pleine crise de schizophrénie ?

— *Laisse faire. Laisse l'Être se déployer en toi. Fais-lui place en lâchant le mental. Ne te torture pas l'esprit avec les questions de ce plan dimensionnel. Ce qui te tourmente est en réalité la peur de l'inconnu. Tes repères sur la réalité sont en train de se transformer. L'ego s'affole et pense folie alors que sagesse grandit. Tu sais que tu es l'Infini. L'Infini signifie tous les possibles.*

— Justement, au milieu de tous ces possibles, il peut y

avoir des fantasmes et des illusions. Comment distinguer la vérité de l'illusion ?

— *Tout est vérité et tout est illusion. Fais confiance à ton cœur. Seule la Joie doit te guider. Ton ADN se modifie et bientôt les questions se dissiperont.*

Je ne cherchai pas à analyser ces enseignements. En les écrivant, je les comprenais depuis le niveau que Castaneda appelle « la connaissance silencieuse » ; je les sentais d'une grande et profonde sagesse, et cela me suffisait. Si je commençais à trop y réfléchir, mon mental était vite dépassé. La petite native du signe des Gémeaux qui avait toujours eu besoin de tout comprendre s'inclinait peu à peu devant les limites de son intellect.

* * *

Tout allait très vite en cette intense année de découvertes. Je me trouvais emportée dans un tourbillon d'aventures spirituelles. Je me régalais. Je commençais à m'habituer à cette nouvelle réalité. Elle était devenue mon quotidien. L'ébahissement des débuts cédait la place à l'émerveillement. Les doutes s'atténuaient. Mon centre se déplaçait de la sphère cérébrale à la sphère intuitive. J'acceptais de ne pas avoir de certitude absolue, d'avancer à l'aveuglette dans un univers mystérieux et bien trop complexe pour que ma raison puisse l'appréhender.

Un beau jour, j'eus l'immense surprise de recevoir un message de Jésus, ou plutôt de Sananda, sa dimension ascensionnée. D'après la littérature new-âge, Jésus de Nazareth aurait été l'une des incarnations de cet être qui s'était réalisé et qui vivait désormais sur un autre plan d'existence, en tant qu'esprit et guide de l'humanité. Il se manifesta spontanément au milieu d'une méditation. Sur l'instant, je craignis comme souvent pour ma santé mentale, mais je pris le parti d'en rire : « Voilà que le Christ m'apparaît maintenant, il ne manquait plus que ça ! ». Moitié dans la dérision, moitié dans le sacré, j'accueillis cette visite avec joie et curiosité. Je ressentais sa présence comme une onde extraordinairement bienveillante et aimante, mais également très simple. Un peu comme des retrouvailles chaleureuses avec un vieil ami. C'était pénétrant et surprenant. Je pris un stylo et retranscrivis ce que Sananda me dit :

« Regarde dans ton cœur la vérité du monde. Tout est Amour. Ne te soucie pas des émotions de l'ancien temps. Elles se dissiperont comme neige au soleil. Le feu change de nature. Il ne reflétera bientôt plus que la nature divine. Laisse passer les émotions comme tu regardes les nuages. Tout ton être doit se diriger vers sa maison originelle. Souris de tes erreurs et aime, aime, sans relâche. Là est la grande confiance. Le temps du jugement est terminé. Sois, simplement. L'Amour grandit en toi chaque jour. Petit à petit, il imprègne tes cellules. Tu verras ses effets à la qualité de tes relations et de tes rencontres.

De grandes choses se préparent. Sois prête à les accueillir. Sois toujours disponible pour le merveilleux et tout ira bien. Il n'y a rien d'autre à faire que recevoir et suivre le courant qui t'emmène sur la rive de l'autre monde, du nouveau monde. Regarde ce monde naître sous tes yeux. Ne vois-tu pas déjà ses fondations jaillir en ta dimension ? Ne crains pas de ne pas être à la hauteur. Tout se passe exactement comme cela doit être. Laisse faire, aie confiance.

Garde ces paroles comme un phare et jamais tu ne seras perdue. La folie est de ne pas faire confiance au divin. L'humanité a sombré dans la folie. Elle est en train de guérir. »

J'étais intensément émue. Plus je me rendais réceptive à sa présence et à son message, plus je palpitais dans les couches les plus intimes de mon être. J'éprouvais un amour incommensurable envers lui. Je saisissais pourquoi les grands mystiques et certaines figures des évangiles comme Marie-Madeleine ou l'apôtre Pierre avaient brûlé de passion pour le Christ et pourquoi il y avait eu un tel engouement pour lui dans l'histoire de l'humanité. Non seulement je savais qu'il me comprenait fondamentalement, mais j'avais pareillement le sentiment de le comprendre, lui, du moins ce qu'il avait vécu dans son incarnation de Jésus. Son dévouement absolu envers Dieu, sa souffrance sur la croix, son combat entre ses doutes et sa foi, sa mission d'éveil des consciences et des cœurs, son sacrifice, son immense amour pour l'humanité... C'était comme si j'avais vécu cette expérience avec lui. Je me remémorai mes émois d'enfant au catéchisme en découvrant la vie de Jésus, puis l'état de grâce et de dévotion qui m'était tombé dessus par surprise dans la chapelle du château d'Amboise, environ 15 ans auparavant. Mon cœur explosait du bonheur de reconnecter avec cet amour indicible et hors du commun qui m'habitait secrètement depuis si longtemps.

Remplie de gratitude, je lui posai des questions. Je le priai de m'éclairer sur cette période de ma vie fort exaltante mais très perturbante sur le plan affectif. Le célibat me pesait de plus en plus. Je le subissais au nom de ma réalisation spirituelle mais je n'en voyais pas la nécessité.

« *Tu es en train d'intégrer l'énergie de la Source et cela passe par une purification émotionnelle. L'émotion n'est pas ton ennemie. C'est sa coloration qui peut la rendre difficile, non l'émotion elle-même. Dans son essence l'émotion est beauté, amour et reconnaissance de la manifestation du divin. La dépollution de ta sphère émotionnelle par la déstructuration de tes schémas te mène à l'émotion pure.*

Pour accomplir ce nettoyage il te faut t'isoler de toute relation de couple car au stade où tu en es aujourd'hui tu aborderais à nouveau l'union amoureuse dans l'addiction et la soumission. Pour aimer vraiment, il faut être en mesure d'accueillir l'autre sans se perdre soi-même. Cela demande un grand centrage. Le véritable amour avec l'autre se produit quand les deux êtres ont réalisé leur unité. Ce ne sont pas des théories. C'est la réalité de l'énergie. La réalité de l'âme. Tu es sur ce chemin et tu peux t'en réjouir profondément. Quand tu n'auras plus d'attentes envers les autres, de quelque ordre qu'elles soient, l'émotion ne sera plus polluée par le mental et elle trouvera sa pleine expression dans ton amour d'autrui et de la vie.

Tu es guérisseuse et ton chemin est l'Amour. Tu es une révélatrice d'Amour. Mais tu ne peux révéler l'Amour chez les autres que lorsque tu as révélé l'Amour en toi. Apprends à t'aimer toi-même. Ensuite tu pourras aimer ton prochain. »

C'était cela le sens profond de cette célèbre phrase de Jésus : « Aime ton prochain comme toi-même » ! Je comprenais à présent. Je me préparais au véritable amour. Être en relation non pas pour qu'un autre nourrisse mes besoins affectifs, mais pour Aimer... C'était ce que j'avais demandé quand j'avais rompu avec Tristan. Que ne m'étais-je imposé comme défi ? ! Mais il s'agissait d'une nécessité pour mon âme, je le savais. Cela prendrait le temps qu'il faudrait, mais quand je parviendrai au but je ne regretterai pas une seconde ces années de solitude. Et je mesurais à quel point j'en étais encore loin. La pression et le sentiment de sacrifice qui m'habitaient depuis le message de Cori au festival de chamanisme deux ans auparavant allaient pouvoir se dissiper.

J'interrogeai encore Sananda sur un sujet plus métaphysique. Je voulais savoir ce qu'était l'âme selon sa perception à lui, car je sentais bien que depuis mon plan de conscience limité je manquais d'éléments pour avoir vraiment de la clarté sur le mystère de la réincarnation et des mémoires karmiques, sujet qui revenait fréquemment dans mes pensées. Voici ce qu'il me répondit, et si cela ne m'éclaira pas totalement, cela me permit néanmoins d'en avoir une perspective un peu plus précise :

« *L'âme est la somme des mémoires de l'expérience d'une conscience. Cette expérience lui donne une forme, une teinte, un parfum, une énergie particulière. La conscience assemble des émanations (des possibilités de création émanant de la Source) en un point précis dans l›espace-temps et tout cela constitue une âme, la crée au fur et à mesure. C'est ton intention qui constitue ce que tu es, c'est-à-dire les émanations que tu attires et que tu transformes en expériences personnelles.*

Je suis Sananda, une conscience éveillée à son universalité, et je suis toi à partir du moment où tu assembles mon émanation dans ta conscience et la cristallises dans ton expérience d'âme.

Peu à peu les âmes fusionnent dans l'univers. Le retour à l'Unité signifie que toutes les âmes assemblent toutes les émanations de la Source. Mais avant la fusion de toutes les âmes il y a la prise de conscience de l'interdépendance des individus et là est la plus grande manifestation de l'Amour. C'est cela que l'humanité est en train d'expérimenter, c'est cela l'ascension que vous préparez.

Je remerciai Sananda de tout mon être de m'avoir honorée de sa présence et de m'avoir prodigué cet enseignement. J'ignorais alors qu'il allait devenir pour quelques années mon plus grand ami et allié des sphères célestes.

J'obtins ainsi pendant plusieurs mois de nombreux messages initiatiques de divers guides spirituels des dimensions parallèles. Leur présence aimante et bienveillante à mes côtés était une source de grand bonheur. Je me sentais portée aux nues et comblée de bénédictions. Je ne ressentais plus la nécessité d'avoir un compagnon pour alimenter mon terrain affectif. Aucun être humain ne pourrait faire vibrer mon cœur avec une telle intensité de douceur et de paix, ni me gratifier d'un amour si pur et inconditionnel. Je ne fermais pas pour autant ma porte à une relation dans ma vie, mais c'était comme si le puissant flux d'amour que je recevais des sphères supérieures comblait, au moins pour un temps, tous mes besoins.

***

Je descendais toujours régulièrement dans le monde d'en bas, notamment pour y recevoir des soins. J'avais découvert, guidée par Leonora, un temple dans la forêt. L'intérieur avait la forme d'un dôme, avec des colonnes sur les côtés se rejoignant en son sommet. Les murs, transparents ou en vitrail, laissaient se diffuser une lumière laiteuse. Des colombes voletaient au plafond en un bruissement gracieux. En son centre se trouvait une grande pierre rectangulaire sur laquelle je m'allongeais. Leonora, Cori, mon ange et d'autres êtres de lumière que je ne voyais pas distinctement s'occupaient de moi, posant leurs mains sur mes chakras comme lors d'un soin Reiki ou massant mon corps énergétique.

J'avais entamé cette démarche à la suite d'un échange écrit avec mon ange (mon double lumineux). Je me sentais désemparée devant les jugements sur autrui et sur moi-même qui continuaient à me traverser quotidiennement. La dualité que je ressentais entre mon cœur et mon mental s'avérait souvent pesante, et incompréhensible.

— Mon ange, comment puis-je me débarrasser du jugement ?

— *Le jugement est une vue de l'esprit. Il reflète l'état intérieur, la coloration énergétique du rapport à soi-même. L'amour que tu ressens pour les autres est égal à celui que tu as pour toi-même. On ne peut pas se débarrasser du jugement. On peut seulement faire grandir l'amour de soi.*

— Mais pour s'aimer soi-même il faut cesser de se juger ?

— *Non, cela ne fonctionne pas dans ce sens-là. Cesser de*

juger se produit quand l'Amour est là.

— Comment faire grandir l'Amour alors ?

— *Libérer le canal qui permet au cœur de s'ouvrir. L'Amour est partout, il est l'essence de la vie. Mais les expériences douloureuses et les traumatismes passés ont généré des protections qui empêchent l'Amour de circuler dans toutes les sphères/dimensions de l'être.*

— Que me faut-il nettoyer/libérer en moi à présent ?

— *L'enfance. Les énergies bloquées dans les blessures de l'enfance. Les souffrances ont engendré des blocs/égrégores en ton corps-énergie. Il te faut dissoudre ces cristallisations émotionnelles en utilisant la récapitulation (revivre émotionnellement les expériences passées) et le soin énergétique.*

Ainsi, guidée par les événements de ma vie extérieure, à mesure que des situations se présentaient et faisaient écho à des schémas intérieurs, je me rendais dans mon temple et demandais à mes alliés spirituels de me libérer des informations et croyances engrammées qui me coupaient de l'Amour.

Un jour, lors de l'une de ces descentes, j'eus la surprise de rencontrer mes animaux de pouvoir ainsi qu'un enseignant que je ne connaissais pas encore. Ce voyage chamanique amorça un tout nouveau cycle d'enseignements et marqua un tournant dans ma pratique des soins :

Je passe la porte du monde d'en bas et me retrouve en haut de la cascade. À ma gauche, une araignée d'environ trois centimètres de diamètre se pavane sur sa toile. J'ai dans la vie ordinaire une aversion pour ces êtres à l'abdomen proéminent et aux pattes griffues. Pourtant elle m'est sympathique. Je la trouve « souriante ». Je lui demande son nom : Miranda. Elle monte sur moi et se pose sur le sommet de mon crâne, en plein centre du chakra couronne. Cori arrive, sous sa forme d'aigle, et se pose sur mon épaule gauche. Je me rends sur la plage. Le feu est allumé, comme toujours, mais il n'y a personne. Je m'approche de l'eau limpide de la rivière pour m'y mouiller les mains et le visage. Soudain un crocodile nage vers moi. Lui aussi, il m'est sympathique. Je lui demande son nom : Christophe. Drôle de nom pour un crocodile ! Il me propose de monter sur son dos.

Il commence à nager dans le sens du courant, se laissant porter sur les méandres bordés de forêts touffues aux couleurs éclatantes. Nous arrivons sur un lac immense qui débouche sur des chutes gigantesques. Au loin se devinent la jungle et les montagnes aux sommets enneigés. Au milieu, j'aperçois un îlot. Christophe s'y dirige et m'y dépose. S'y tient un vieil homme vêtu de blanc avec un bâton dans la main, près d'un arbre gigantesque. Un mage. Je le salue et lui demande son nom : Sire Guillaume, me répond-il d'abord, avant de m'expliquer qu'il est aussi Merlin, le gardien du monde des esprits. Il m'invite à m'asseoir avec lui au pied de l'arbre et me fait une divination avec des osselets.

« La lumière te sera donnée et tu sauras la transmettre », m'annonce-t-il.

« Tu vas bientôt rencontrer ton amoureux, mais avant tu as encore du travail sur toi à accomplir. »

Puis il m'explique comment pratiquer les soins de l'âme :

« Tu dois placer une main sur le plexus de la personne, l'autre sur son cœur, puis inviter son âme à t'apparaître si elle

est d'accord. Quand tu la vois, observe dans quel état elle se présente, cela te donne des indications, et demande-lui ce que tu peux faire pour elle. Pour voyager dans le monde des esprits, visualise-toi sur le dos de Christophe avec Miranda sur ton chakra couronne et Cori sur ton épaule gauche. Ils sont tes forces de protection et d'intuition. Viens jusqu'à moi au milieu du lac et je te guiderai. Tu verras des scènes de vies antérieures des gens, ou bien des représentations symboliques de leurs maux psychiques, ou encore les esprits qui les accompagnent, que ce soit des entités parasites, des âmes attachées ou leurs guides. Tu sauras exactement ce qu'il faut faire pour les aider au moment où les images se présenteront. »

Je le remercie et le quitte, sachant que nous allions être amenés à nous revoir souvent. Christophe me ramène sur la plage où Leonora m'attend. Elle me prend les mains et déclare avec un sourire radieux : « À présent tu es chamane ! ».

J'étais aux anges. Ainsi, j'allais bientôt rencontrer mon prince charmant ! C'était tout de même une excellente nouvelle. Mais que signifiait « bientôt » dans le monde spirituel ?... Je ris de moi-même en constatant que c'était l'information qui me ravissait le plus, même si j'étais consciente que je venais aussi de passer un cap important de mon initiation.

Comme j'en avais pris l'habitude dès que je rencontrais de nouveaux guides, j'effectuai des recherches sur les noms de mes animaux de pouvoir. Miranda signifie « celle qui voit ». Dans la tradition amérindienne, l'araignée est la tisseuse de rêves, elle symbolise la force créatrice, la vision attentive, la concentration, le regard sur d'autres dimensions...

Précieuse compagne !... Mon aversion pour ces arachnides se désintégra aussitôt. Je me reconnaissais si bien dans ce petit animal tissant la toile des réalités possibles. En astrologie maya, je suis Nuit Bleue, le signe de ceux qui produisent les rêves et sont capables de les manifester. Christophe me réservait une surprise : Saint-Christophe est connu pour avoir porté Jésus enfant sur ses épaules afin de lui faire traverser une rivière ! Il est le Patron des voyageurs, leur protecteur. Le crocodile comme animal totem, en tant que maître des eaux primordiales, permet d'aborder des énergies archaïques en toute sécurité. Il est le gardien de tous les savoirs, il navigue entre les mondes et voit sans être vu. Je pouvais difficilement être mieux accompagnée pour visiter la psyché d'autrui ! L'histoire de Saint-Christophe me troublait. Tout comme Jésus, je venais d'être transportée sur son dos pour naviguer sur la rivière du monde d'en bas... Avais-je un lien particulier avec le Christ ? Ma rencontre récente avec lui m'avait laissé une forte empreinte, et voilà qu'il semblait m'adresser un étrange signe.

Quant à ce personnage mystérieux nommé Sire Guillaume, ce sage à la barbe blanche et aux yeux pétillants, je revins le voir plusieurs fois et il me confia qu'il était celui qui ouvrait le passage entre les dimensions. Avant toute incursion dans la psyché d'un être, je devais m'adresser à lui et lui demander l'autorisation d'y pénétrer. S'il refusait - ce qui s'avéra par la suite ne se produire que très rarement -, cela signifiait que le voyage était trop dangereux pour moi. Il me révéla qu'il avait réellement existé dans le monde humain. Il avait vécu plusieurs incarnations dont celle de Merlin, le célèbre magicien de la légende des chevaliers de la table ronde, en quête du Graal. Et il fut également un grand alchimiste. Quand je parlai de lui à Elena et Corentin, ils m'affirmèrent qu'il s'agissait de Saint Germain, un maître ascensionné bien connu des médiums qui faisait partie des guides spirituels au service de l'humanité. Il représentait la force de transmutation, symbolisée par la flamme violette, qui permet de transformer le plomb en or, autrement dit de transmuter les énergies sombres en énergies lumineuses. Il avait vécu une existence terrestre en tant qu'alchimiste au XVIII^{è} siècle et la légende disait qu'il s'était incarné également en tant que Merlin. Si j'avais plusieurs fois entendu parler de Maître Saint Germain et de la flamme violette, j'ignorais cependant que ce dernier personnifiait aussi le fameux magicien, ami du roi Arthur. Ces informations furent très précieuses car elles attestèrent, si j'avais encore quelques doutes, que mes voyages chamaniques et les guidances que je recevais n'étaient pas le fruit de mon imagination personnelle et que j'étais réellement reliée à l'inconscient collectif et aux mondes invisibles.

***

Sur les conseils de Leonora, j'entamai une récapitulation de toutes mes expériences amoureuses et charnelles. Une par une, de la plus récente à la plus ancienne, je revisitais mes relations avec chaque homme que j'avais connu et descendais dans mon temple pour demander à mes amis de lumière de me libérer de tous les liens énergétiques que j'avais tissés avec eux. Les empreintes et cristallisations psychologiques, émotionnelles, sexuelles et karmiques. Le but était de me préparer à la rencontre qui m'avait été annoncée. Je devais redevenir vierge de tout passé sentimental, de toute trace d'un autre homme dans mon corps éthérique.

Je m'exerçais également à pratiquer les soins comme Sire Guillaume me l'avait enseigné. Je trouvais l'image comique : assise à dos de crocodile, avec un aigle sur l'épaule et une araignée au sommet du crâne, je frappais à la porte des âmes pour leur proposer mes services. Cela fonctionnait et c'était fabuleux ! Les images qui m'étaient montrées s'avéraient de véritables scènes de films fantastiques ou d'aventures. Une Indienne sur un cheval le corps percé d'une flèche. Une jeune fille terrorisée cachée dans une forêt. Un petit garçon prisonnier d'une sorcière. Une princesse alitée mourant d'amour. Un homme poursuivi par des démons courant au milieu des bois. Une femme drapée devant l'entrée d'un temple antique, dans le désert, attendant quelqu'un. Un soldat recouvert d'une armure de la tête aux pieds, prêt au combat. Une grande prêtresse enfermée dans un temple par des prêtres corrompus... J'ignorais s'il s'agissait de vies antérieures ou d'images symboliques, mais à chaque fois il m'était demandé de libérer, guérir, rassurer ou sauver ces personnages. Pour cela j'appelais à l'aide mes esprits alliés ou les maîtres ascensionnés. Ils m'indiquaient quoi faire ou le faisaient eux-mêmes. J'apercevais alors Leonora ou bien des êtres vêtus de blanc effectuant un rituel de guérison autour des protagonistes. Les séances de soins prenaient une tournure passionnante. Je voyageais entre les mondes. Les amis cobayes sur lesquels je m'exerçais, ravis, se mirent à parler de moi autour d'eux. Je commençai à recevoir de plus en plus de gens et à me faire rémunérer, ce qui me permit d'arrondir mes fins de mois insuffisamment approvisionnés par les maigres cachets que j'obtenais au théâtre.

Cependant, malgré mon engouement, je ne comprenais pas bien à quoi je servais. Pourquoi les esprits supérieurs avaient-ils besoin de passer par moi alors qu'ils pouvaient très bien agir d'eux-mêmes ? J'obtins la réponse en effectuant un nouveau voyage chamanique, mais cette fois-ci... dans le monde d'en haut. Ma première initiatrice au Reiki, Sylviane, nous avait dit que nous étions tous reliés à un « médecin du ciel », intermédiaire entre la Source et nous, qui se manifestait à travers notre canal quand nous donnions des soins. J'avais fait la connaissance de ma chamane intérieure, je désirais à présent découvrir qui était cet être de lumière particulier qui m'accompagnait. Je n'avais aucune idée de la manière dont je pouvais le rencontrer, mais comme toujours j'exprimai simplement mon intention intérieurement, convoquai mes esprits alliés et me laissai guider. Le voyage se déroula de cette façon :

Je descends tout d'abord dans le monde d'en bas et Christophe me transporte jusqu'à l'îlot où se trouve Sire Guillaume, au pied de l'arbre gigantesque. Je comprends alors seulement qu'il représente l'arbre de vie, image que l'on rencontre dans les traditions religieuses et qui symbolise le lien entre le monde terrestre et l'au-delà. Cori, prenant sa forme de moine, commence à y monter en s'aidant d'une échelle de liane. Je le suis. Nous grimpons longtemps, franchissons les nuages et parvenons sur une vaste prairie. Mon ange gardien arrive aussitôt. Il me prend la main et nous nous élevons dans les airs au-dessus d'un paysage de montagnes, de forêts, de villes constituées de dômes. L'atmosphère est limpide, lumineuse et douce comme par un après-midi de printemps. J'aperçois une clairière où se trouvent les guérisseurs célestes. Ils sont une vingtaine, autour d'une immense table ronde en pierre qui lévite au-dessus du sol. En son centre un diamant incrusté sert d'antenne de communication avec le monde humain. Mon ange me pose non loin d'eux et s'en va.

Je m'approche de la table et demande à parler avec mon médecin du ciel attitré. L'un d'entre eux se dirige vers moi. Il est vêtu de blanc et, comme les autres, il porte un long manteau drapé. Sa tête, coiffée d'une large capuche, cache ses yeux. Je n'aperçois que le bas de son visage. Son menton est couvert d'une petite barbe brune très frisée. Je lui demande son nom. J'entends : Joshua. Joshua ? Yeshua, Jésus ? ! « Sananda, est-ce toi ? » Il acquiesce. Mon cœur se met à battre de joie. Il me dit télépathiquement : « Tu es l'une des nôtres. Tu as choisi de t'incarner pour servir de canal. Vois-tu, il y a deux types d'énergie dans l'univers : la Vibration, qui est comme la substance, et qui à une certaine fréquence est matière, et à une autre est esprit (plus les états intermédiaires entre les deux). Et le Flux, l'énergie d'Amour, qui maintient la stabilité des atomes pour éviter le chaos et permet de modifier la fréquence de la Vibration. C'est le Flux que nous canalisons pour soigner, en le dirigeant au moyen de notre intention pour agir sur la matière. Mais il s'avère très difficile pour nous de diffuser directement l'énergie vers les humains car la fréquence vibratoire dans laquelle ils évoluent est très éloignée de la nôtre. Il faut des intermédiaires pour servir de relais entre eux et nous. C'est le rôle des médiums, qui ne sont rien d'autre que des humains connectés au divin. Ton âme a choisi d'aider l'humanité de cette façon en ces temps de grande transformation et de guérison collective. Nous avons besoin de vous, vous êtes indispensables à l'accomplissement de cette œuvre. Je me trouve ainsi toujours auprès de toi quand tu pratiques les soins. J'ai le pouvoir d'aider le cœur des êtres à s'ouvrir, à aimer et à se sentir aimés. Je permets aussi, à ceux qui sont prêts, de percevoir la Présence divine en eux et autour d'eux. Tu peux faire appel à moi aussi souvent que tu le souhaites. »

Il embrasse promptement mes lèvres et souffle dans ma bouche. J'aspire cet effluve sacré et le diffuse dans tous mes corps subtils. Je me sens submergée d'amour. J'aperçois alors ses yeux, très brillants, remplis de compassion. Son contact est à la fois très puissant et très simple. Comme si rien n'était plus naturel que d'aimer. Puis il s'en retourne rejoindre ses compagnons autour de la table de pierre. Mon ange apparaît et me ramène jusqu'à l'arbre de vie où j'entame ma redescente vers le monde d'en bas avant de revenir à ma conscience ordinaire.

Je n'en revenais pas. Jésus-Christ, ou plutôt Sananda, était mon « médecin du ciel », mon guide spirituel ! Voilà donc pourquoi j'aspirais à devenir nonne dans mon enfance ! Si mes parents savaient ! Mon engouement pour lui n'avait rien à voir avec le dogme religieux, mais avec une affinité énergétique. C'était tellement différent. Il m'apparut fort probable que beaucoup de personnes qui ressentent cette affinité avec l'énergie christique, qui, somme toute, n'est autre que l'Amour divin, ne trouvant pas d'autre voie pour s'y relier que la religion, tombe dans le piège de l'endoctrinement. Le mysticisme, ce profond et merveilleux chant de l'âme, n'a pourtant aucun rapport avec les croyances religieuses, mais avec un sentiment de dévotion envers l'Amour universel, l'énergie qui permet au sans-forme de prendre forme et à toute vie d'apparaître.

Corentin, à qui je confiais mes rencontres et aventures spirituelles avec beaucoup d'exaltation, me conseilla avec sagesse de ne pas trop m'attacher à mes guides. Il me rappela qu'ils constituaient avant tout des intermédiaires entre mon essence et moi, et qu'un jour je n'aurai plus besoin d'eux pour me connecter au divin. Le but du chemin initiatique était l'autonomie, l'affranchissement de toute forme de dépendance. De la même manière, il m'expliqua que je n'avais peut-être pas pour vocation définitive d'être une guérisseuse. Même s'il ne doutait pas que j'aie des dons dans ce domaine - et c'était d'ailleurs la raison pour laquelle il me transmettait ses connaissances depuis plus de deux ans -, il sentait qu'il ne s'agissait pour moi que d'un passage, une « ruse de l'Esprit » comme il se plaisait à le dire, afin de nourrir mon éveil spirituel. Il me sentait destinée à autre chose, mais il resta évasif à ce sujet. Ses propos me surprirent mais me rappelèrent mes tout débuts de praticienne, quand je me régalais à donner des soins non pas pour apporter des guérisons, mais pour favoriser l'éveil des consciences... Les années qui suivirent allaient me montrer qu'une fois de plus, mon enseignant et ami avait raison.

Les amoureux sacrés

L'été arriva, Neil partit en vacances chez son père et je me préparai à passer trois semaines chez Lola. J'en pétillais de joie. Lorsque je me trouvais chez mon amie, je changeais de rythme de vie et mon taux vibratoire augmentait. Nous vivions dans l'instant présent, nous laissant guider par les circonstances, passant nos après-midi au bord de la rivière et nos soirées à faire des expériences énergétiques. Dépouillées de tout stress, nos journées défilaient tranquillement entre méditations, événements synchronistiques, rituels sacrés, bons petits plats, baignades et promenades ensoleillées. La vie comme je l'aimais.

Dans le train qui m'emportait vers les Cévennes, Lola m'envoya un SMS : « *T'es pas encore arrivée que ça commence déjà ! Un ami est de passage et demande un soin. Ça te dit comme programme pour ce soir ?* » Nous adorions donner des soins ensemble. Mes lectures intuitives et les instructions écrites que mon amie recevait de Jal se rejoignaient dans la majorité des situations et cela s'avérait aussi grisant que rassurant de recevoir les mêmes informations sans se concerter. Dans le cas de ce jeune homme qui souffrait d'une sciatique, les causes étaient une âme accrochée à lui ainsi qu'une mémoire karmique qui s'était réveillée. Lola s'occupa de raccompagner l'âme et moi de travailler sur la déprogrammation de cette mémoire. Puis nous terminâmes par un soin sur les chakras, l'une énergisant la partie supérieure du corps, l'autre la partie inférieure. C'était une belle collaboration. L'ami de Lola repartit avec un sourire béat. Sa sciatique disparut en quelques jours.

Les messages que Jal adressait à Lola se faisaient de plus en plus précis. Il guidait à présent mon amie aussi bien dans sa pratique des soins que dans sa vie personnelle. Il avait également des sujets de prédilection sur lesquels il revenait sans cesse. Cet été-là, c'était celui des amoureux sacrés : deux âmes qui se retrouvaient dans chacune de leurs incarnations et s'unissaient à chaque fois pour un temps plus ou moins long. Lola avait vécu une histoire d'amour un an auparavant qui avait duré seulement trois mois mais qui l'avait profondément marquée. Jal lui avait expliqué à l'époque que cet homme était son amoureux sacré. Selon lui il nous fallait retrouver notre binôme au cours de notre existence, c'était important. Il m'annonça que j'allais bientôt croiser le mien, confirmant les prédictions que j'avais déjà reçues. Secrètement, je souhaitai que mes retrouvailles avec mon amoureux s'avèrent plus pérennes que celles de Lola avec le sien ! ...

Elena et Corentin nous avaient conviées à passer notre troisième et dernier niveau de Reiki durant l'été. Il s'agissait du degré qui concluait l'enseignement. À partir de là, nous possédions la maîtrise de notre outil. Cette ultime initiation était censée en outre favoriser notre éveil spirituel et nous ouvrir les portes d'une perception plus élargie. À la suite de ce stage, la géométrie sacrée vint à notre rencontre. Plusieurs nuits de suite, chacune d'entre nous vit en rêve le symbole de la fleur de vie, la rosace à sept cercles. Nous en avions déjà pris connaissance via les ouvrages de Drunvalo Melchizédec qui dévoilaient le caractère ésotérique de cette figure ancestrale, mais nous n'avions pas cherché à l'étudier plus avant. La fleur de vie représente la Création. C'est une onde de forme possédant un très grand pouvoir vibratoire. Léonard de Vinci s'en servait comme base pour élaborer ses tableaux et ses inventions. Pour la dessiner, il suffit d'un compas. Une fois que l'on a tracé un premier cercle, on place la pointe du compas sur n'importe quel point de la circonférence afin de tracer un nouveau cercle avec le même écartement. Là où ces deux premiers cercles se croisent, on positionne à nouveau la pointe pour en former un troisième et ainsi de suite. On obtient de cette façon une rosace constituée d'un cercle central et de six autours. Cette configuration géométrique apparaît souvent dans la nature, notamment dans la formation des flocons de neige ou des cristaux d'eau ainsi que des molécules de certains minéraux comme l'or et le diamant. On trouve sa représentation dans de nombreux temples et lieux sacrés du monde, en Inde, en Russie, en Tunisie, en Égypte, en Australie…

Nous prîmes nos compas et commençâmes à la reproduire. Après la première rosace, il était possible de continuer à l'élargir en traçant d'autres cercles à partir de ceux de l'extérieur, et ceci à l'infini. Si l'on imaginait l'univers comme un enchaînement sans fin de cercles ainsi formés, il apparaissait indubitablement que le centre se trouvait partout et nulle part à la fois, ce qui rejoignait les enseignements spirituels du monde entier. C'était une parfaite figuration du divin. Nous sommes tous à la fois la Source et sa manifestation par la multiplication d'elle-même. Pour le coup, le concept d'expansion remplaçait celui de division. La Conscience n'était pas fractionnée en d'infinies parties distinctes qui cherchaient à se réunir, elle se démultipliait indéfiniment.

Des journées durant, nous ne cessions plus de dessiner la fleur de vie et de l'étudier. À partir du modèle de base, nous pouvions créer d'innombrables figures, en deux dimensions comme en trois pour voir surgir des fractales. C'était hypnotique. Il n'y avait pas de limite aux configurations possibles. Les flocons de neige, bien que chacun formé d'étoiles à six branches, s'avèrent tous uniques. Pas un n'est identique à un autre ! Nous en avions le vertige. Tels des astrophysiciens devant la découverte d'une nouvelle loi cosmique, nos cerveaux bouillaient d'exaltation devant cette extraordinaire intelligence créatrice qui tisse nos existences. Nous effectuâmes un long voyage intérieur et métaphysique avec la fleur de vie. Elle nous prit dans ses filets une semaine entière, jour et nuit, de manière obsessionnelle. Nous étions insatiables, dormant et mangeant très peu, attelées à nos compas et nos crayons, plaçant des éléments dans le dessin pour analyser leurs interactions avec d'autres éléments selon leurs positionnements. Nous cherchions à expliquer comment fonctionnaient la vie, les événements, les âmes, les multi-dimensions… C'était comme si nous n'allions pas pouvoir nous arrêter tant que la fleur de vie ne nous aurait pas révélé son secret : le Pourquoi du Comment de l'Univers… de Dieu !

À travers la fleur de vie, concepts spirituels et mathématiques se rejoignaient et nous ressentions une très forte activation de nos chakras supérieurs. La géométrie sacrée faisait son œuvre dans nos subconscients et modifiait notre perception de l'univers : tout prenait un sens. Le monde autour de nous devenait un agencement parfaitement élaboré où rien n'était laissé au hasard. Le chaos lui-même s'avérait un facteur d'évolution qui faisait partie de l'arithmétique divine. L'imperfection se révélait parfaite ; les énergies de difficulté étaient les alliées de la Lumière. J'eus la vision symbolique d'une table ronde entre anges et démons en grand conciliabule, se répartissant les tâches pour aider un être humain à se réaliser. Les démons le mettaient face à des obstacles ou des épreuves et les anges l'aidaient à trouver des solutions ou des ressources pour les traverser. Grâce à ce procédé, l'individu devenait plus conscient de lui-même et de ses possibilités de croissance et de transformation. Les démons n'étaient rien d'autre que des anges qui acceptaient de jouer le « mauvais » rôle. Fascinée, j'entrevoyais la sublime pertinence de l'Intelligence de la vie, dans un grand jeu symbiotique et multidimensionnel.

***

Cette fois, il me fut particulièrement difficile de rentrer à Marseille. Je ne supportais plus du tout la vie citadine. La différence vibratoire avec les Cévennes me faisait réellement violence. Je passais sans transition d'un état de paix et de légèreté à un état de stress et d'oppression. J'avais consulté les offres de location autour de chez Lola mais je n'avais rien trouvé qui me convienne. J'avais également envoyé ma demande à l'univers mais n'avais pas été exaucée. Si cela n'avait tenu qu'à moi, j'aurais tout plaqué sur le champ quitte à être hébergée quelque temps chez mon amie, mais avec Neil âgé de 12 ans à présent, je ne pouvais pas me le permettre. De plus, son père freinait des quatre fers quand je lui parlais de mes projets de départ et je sentais que ce ne serait pas facile de le convaincre : il n'était pas prêt à être éloigné de son enfant. Ce retour fut plus pénible que les fois précédentes et je le vécus comme une contrainte qui m'était imposée sans que j'en comprenne la raison : plus rien ne me correspondait dans ce mode de vie. J'étais faite pour la campagne, la montagne, la tranquillité. L'idée d'une nouvelle année à battre le pavé de cette ville me déprimait tellement que je ne parvenais plus du tout à en savourer ses aspects mystiques. J'aspirais à la nouveauté, je vibrais de m'épanouir dans ma créativité spirituelle et dans un environnement sain au contact des énergies de la nature.

Mais je supposai que j'avais encore des choses à faire à Marseille et j'espérais que cela en valait la peine car cela représentait pour moi un gros sacrifice. Je réduisis le plus possible mes sources de stress, cessai de monter sur les planches et passai de l'autre côté en animant des cours de théâtre. En parallèle, je me déclarai officiellement comme praticienne en soins énergétiques. Repoussant mon changement de vie à l'année suivante, je repris le cours de mon quotidien sans grand enthousiasme, une partie de moi restant en attente quelque part dans les montagnes. Un matin, je me décidai à entrer dans un centre holistique situé à deux pas de chez moi qui offrait des activités de bien-être, des massages, du Reiki et des ateliers de méditation, pour leur proposer mes services d'énergéticienne. J'y fus reçue par un homme de mon âge que j'avais croisé dans la rue quelques minutes plus tôt et qui m'avait accostée pour me demander un renseignement ! Il n'était pas le directeur du lieu mais le remplaçait car celui-ci était souffrant. Il s'appelait Phileas et il se présenta comme un moine zen. Il animait dans le centre des méditations zazen. Il engagea chaleureusement la conversation et me posa plein de questions sur mes soins, ma formation, ma vie. Je sentais que je lui plaisais. Ce n'était pas réciproque. J'appréciais beaucoup la rencontre et je le trouvais très sympathique, son côté moine m'intriguait et m'intéressait, mais il n'éveillait pas mon éros. Il me proposa finalement d'aller prendre un café mais je déclinai l'offre et le quittai. Il me dit qu'il aimerait beaucoup recevoir un soin de ma part et qu'il m'appellerait prochainement.

Une semaine plus tard, je le recevais chez moi pour une séance. Son énergie était très lumineuse. Cet être planait dans les sphères spirituelles, il était habité par un esprit aérien, libre, doux et pénétrant. Après le soin nous discutâmes un long moment. Il me parla de la pratique du zen et de sa philosophie. Je me sentais contente d'approcher ce monde que je ne connaissais jusqu'ici qu'à travers des livres. Phileas était moine depuis quinze ans. Il consacrait la majeure partie de son temps à la méditation et aux retraites. Mais de toute évidence, cela ne l'empêchait pas d'avoir une vie amoureuse : il me draguait ! D'une manière courtoise et discrète, sans doute, mais qui ne m'échappait pas. Bien que cela me mette un peu mal à l'aise, je commençais à me sentir troublée. Ses yeux bienveillants brillaient de l'éclat de quelqu'un qui a perçu beaucoup de choses sur la vie et la nature humaine. Et, surtout, il émanait de lui une belle présence, reposante, accueillante et simple.

Au moment de prendre congé, il sortit son trousseau de clés et j'aperçus une grosse améthyste qui y était accrochée. J'avais reçu quelques jours auparavant un message de mes guides me conseillant d'acquérir une améthyste et je venais d'en acheter une avec laquelle je méditais. Si j'avais besoin de l'énergie de cette pierre, l'univers n'était-il pas en train de me dire que j'avais aussi besoin de l'énergie de cet homme ?.. Il fallait que je maintienne le contact. Je lui promis donc de me rendre prochainement aux méditations zazen qu'il dirigeait.

Quand je m'installai sur un zafu dans la position qu'il m'indiqua, j'eus l'étrange sentiment d'avoir fait ce geste toute ma vie : m'asseoir de cette manière sur un petit coussin rond calé sous mes fesses face à un mur. Face à moi-même... Cela m'était très familier et malgré l'inconfort et les douleurs dans les cuisses, j'appréciai beaucoup ce moment. Une nouvelle mémoire semblait se réactiver en moi, celle d'une vie antérieure de moine bouddhiste : mon âme en reconnut la saveur, le parfum. Cela s'avérait très apaisant et grandement bienvenu pour soutenir mon moral vacillant.

Phileas laissa passer le temps qui lui parut supportable, à la mesure de sa capacité à contrôler son impatience, puis il m'invita au restaurant. Tendue tout de même, j'acceptai son invitation. Il m'attirait de plus en plus mais je craignais de faire une erreur en allant plus loin. Il ne s'agissait pas d'un coup de foudre et je n'étais vraiment pas sûre d'en avoir envie. Je me détendis quand nous commençâmes à discuter et que nous découvrîmes que nous étions en train de lire le même livre, et rendus pratiquement à la même page : *Le Serpent de Lumière* de Drunvalo Melchizédec ! Nos regards se figèrent l'un dans l'autre sous le coup de l'étonnement. De toute évidence, cette rencontre n'était pas due au hasard et mon attirance n'était pas une erreur. L'améthyste, le livre et d'autres coïncidences achevèrent de m'en convaincre : Phileas était né et avait vécu son enfance à Aix-en-Provence, comme Sainte Éléonore. Nous possédions le même signe astrologique. Je projetais de faire recouvrir un vieux tatouage que j'avais sur l'épaule depuis la fin de l'adolescence et j'hésitais entre le motif de l'œil d'Horus et celui la fleur de vie. Je lui en fis part et il me montra sa propre épaule : l'œil d'Horus était tatoué dessus ! C'était confondant... Il connaissait bien la fleur de vie et me parla même d'une amie tatoueuse et dessinatrice qui depuis peu se passionnait pour la géométrie sacrée... Il me la présenterait... La soirée défila et j'allai de surprises en surprises. J'avais supposé qu'être moine zen signifie vivre une vie un peu monotone détachée du monde des représentations, sans fantaisie, sans aventure, sans recherche. Et je rencontrai en fait un authentique explorateur spirituel se livrant comme moi à toutes sortes d'expériences. Du chamanisme aux diverses thérapies énergétiques, il testait tout ce qui pouvait contribuer à ouvrir et libérer sa conscience. Philosophiquement, bien que très imprégné du zen, il restait ouvert aux approches métaphysiques et ésotériques du monde entier. Il croyait aux guides, aux anges, à l'avènement de l'ère du Verseau. Et il avait beaucoup d'humour, ce qui ne gâchait rien : il menait sa quête avec le plus grand sérieux, mais sans se prendre au sérieux. De plus, il aimait les bonnes choses et les plaisirs charnels. Les moines bouddhistes zen n'étaient nullement tenus à la chasteté, ils pouvaient donner libre cours à leurs désirs dès l'instant qu'ils vivaient les choses en conscience.

Ainsi, nous avions lu les mêmes auteurs et nous nous passionnions pour les mêmes sujets. Je me souvins avoir dit à Lola quelque temps auparavant que je m'imaginais mal rencontrer un homme qui partagerait le même univers que moi tellement j'étais entrée dans une réalité marginale. Et certainement pas à Marseille. Et voilà qu'il s'en tenait un devant moi, fréquentant de surcroît le même quartier ! Était-il l'homme qui m'avait été annoncé ? Mon amoureux sacré ? Un moine ? ! Je pensai à St Thomas de Cori et souris secrètement. Décidément, l'univers avait beaucoup d'humour. Quand notre union se concrétisa quelques jours plus tard, j'en fus convaincue. Au moment où nous nous prîmes dans les bras, avant même de nous être embrassés, mon chakra coronal se mit à pulser et à devenir énorme, comme si l'on venait de me poser une couronne sur la tête. J'avais l'impression qu'ils nous mariaient, là-haut. Quand j'effleurai sa nuque en une première caresse, un amour immense pour lui fondit sur moi. Venu de je ne savais où, cet amour était comme une évidence. Nous nous connaissions déjà, et intimement. Nous avions été unis de nombreuses fois. Il ressentit la même chose et notre première nuit d'amour fut celle de retrouvailles.

***

Je m'étais demandé comment un moine vivait sa sexualité, et il m'avait parlé de la pratique du tantrisme. L'acte sexuel était vécu comme une méditation, un soin mutuel, une fusion des énergies. Beaucoup de caresses, de temps passé à se masser, se regarder, se câliner... Il n'était pas question de chercher l'orgasme mais de se laisser porter par l'alchimie des corps et des cœurs, d'instant en instant, pleinement présents l'un à l'autre. L'homme retenait sa semence et l'union se prolongeait ainsi plusieurs heures sans que l'énergie du désir ne s'atténue. Plus le plaisir durait, plus le taux vibratoire des amants s'élevait jusqu'à atteindre des états de profonde plénitude. Il me fit partager cette façon de vivre l'intimité et j'en retirai un grand bonheur. Ce fut une magnifique initiation qui m'ouvrit la voie d'une sexualité à laquelle j'aspirais depuis longtemps. Je découvris que dans mon ventre une porte donnait accès à l'univers entier. J'atteignais régulièrement des états d'ouverture du cœur et de transcendance qui perduraient longtemps après l'acte. Et cette manière de faire l'amour créait un lien très fort entre nous.

Nous nous entendions à merveille. Nous nous sentions comme des jumeaux, branchés sur les mêmes fréquences, les mêmes pensées, les mêmes désirs. Nul n'essayait de changer l'autre. Enfin quelqu'un qui me « voyait », qui lisait en moi, et qui m'accueillait telle que j'étais. Enfin un homme doux, bienveillant, qui ne me détournait pas de mon épanouissement personnel. Je récoltais les fruits du travail de déprogrammation et de récapitulation : l'aspect dominateur et despotique de mon animus avait bel et bien été dissous. La relation s'avérait harmonieuse, paisible, simple, joyeuse et intense, sans être passionnelle. Ne pas nous voir pendant plusieurs jours ne nous posait aucun problème. Nous ne ressentions pas de manque. Nous étions reliés dans nos âmes et jamais très loin l'un de l'autre. Quand nous étions séparés et que je pensais à lui, une forte vibration spirituelle montait en moi. Je me sentais aspirée vers les cieux, j'entendais presque des anges chanter, des colombes s'envoler... Au point d'avoir envie d'entrer dans une église, de m'agenouiller et de prier. Cela générait une joie profonde dans mon cœur. Une joie venue d'une autre dimension, d'un autre espace-temps.

Avare en mots d'amour, il était cependant très tactile et

manifestait ses sentiments par les caresses et la tendresse. Je trouvais cela parfait. Ma petite fille intérieure avait besoin d'entendre des paroles aimantes et valorisantes, mais ça aurait été le germe d'une dépendance. Phileas, en bon adepte du zen, ne nourrissait pas mon ego. Et je me sentais ainsi libre de toute emprise. Il m'avoua que dès l'instant où il m'avait aperçue dans la rue, il s'était senti irrésistiblement attiré. Il avait été ravi quand il m'avait vue passer la porte du centre holistique. Pour lui, il m'avait reconnue immédiatement comme une âme sœur. Si cela n'avait tenu qu'à moi, je serais passée à côté de lui sans m'en rendre compte. J'avais encore beaucoup à apprendre pour développer mon intuition, et pour faire confiance à mes guides. J'étais bien contente d'être restée à Marseille, finalement !

Il m'emmena découvrir Amma à Toulon. Je conviai ma complice Lola à nous accompagner. Amma était une Indienne quinquagénaire considérée comme une sainte. Elle faisait des marathons de câlins dans le monde entier depuis plus de dix ans, des « darshan », au cours desquels elle prenait les gens dans ses bras les uns après les autres pendant des heures. Elle incarnait l'énergie de la Mère Divine. Elle donnait de l'amour à toutes et tous sans distinction de genres, de races, d'âges, de cultures. Je n'avais encore jamais entendu parler d'elle. Phileas avait déjà reçu plusieurs fois son étreinte. Elle venait chaque année dans le sud de la France donner le darshan pendant trois jours, et pour l'occasion le zénith de Toulon devenait un lieu de fête spirituelle indienne à laquelle se rendaient des milliers de personnes.

Ce fut une expérience inoubliable. Quand, après une

journée d'attente, je me retrouvai dans les bras d'Amma pour quelques secondes, je sentis un grand craquement dans la poitrine. Comme si une épée d'amour m'avait transpercée. Étourdie, j'allai m'asseoir, incapable de tenir debout. Alors une véritable machine à essorer se déclencha en moi. La sensation était purement physique, comme un tremblement de terre à l'intérieur de mon corps dont l'épicentre aurait été le cœur. Chaque secousse faisait jaillir des larmes et je pleurai pendant un quart d'heure, sans d'autre cause que l'ébranlement d'avoir ressenti l'Amour absolu dans les bras de cette femme. Je ne pouvais rien faire d'autre. Quand l'essorage fut terminé, j'étais vidée de toute pensée, toute émotion. Je me sentais incapable de savoir où aller, ni quoi faire. Phileas m'entraîna au snack et je mangeai sans faim, sans comprendre pourquoi j'avalais de la nourriture, comme si plus rien n'avait de signification. Un moment, je réalisai mon état et je pris peur : qu'est-ce qu'Amma m'avait fait ? C'était comme si elle avait mangé mon cerveau. Lola, qui venait elle aussi de recevoir le darshan, me proposa de sortir prendre l'air. La lune était pleine. Nous nous assîmes toutes deux par terre face à elle, sans parler. Le temps semblait comme suspendu, un profond silence m'habitait. Alors, l'espace laissé vide en moi commença à se remplir d'un flux d'Amour qui semblait venir des cieux, des rayons lunaires. Comme un récipient fait pour cela, mon corps accueillait l'Amour en toute simplicité, sans la moindre résistance. Il se déversa ainsi jusqu'à ce que j'en sois entièrement gorgée. À partir de cet instant, tout mon être se mit à pulser d'une immense douceur.

Je restai ainsi imprégnée pendant une bonne semaine, vibrante de chaleur humaine, débordante d'envie de donner, d'être en contact avec autrui, de diffuser cette bénédiction autour de moi par ma simple présence.

***

Peu de temps après, au cours d'une méditation, je reçus ce message de Sananda :

Amma offre le cadeau de la vulnérabilité provoquée par l'ouverture du cœur. Elle donne la clé. Ceux qui la reçoivent sont libres de l'utiliser ou non, d'ouvrir la porte ou non. Une occasion t'est offerte d'activer le cœur, de franchir cette octave qui est le plus difficile car il demande au départ d'accepter d'être tout petit et sans protections. Mais quand le cap est passé la force la plus grande qui soit se révèle et le Divin en toi se déploie, inondant tous les êtres autour de toi. Tout ce que tu as à perdre, c'est la sécurité fictive de l'ego qui n'est que souffrance déguisée en armure. Enlève l'armure et tu enlèves la souffrance…

Je donnai mon accord pour franchir cette octave. Alors, comme Sananda me l'avait annoncé, mes zones de vulnérabilité commencèrent à émerger… Dans le monde spirituel, il n'y a aucune notion du temps. Lorsque les guides vous disent : « *tu es sur le point de passer un nouveau cap* », vous pensez que très prochainement, un beau matin, vous allez vous réveiller transformé. Mais ce qui se passe dans l'énergie met souvent bien plus longtemps à se manifester dans la matière. Cela peut se produire sur quelques jours comme sur de longs mois. J'ignore encore à quoi cela tient. Probablement à la somme de résistances au changement qui se trouvent à l'œuvre en nous. Le cap que je m'apprêtais à franchir s'avérerait en réalité un processus qui durerait plusieurs années.

Ma petite fille intérieure se mit à prendre de plus en plus d'espace dans mon champ émotionnel et je commençai à me désoler de ne jamais entendre de paroles amoureuses dans la bouche de mon compagnon. Quelle sorte d'amour éprouvait-il pour moi ? Pas un brin de passion, de ferveur ? Moi qui étais d'une nature exaltée, sa zénitude me ramenait à la modération dès que je l'exprimais. Je ne pouvais m'emporter dans de grands élans d'amour ou m'épancher sur le bonheur que je ressentais à ses côtés sans qu'il me rappelle gentiment que trop d'enthousiasme était nuisible. Il fallait rester centré, ne pas risquer de se perdre dans des émotions débordantes. Je reconnaissais la sagesse de ses propos, mais ils m'obligeaient à lutter contre un aspect non négligeable de moi-même. Je devais réprimer, brimer en moi la femme prompte à l'émerveillement qui voulait faire entendre ses cris de joie, chanter, danser, exulter, palpiter de toutes ses forces vives. Le feu qui pulsait en moi, cet amour que je brûlais d'offrir à un homme, ne pouvait toujours pas se déployer dans sa libre expression. De toute évidence je ne m'autorisais pas ce déploiement puisque l'homme que j'aimais, parfait miroir des énergies qui m'habitaient, ne se trouvait pas en mesure de le recevoir. J'étais face à un conflit intérieur dont je n'avais pas pris conscience jusque-là. Il s'était probablement noué après ma rupture avec Tristan. Je m'étais tellement investie dans cette relation et j'avais tant souffert, que depuis lors je me protégeais de moi-même.

Quand, remplie de confusion, j'interrogeai Phileas sur la nature de ses sentiments, il me répondit qu'il m'aimait et qu'il était heureux avec moi. Mais il ne fallait pas que j'attende de sa part des démonstrations amoureuses, ni que je l'entraîne sur ce terrain par mes propres effusions, ce n'était pas dans sa nature. Ce n'était pas pour rien s'il était un adepte du zen. J'étais partagée. La tournure de notre relation me rendait soudain mélancolique. Pour m'engager sérieusement dans cette union, je devais étouffer une part de mon être. Était-ce la bonne démarche ? N'avais-je pas souhaité de ne plus aimer dans la passion ni la dépendance affective ?... L'univers m'apportait celui avec lequel cela s'avérait possible... Mais était-ce véritablement ce que je voulais ?... Au souvenir des épreuves endurées par le passé, je répondis « oui » sans hésiter. Je connaissais trop bien les revers de la médaille. C'était le bon chemin, celui de la paix. Mais pourquoi une partie de moi se sentait-elle si triste, comme un oiseau mis en cage ? Qui était-elle ? La petite fille assoiffée d'amour qu'il fallait guérir ? Ou la femme passionnée, ardente et aventurière qu'il fallait laisser s'exprimer ? Que désirais-je vraiment faire de mon existence, au fond ? M'installer dans la sérénité spirituelle loin des émotions fortes ou m'exalter de chaque trésor que la vie mettait sur ma route ? M'était-il possible de jouir des situations sans m'y accrocher, sans en devenir esclave, sans trembler de perdre les objets de ma jubilation ? Là se trouvait l'alternative, mais je me sentais encore bien loin d'en être capable.

Je n'y voyais pas suffisamment clair en moi pour faire la part des choses et cette relation m'apportait tant de joie par ailleurs qu'il n'était pas question d'y renoncer. J'optais donc pour travailler à guérir ma petite fille intérieure de ses demandes affectives, de ce que je me pris à considérer comme un besoin pathologique de m'enivrer. Je m'étais toujours considérée comme une jouisseuse, une hédoniste, et je voyais cela comme une qualité. Celle des artistes, des poètes, des magiciens de l'instant. J'avais besoin de ma dose d'émerveillement quotidien. Je me mis à penser que cette tendance n'était au fond que les indices d'une addiction névrotique au plaisir, d'un dérèglement émotionnel créé par les manques de l'enfance. Le bouddhisme considérait les désirs du moi comme des entraves à l'épanouissement spirituel puisqu'ils généraient de la souffrance quand ils n'étaient pas assouvis. Mon aspiration à l'éveil et ma tendance passionnelle se trouvaient à nouveau en conflit, cette fois sur le mode inverse de celui vécu dans ma relation avec Tristan.

***

Je compris des années plus tard en faisant une séance d'hypnose pour revenir à l'ère prénatale que cette tendance provenait en réalité de ma nature innée, de mon essence. Dans le ventre de ma mère, dès le septième mois, je vibrais d'un immense bonheur et je n'aspirais qu'à une chose : dévorer la vie, danser sur ses ailes, fusionner de tous mes sens avec elle, m'abreuver sans retenue de sa beauté, l'embrasser dans sa totalité. Je suis née avec deux semaines d'avance tant je brûlais de joie de commencer cette aventure. Je ne le savais pas car je n'avais encore aucune notion métaphysique, mais j'étais alors une conscience pleinement éveillée à sa divinité, un être spirituel débordant d'énergie créatrice sur le point d'entrer en action dans le monde manifesté. Je me sentais à la fois Désir ardent et Plénitude accomplie, paradoxe de la nature de l'Être… Bien sûr, les bouddhistes ont raison quand ils décrivent le processus du désir, de l'attachement et de la souffrance. Mais le désir que connaît l'être humain n'est que l'écho du feu primordial, de l'origine de la création. L'Être est parce qu'il désire être. L'univers est un orgasme…

Je sus ainsi au cours de cette séance d'hypnose que je m'étais incarnée pour expérimenter l'intensité existentielle, pour *spiritualiser la matière*. C'est ainsi que je trouve la paix, la satisfaction de mon âme. Ce qui pouvait s'avérer pathologique, c'était la peur que mes sources d'exaltation ne me soient retirées. Tant que je ressentais le besoin de supports extérieurs, je vivais comme une junkie, obsédée par le produit qui me ferait planer. Que ce soit à travers l'état amoureux, les plaisirs sensuels ou l'extase contemplative, je cherchais la félicité par tous les moyens que je connaissais et je me rendais dépendante de ces derniers. Mais cette démarche et la frustration permanente qui en découle inévitablement en se heurtant à l'impermanence de tous les états et de tous les objets de la Manifestation, me permirent au fil des années de comprendre que je ne cherchais pas dans la bonne direction. Jusqu'à ce qu'un beau jour, arrivée au paroxysme de cette frustration, j'appris à me retourner vers l'intérieur, à me relier à l'étonnement d'être, au miracle d'exister, pour contacter l'espace de la jouissance en moi. C'est en se réappropriant cette liberté qu'il devient possible de célébrer l'incarnation autant à travers des expériences intenses que dans la simplicité du quotidien.

À l'époque de ma relation avec Phileas, j'étais encore ignorante de cela et je prenais la frustration de plein fouet et dans une grande incompréhension. Je faisais complètement reposer mon bonheur sur les circonstances extérieures et particulièrement sur l'union amoureuse. Le processus de libération à l'œuvre en moi n'allait rien m'épargner…

La chute

J'abordais ma relation avec Phileas avec moins de légèreté. Un mois après notre rencontre, je comprenais que cette relation allait me faire travailler sur un gros morceau. Je m'imprégnais de ce message de Sananda : « *Quand tu n'auras plus d'attentes envers les autres, de quelque ordre qu'elles soient, l'émotion ne sera plus polluée par le mental et elle trouvera sa pleine expression dans ton amour d'autrui et de la vie.* » Je m'efforçais donc de ne pas être dans l'attente, d'accepter ce que me donnait mon compagnon sans demander davantage. Je me persuadais que c'était déjà beaucoup. Je gardais mes ardeurs pour moi, me résignant à ne pouvoir les partager avec lui. Après tout, si cet échange-là n'était pas possible, bien d'autres l'étaient qui me comblaient. Je n'allais pas faire la difficile et risquer de tout gâcher. Mais je luttais contre moi-même et j'étais régulièrement traversée par des réminiscences de l'enfance. Souvenirs de moments où je m'étais sentie seule, mal aimée, incomprise, rejetée, abandonnée. Plus ça allait, plus je me comportais avec lui comme avec mes parents : à l'affût d'un mot tendre, d'une appréciation, d'une preuve d'amour. Et plus ça allait, plus il était distant. Une angoisse grandissante m'habitait. Était-il véritablement amoureux de moi ? Visiblement nous n'avions pas la même définition de ce mot. Derrière le discours zen, j'avais le sentiment que quelque chose clochait. Un tel détachement témoignait-il vraiment d'une grande sagesse ou, en réalité, d'un manque d'investissement dans la relation ?

Au bout de deux mois, n'y tenant plus, je l'interrogeai à nouveau sur ses sentiments et lui exprimai mon impression que nous nous trouvions en décalage. Il maintint toujours le même discours. Mais il écouta mes besoins et me promit de faire des efforts pour être plus démonstratif. Le mot « effort » renforça mes inquiétudes : quand l'amour est là et qu'il est sincèrement partagé, il s'exprime naturellement, il n'y a rien à forcer. Tout alla ensuite très vite. Peu de temps après cette conversation, un beau matin, il m'avoua qu'il avait réfléchi et qu'en toute honnêteté, il n'était effectivement pas vraiment amoureux. Il me voyait comme une sœur et une immense amie, presque une jumelle. Nous avions un lien d'âmes très profond mais d'un autre ordre que celui de l'éros. Il ne pouvait pas répondre à mes attentes et continuer à jouer le jeu du couple avec moi. Notre union s'arrêtait là...

Le monde s'écroula. Je n'y comprenais rien, et c'était bien le pire. Aspirée dans un gouffre, images et pensées défilèrent à toute vitesse dans ma tête : notre rencontre, les signes, les guidances... Je m'étais monté une réalité de toutes pièces. J'avais cru en la magie de la vie et cela avait été une illusion complète. Il n'était pas mon amoureux sacré, rien de tout cela n'avait de sens. Leonora, Jal, Cori, l'énergie, le monde spirituel... Une vaste mascarade que je m'étais inventée pour échapper à un univers sans saveur, une psychose dans laquelle j'avais plongé pour parer à la dépression chronique qui m'habitait depuis l'enfance. Un instant, je perdis totalement la foi. Je balayai toutes mes croyances spirituelles. J'en pleurai toutes les larmes de mon corps. Je replongeais en enfer. C'était tellement atroce que mon esprit me sauva de la noyade. « *Non, ce n'est pas possible que je me sois fourvoyée à ce point. Il doit y avoir une autre explication.* »

Je m'enfermai chez moi et convoquai mes guides. J'exigeais une réponse claire et cohérente, sans équivoque. Je les suppliai de m'éclairer sans quoi j'allais devenir folle. Et j'étais bien déterminée à débusquer toute intrusion de mon imagination. Le message devait être d'une crédibilité imparable. La déesse égyptienne Hathor m'apparut alors. Je l'avais déjà rencontrée l'été précédent au cours d'un voyage intérieur. Phileas et moi, au début de notre union, avions en outre découvert que nous avions une mémoire karmique commune en Égypte. Des souvenirs nous étaient remontés à tous deux, évoquant que nous avions été, semblait-il, des initiés à la sexualité sacrée et à l'ésotérisme. Nous étions morts suite à une expérience initiatique qui avait mal tourné : nous avions été emmurés et nous n'y avions pas survécu. Les Égyptiens, comme beaucoup d'autres peuples dans l'histoire et encore aujourd'hui, procédaient à des pratiques drastiques et parfois dangereuses pour mettre l'ego et les peurs à l'épreuve, et les accidents mortels n'étaient pas rares. Je ne fus donc pas tellement surprise que ce soit une entité représentative de l'Égypte ancienne qui réponde à mon appel. Je reçus cette vision :

Je suis face à Hathor, dans un temple. Elle est assise sur un trône. Phileas est à ma gauche. Nous sommes agenouillés devant elle. Elle nous bénit et nous unit. C'est un mariage sacré. Nous nous relevons et nous étreignons. Puis nous offrons chacun à notre tour une coupe à Hathor, symbole de notre dévouement. Nous sommes au service de la volonté divine. Nous lui tournons le dos et sortons du temple. Une foule est amassée devant et nous acclame. Nous les saluons, puis nous partons chacun de notre côté accomplir notre mission dans le monde. Hathor me dit : « Votre mariage a eu lieu sur un autre plan dimensionnel. C'était un mariage sacré pour une mission sacrée. Le mariage spirituel est un échange d'énergies, un don mutuel dans l'amour et le service. Il s'agissait entre vous de l'union d'un guerrier de l'Esprit et d'une guerrière de l'Amour. Il t'a communiqué la force de l'esprit, tu lui as ouvert le chemin du cœur. À présent vous pouvez œuvrer séparément dans le monde, fertilisés par les énergies de l'autre. Vous resterez amis et vous vous soutiendrez car vous êtes des âmes jumelles. Mais tu apprendras que toutes les rencontres d'âmes ont un but dans le plan divin bien au-delà de tes désirs, attentes et projections personnelles. Tu resteras donc prudente dans tes désirs et attentive au plan divin que tu pourras observer se dérouler sous tes yeux. »

J'estimai la réponse convaincante car je n'aurais jamais pu inventer une histoire pareille ! Et l'explication qui m'était donnée ne me plaisait pas du tout. Elle me révoltait totalement, même si je comprenais, vu le caractère sacré de la vision, que quelque chose de très important pour mon âme s'était joué à travers notre union. Mais j'aurais préféré entendre que nous étions victimes d'un mauvais sort. J'aurais pu alors tenter quelque chose, agir pour le neutraliser, convaincre Phileas qu'il se trouvait sous une emprise extérieure à lui et qu'il nous fallait continuer, ne pas nous laisser prendre au piège… Mais là, je devais renoncer à cet amour au nom de la loi divine. Il n'y avait rien à faire.

Par sécurité, je téléphonai tout de même à Corentin pour lui demander à lui aussi une guidance, sans lui parler du message d'Hathor. Il me rappela quelques minutes plus tard pour me dire ce qu'il recevait de son côté : « *Vous vous êtes échangé des énergies, c'était le but de votre rencontre. À présent vos chemins se séparent et cela est juste.*

— Quoi ? Tu connaissais ça, toi, les échanges d'énergie, les mariages spirituels ? »

Oui, il connaissait. Il avait déjà croisé plusieurs fois des couples qui avaient vécu des histoires similaires à la mienne. Je repensai soudain à Lola et à son amoureux sacré. La relation avait duré trois mois également, puis cet homme l'avait quittée sans explication. Nous étions encore en miroir l'une de l'autre.

***

Tout reprenait sens, mais je me sentais écœurée. J'avais le sentiment d'être une marionnette. Manipulée par des êtres supérieurs qui jouaient avec moi sur un grand échiquier. Tous les signes que j'avais reçus, les visions qui m'avaient annoncé cette rencontre, la demande de mes guides d'effectuer une récapitulation pour m'y préparer, tout cela pour ça ? ! Le plan divin... Je ne trouvais plus cela exaltant du tout ! Je n'avais plus envie d'accomplir ma soi-disant mission. Si c'était au prix du sacrifice de ma vie amoureuse, c'était d'une grande cruauté. J'étais en colère, et abattue. Je ne pouvais pas rivaliser avec l'ordre cosmique. Je pouvais juste refuser de me prêter au jeu. En représailles, je cessai de donner des soins. J'avais le sentiment de me faire utiliser et c'était intolérable. J'avais été tellement naïve ! Intraitable romantique ! Le chemin spirituel s'avérait sans pitié. Il ne s'agissait plus d'une voie de joie et de magie. L'incarnation était un jeu pervers de cache-cache entre conscience et inconscience. Je ne comprenais plus rien aux desseins de mon âme. Pourquoi est-ce que je me faisais tellement violence à moi-même ?

Phileas, néanmoins, ne m'abandonna pas. Quand je lui contai ma vision et le message d'Hathor, il trouva cela très juste. Oui, nous étions des âmes jumelles et nous allions nous accompagner longtemps dans cette vie et dans les prochaines, il en était convaincu. Tout cela avait un sens que je comprendrai plus tard, il fallait que je fasse confiance, que je garde la foi. Il usa de tous ses ressorts pour m'empêcher de sombrer et maintint le contact avec moi sur un mode infiniment amical, comme un grand frère qui veille sur sa petite sœur.

***

Je repris ma vie de célibataire, habitée par une mélancolie croissante. Le doute me hantait de plus en plus. Et si j'étais complètement schizophrène ? Et si Lola, Phileas, Corentin, Elena et tous les pionniers d'un soi-disant nouveau monde se trouvaient en réalité plongés dans une névrose collective ? Si au lieu d'une évolution des consciences, c'était une régression à l'état infantile, le syndrome de Peter Pan se propageant comme une maladie contagieuse ?... La maladie d'une humanité à bout de souffle, au bord de l'apocalypse psychique ? Le coup fatal me fut porté par une brouille sévère avec le nouveau compagnon de Lola. Nous ne pouvions plus être en contact, au moins pour un bon moment. Et comme il habitait chez elle, je fus privée brutalement à la fois de mon amie et des Cévennes, mon lieu de ressourcement, mon dernier garde-fou...

Je plongeai dans ce que l'on appelle « la nuit noire de l'âme ». Je me coupai de l'énergie divine. Je reniai mes guides. La vie m'enlevait tout ce dont j'avais besoin pour m'épanouir et c'était intolérable. Je ne voulais plus entendre parler de spiritualité. Et je ne voulais plus rien donner au monde. J'oubliai tous les enseignements que j'avais reçus, toutes les réalisations, les preuves, les aventures, la magie qui avaient jalonné mon parcours. Le monstre de la colère effaça en un instant dix années de ma vie. Même la révélation reçue le jour de mon éveil spirituel ne parvint pas à me réconforter : à quoi bon avoir goûté à la plénitude de mon essence éternelle si c'était pour ensuite continuer à vivre une expérience incarnée faite de frustrations, de manques et de solitude ? Cela me semblait être encore l'un des tours cruels de la vie.

À ce compte-là, mieux valait ne rien savoir de notre nature profonde !

J'errai dans un véritable no man's land intérieur pendant plusieurs semaines. Phileas me rendait visite régulièrement et essayait de me changer les idées, de me faire rire, de me rassurer. Il était convaincu que j'allais en revenir, il avait confiance en moi. Il me laissait faire mon chemin, gardant un œil bienveillant sur moi. Je souffrais tellement ! Une existence sans saveur, sans sens... La disparition du sacré... Le retour à l'état de victime... La monotonie d'un quotidien répétitif et limité... Passer le temps en attendant la mort... C'était insupportable. Mais je ne voulais pas, je ne voulais plus, jamais, me bercer d'illusions. Si j'étais atteinte du syndrome de Peter Pan, il était temps que je grandisse un bon coup, que je quitte le pays imaginaire pour entrer dans le réel. Quitte à en crever de déception et de tristesse. Mieux valait mourir lucide que vivre bernée. Je m'interdisais les quelques tentations que j'avais de téléphoner à Corentin pour lui faire part de ce que je traversais. Je savais trop ce qu'il me dirait. Il me ramènerait à la cohérence de la voie de l'énergie en quelques phrases bien tournées. Mais je me refusais à la possibilité d'y croire encore et surtout de me laisser influencer. Je ne contactai pas Lola non plus. Je souhaitais être seule face à ma conscience.

Environ deux mois s'écoulèrent ainsi. Un jour, la souffrance que je ressentais atteint un tel paroxysme que je me vis au bord de la crise de folie. Psychiquement, un épais brouillard m'enveloppait, menaçant de m'engloutir. Je songeai à aller trouver refuge dans un hôpital psychiatrique. Là où je pourrais me laisser sombrer dans un non-monde, assommée de calmants. Cela me semblait être la seule issue possible au mal qui me dévastait. Je décidai néanmoins d'offrir une dernière chance au monde spirituel avant de lui fermer définitivement ma porte. J'entrai dans l'église qui se trouvait à côté de chez moi et m'assis devant un grand tableau représentant Jésus sur lequel il se tient debout, une main posée sur la poitrine ; deux rayons lumineux, un rouge et un bleu, se diffusent depuis son cœur. Cette image, souvent reproduite dans les lieux de culte, m'a toujours beaucoup touchée. Je le regardai longuement, repensant à mon amour pour cet être, pleurant à chaudes larmes d'avoir perdu la joie que me procurait sa présence à mes côtés. Pour la première fois depuis ma chute, je m'adressai à lui : « *Sananda, si tu existes réellement, fais-moi un signe, je t'en supplie.* » Je pleurai encore un bon moment puis je rentrai chez moi. Aussitôt, le téléphone sonna. C'était Phileas.

— *Je suis en ville, ça te dit d'aller prendre un verre ?*

— *Tu sais, je vais très mal, je ne serai pas d'une joyeuse compagnie.*

— *Ce n'est pas un souci pour moi, ça te fera du bien de sortir.* »

Il m'emmena dans un bar à tapas où nous aimions aller. Il était bondé de monde, mais une table pour deux se libéra juste au moment où nous entrâmes, ce qui me surprit, me rappelant ces moments où ce genre de petite coïncidence nous donne l'impression que la vie est magique, sentiment que je ne goûtais plus depuis plusieurs mois. Nous nous installâmes et commandâmes des boissons. C'est alors que j'eus un choc. Juste en face de moi, à une autre table, un jeune homme arborait un sweat-shirt imprimé du portrait de Jésus, exactement la même représentation que le tableau que je venais de contempler dans l'église avec les rayons rouge et bleu émanant de son cœur ! Je l'indiquai à Phileas et lui avouai la prière que j'avais faite quelques minutes plus tôt...

— *Je n'y crois pas !* Lui dis-je, stupéfaite.

Se trouver devant quelqu'un vêtu d'un sweat à l'effigie du Christ dans ce lieu fréquenté par des artistes et des fêtards, dans ce véritable repère d'anarchistes et de profanes... ça paraissait tellement improbable ! Je n'en revenais pas. Si Phileas n'avait pas été là, j'aurais pu croire que j'étais en pleine hallucination et définitivement bonne pour l'internement. Comme la validation des autres s'avère précieuse dans les moments où l'âme s'égare !

— *Mais si, tu y crois !...* Me répondit mon ami avec un sourire complice, les yeux pétillants.

Il me confia plus tard qu'il sut qu'à partir de cet instant, j'allais revenir sur le chemin spirituel.

Retour aux sources

Je constatai, une fois de plus, qu'à chaque fois que j'avais demandé à mes guides avec la ferveur de l'état d'urgence de m'aider ou de me faire un signe, ils m'avaient répondu, et toujours avec une grande rapidité. Sananda venait de me sauver la vie. Ou, comme il est écrit dans la Bible, ma foi m'avait sauvée. Le tout petit reste de flamme qui n'était pas éteint en moi avait ravivé le foyer menacé d'extinction. J'avais une nouvelle fois la preuve que nous sommes foncièrement créateurs de notre réalité, que tout ce que nous vivons à l'extérieur est un reflet de notre univers intérieur, comme l'exprime magistralement Jung dans cette phrase qui m'a souvent accompagnée : « *Quand une situation intérieure n'est pas amenée à la conscience, elle se manifeste à l'extérieur sous forme de destin* ».

La question de savoir si je vivais dans une illusion ou non trouva sa résolution par un changement de perspective. « *Tout est vérité et tout est illusion. Seule la joie doit te guider* » m'avait enseigné mon guide lors de ma première expérience de channeling. Tout se résume alors en réalité à prendre le chemin de la joie ou du tourment, d'accorder notre conscience sur ce qui nous semble le plus juste, le plus épanouissant pour notre âme. Grâce à cette descente au fond du gouffre, j'avais pu décider en toute lucidité, en toute connaissance de moi-même, de revenir dans la réalité qui donnait du sens à ma vie. Assurée qu'il ne s'agissait ni d'une fuite ni d'une névrose, mais d'une possibilité offerte par l'infinie créativité de l'existence et de mon droit le plus absolu.

Je gravis peu à peu les marches du retour à la lumière. Chaque jour mes guides m'envoyaient des petits signes, comme des sourires d'encouragement. Je pouvais sentir leur joie et leur bienveillance. Je digérai la rupture avec Phileas et mes sentiments se transformèrent en amitié. Nous sommes encore très amis à ce jour. Si j'ai perdu un compagnon, j'ai gagné le grand frère que je n'ai pas eu et qui m'a si souvent manqué dans mon enfance.

Mais j'avais la nostalgie de l'état amoureux. Notre courte union m'avait redonné goût à la vie de couple. Ma féminité et ma sensualité qui avaient commencé à s'épanouir à ses côtés, venaient d'être stoppées en plein envol. Si ce n'était pas avec mon amoureux sacré que j'allais m'unir dans cette vie, avec qui cela pourrait-il être ? Pour une partie de moi, cela restait au fond incompréhensible que ce ne soit pas avec lui, au vu de la qualité de notre relation et de ce lien si fort que je ressentais pour lui dans mon cœur. Un jour, alors que j'attendais un train dans un hall de gare, je demandai à mes guides de m'éclairer à ce sujet. J'entrai dans le point relais et fus immédiatement attirée par un livre de Paolo Coelho, *Brida,* qui était exposé en vitrine. Je l'ouvris au hasard et tombai sur cette phrase :

« *En fin de compte, elle était son Autre Partie, même si elle ne le savait pas encore, même si elle était très jeune et fascinée par les choses et les êtres.* »

Je compris aussitôt que ma réponse se trouvait dans cet ouvrage. Je l'achetai et le lus en quelques heures. C'est un petit roman très agréable et très beau. On y découvre la tradition initiatique celte, dans laquelle les apprentis doivent nécessairement, au cours de leur quête spirituelle, retrouver leur Autre Partie et s'unir à elle, même si c'est juste pour une nuit, car l'effet alchimique de cette union leur permet de goûter l'Amour divin. « *Mais, surtout, nous avons la responsabilité de rejoindre de nouveau, au moins une fois dans chaque incarnation, l'Autre Partie qui assurément viendra croiser notre chemin. Même si ce n'est que pour quelques instants ; car ces instants apportent un Amour si intense qu'il donne une justification au reste de nos jours.* »

L'Autre Partie, comme je l'ai évoqué plus haut au sujet d'Éléonore de Provence, est une personne dont l'âme est issue de la même âme que la nôtre, une âme qui s'est divisée en deux au moment de sa réincarnation. « *Dans certaines réincarnations, nous nous divisons. Comme les cristaux, les étoiles, comme les cellules et les plantes, nos âmes aussi se divisent. Notre âme se transforme en deux, ces nouvelles âmes se transforment en deux autres, et ainsi, en quelques générations, nous sommes éparpillés sur une bonne partie de la Terre.* »

J'obtins ainsi magistralement l'éclairage que j'avais demandé. Retrouver une âme jumelle ne signifie pas forcément qu'une relation de couple durable s'en suive. Et ce livre me donnait une information supplémentaire non négligeable : nous pouvions avoir plusieurs âmes jumelles incarnées en même temps que nous. Mes guides me le confirmèrent. Cela me rassura et me rendit tout à la fois dubitative. J'avais tout de même du mal à y croire encore tant la déception avait été cuisante. J'étais devenue très méfiante envers mes projections, j'avais perdu ma candeur, et mon feu me brûlait à nouveau, plus fort que jamais, de ne pouvoir s'exprimer. Je me mis malgré tout à espérer que le plan divin me réservait un prochain rendez-vous avec un autre moi-même, avec lequel une union heureuse et solide serait possible.

***

Je commençais à me dire que le plan divin, c'était mon âme qui l'établissait, et non un destin implacable auquel j'étais soumise. Je n'étais pas un pion sur un grand échiquier manipulé par des êtres supérieurs et extérieurs à moi, quand bien même agiraient-ils pour mon bien. C'était mon inconscient, la somme des informations qui gravitaient dans mon corps énergétique, qui traçait ma route. Mes guides étaient des aspects de moi-même reliés aux fréquences d'êtres d'autres dimensions. Je l'avais toujours su mais je ne l'avais pas encore vraiment intégré. Je me souvins de ce message de mon plus grand allié spirituel : « *Je suis Sananda, une conscience éveillée à son universalité, et je suis toi à partir du moment où tu assembles mon émanation dans ta conscience et la cristallises dans ton expérience d'âme* ». C'était vrai aussi pour les peurs et les blessures engrammées. J'attirais ce avec quoi je raisonnais vibratoirement. Je créais seule mon destin.

Phileas, malgré toutes ses qualités, n'était pas l'homme idéal pour moi. Il avait des difficultés à voir clair dans ses sentiments et à les exprimer. Il s'était illusionné lui-même et cela m'avait fait beaucoup souffrir. J'avais encore des étapes à franchir pour restaurer mon masculin intérieur solaire et pour me trouver en capacité de m'unir à lui.

Mes relations avec le monde spirituel se modifièrent. Je perdis le goût des voyages chamaniques, ils faisaient partie d'un autre temps. Je ne les effectuais plus que sporadiquement, et pour des raisons bien précises, pas pour m'échapper de mon quotidien. Je me consacrais davantage à la méditation, qui consistait désormais principalement à me relier à mon êtreté, au simple *sentiment d'être*. Je ressentais fortement la nécessité de revenir à cette simplicité. Je cessai également de pratiquer le channeling. Je n'étais plus certaine de bien traduire les messages que l'on m'envoyait, je craignais de confondre la voix du Soi et celle de mon moi encore pétri de projections et de désirs. Comme me l'avait dit Hathor, la leçon avait été suffisamment dure pour que je devienne « *prudente dans mes désirs et attentive au plan divin* ». Une bonne part de ma naïveté romantique avait été calcinée pendant ma traversée du désert.

J'envisageai également peu à peu la pratique des soins différemment. Je cessai de visiter l'inconscient des personnes et ne cherchai plus à avoir des visions. Je n'utilisais plus le protocole du Reiki ni certaines méthodes spécifiques qu'Elena et Corentin m'avaient transmises. Je décidai de me laisser davantage guider par mon intuition et non plus par une recette toute faite à appliquer en fonction de tels ou tels paramètres. Puisque mon canal était ouvert, je pouvais me connecter directement à la Source sans avoir besoin de passer par des intermédiaires. L'Énergie, l'Intelligence cosmique, savait ce dont la personne avait besoin, il n'était pas nécessaire que j'en sois informée.

D'une certaine manière, j'avais quitté le pays imaginaire, non pas en adhérant à une réalité rationnelle et ignorante du sacré, mais en me rapprochant de mon Être profond. Je m'étais égarée dans mes attentes envers le monde extérieur. Je devais apprendre à puiser ma force et ma joie de vivre en moi-même et je comprenais que là était la prochaine étape du chemin.

Je venais d'achever un grand cycle initiatique débuté neuf ans plus tôt avec mon éveil spirituel. J'avais fait mon temps à Marseille. Plus rien ne m'y retenait à présent. Les relations de Neil avec son père s'étant peu à peu dégradées, ce dernier ne s'opposait plus à un éloignement, d'autant que mon ado se sentait très enthousiaste à la perspective de changer de vie. Apparemment le moment était venu, pour tout le monde, enfin ! Je mis tout en œuvre pour notre départ et cela se fit très facilement cette fois-ci ; j'emménageai avec bonheur quelques mois plus tard dans un village des Cévennes pour renaître de mes cendres sur le terreau fertile de ce lieu qui appelait mon âme depuis de nombreuses années. Entre-temps, mon amie Lola m'avait recontactée pour m'annoncer qu'elle attendait un bébé, je m'étais réconciliée avec son compagnon, et j'étais ravie de me rapprocher de ma grande amie et de voir son enfant naître et grandir.

***

Comme je l'avais pressenti, cette nouvelle vie allait être le véritable coup d'envoi de ma réalisation personnelle et spirituelle. Enfin reconnectée à la nature et libérée du stress de la ville, je trouvai l'espace de laisser se déployer ma propre nature sauvage dans sa richesse créatrice. Pendant les deux années qui suivirent mon emménagement, je vécus de nouveaux états de transcendance à travers un éveil du corps et du cœur, favorisés par de nouvelles pratiques, comme celle du Tao de la femme que j'apprenais auprès d'une instructrice formée par le maître taoïste Mantak Chia. Un magnifique art chinois ancestral d'alchimie interne et de découverte de l'énergie sexuelle féminine. J'effectuais également chaque mois un rituel dans la forêt, inspiré de la tradition amérindienne, pour offrir le sang de mes règles à la Terre. Cette pratique avait pour effet de m'éveiller à ce que les traditions chamaniques appellent « le féminin sacré », ce qui accompagnait merveilleusement les enseignements taoïstes. J'avais toujours eu des menstrues pénibles, longues et fatigantes et je vivais ces moments, à l'instar de beaucoup de femmes, comme une contrainte. J'appris que les jours des règles étaient sacrés chez les Amérindiens et que les femmes s'isolaient alors, non pas parce qu'elles étaient impures, mais pour vivre en conscience et dans le recueillement cette période de nettoyage émotionnel et de ressourcement ; le sang était réputé emporter avec lui toutes les émotions difficiles vécues durant le cycle qui venait de s'écouler, afin de permettre une remise à neuf du corps énergétique. Il était alors offert à la Terre mère, suprême transmutatrice... J'adorais ce rituel, ainsi que m'autoriser trois jours par mois à ne m'occuper que de moi, à me bichonner, m'intérioriser, refuser autant que possible toute sollicitation et source de contrainte... C'était un acte d'écologie intérieure ! Cela me réconciliait avec ma condition de femme et lui donnait une nouvelle dimension. Je rencontrai ainsi le pouvoir du féminin, tant dans sa douceur et sa compassion que dans sa vibration sauvage. J'avais eu tôt fait de dénicher un petit endroit joli et discret dans un bois qui devint mon lieu secret de méditation et de rituels. Quel bonheur de retrouver la saveur du sacré dans une véritable forêt et non plus lors d'un voyage chamanique ! La plage et la jungle du monde d'en bas que j'avais fréquentés et aimés pendant plusieurs années étaient remplacées par d'authentiques espaces naturels. Bien sûr, il s'agissait de deux mondes très différents, mais finalement ce que j'y trouvais comme nourriture spirituelle était assez semblable.

Outre un réveil considérable de ma créativité à travers l'écriture de poésie, la peinture et la confection de bijoux et objets variés, ce fut une période d'une grande intensité énergétique. J'étais régulièrement traversée par de véritables embrasements intérieurs spontanés suite auxquels je me retrouvais allongée, la poitrine en feu, n'osant plus bouger, submergée d'amour, avec le sentiment que mon corps était beaucoup trop petit pour accueillir une telle énergie et que si cela s'intensifiait davantage, j'allais être totalement consumée. Je faisais alors de longues respirations pour calmer le feu. Je ne savais vraiment pas quoi faire de cela.

Un beau jour, après une crise de combustion interne qui semblait avoir atteint un paroxysme, je pris mon stylo pour demander guidance à Sananda, chose que je n'avais pas faite depuis très longtemps. Je sentais que j'avais besoin d'aide car je craignais sérieusement de ne pas y survivre la prochaine fois. C'est spontanément à lui que j'eus le désir de m'adresser car ces éveils du cœur me rappelaient les témoignages des grandes mystiques chrétiennes. Il me dit ceci : « *Laisse le feu christique embraser ton corps, ne résiste pas, abandonne-toi à lui. C'est par le feu que tu deviens lumière, c'est par le feu que tu ascensionnes. L'ascension n'est pas un phénomène doux, c'est très puissant en intensité. Quand le feu te saisit, plonge dedans, abandonne-toi à lui dans une confiance absolue. Tu ne risques rien. La voie de l'abandon est incontournable, elle est ce qui permet le passage.* »

Ainsi, je résistais à l'Amour. Sa puissance m'effrayait tellement que je luttais contre ses irruptions et tentais de calmer son flux. Je remerciais chaleureusement mon grand ami spirituel pour ce message et décidai de suivre ses conseils. Mais très étrangement, je ne pus pas le faire car ces embrasements ne se reproduisirent plus ! Je n'en compris jamais la raison. Peut-être que certaines parties protectrices de ma psyché, à l'idée que je me livre à une énergie qui mettait possiblement ma vie en danger, placèrent des protections qui refermèrent le canal. Ou peut-être étais-je arrivée ce jour-là au terme d'un processus alchimique, d'où l'intensité déroutante de cet ultime épisode.

***

Amoureuse du charme des moyennes montagnes, je passai de longs moments à me promener sur les sentiers ou le long des rivières, surtout au lever du jour. Je m'immergeais dans l'ambiance douce et odorante des brumes matinales jusqu'à ce que les premiers rayons de soleil commencent à les percer et à les dissiper. Je goûtais alors souvent des états d'Unité pendant lesquels j'avais l'impression que le monde pénétrait en moi, à travers toutes mes cellules. Je fusionnais goulûment avec cet environnement naturel qui m'avait si longtemps manqué, m'offrant totalement aux énergies de la nature et à la magie des éléments, vivant ainsi de purs moments d'extase.

Dès mon arrivée, j'avais rencontré des frères et sœurs d'âme grâce auxquels je sortis enfin d'une longue période d'isolement social. Des êtres qui partageaient les mêmes valeurs que moi et évoluaient vers le même but. Nos vies nous avaient menés, chacun à notre rythme et à notre manière, à nous retrouver en ce lieu au puissant magnétisme. Ils étaient bien plus nombreux que je ne l'aurais cru et j'en fus agréablement surprise. La Conscience fleurissait dans le collectif. Tout un groupe d'âmes, travailleuses de lumière et tisseuses de rêves, arrivées ensemble sur Terre en ces temps de transformation pour co-créer, dans la confiance et l'amour, un nouveau monde.

Sur le plan sentimental, j'étais sollicitée et je tentai à nouveau le rapport de couple. Mais je ne tombais pas vraiment amoureuse et ces unions furent de courte durée. Je ne retrouvais pas le parfum de l'âme jumelle. Quand on a goûté à cela, à une telle qualité de communion, on ne veut désormais rien de moins. Même si la solitude me pesait beaucoup, je la préférais largement à une liaison de confort où il fallait donner de son énergie et de son temps pour accorder les personnalités et les egos, sans la contrepartie d'un réel plaisir à être ensemble et d'un authentique transport du cœur. Pour répondre cependant à mes besoins sensuels, je me résolus à des relations d'amants. Cela me semblait être une bonne alternative. S'unir physiquement sans être amoureuse n'était pas facile pour moi car je suis très sentimentale. Je dus pour cela m'aligner sur une autre forme d'amour, sur la tendresse d'humain à humain, là où nos essences se rejoignent : là où nous sommes, au niveau de la forme, animés des mêmes désirs et besoins fondamentaux, et là où nous sommes Un dans notre êtreté. C'était très beau et très porteur de vivre le rapport intime de cette manière, dans une communion avec l'autre dépouillée de toute projection, toute attente, tout attachement. Cela m'ouvrait le cœur et déclenchait des états de grâce qui duraient parfois plusieurs jours. Mais cela aussi, au bout d'un moment, atteignit ses limites. Faire l'amour sans se sentir amoureux, c'était comme déguster un excellent plat sans sel. Il manquait un ingrédient essentiel. Immanquablement, arrivait le moment où je désirais davantage.

Je fis le constat que les relations que j'avais eues au cours de ces dix dernières années, depuis Tristan jusqu'à ces amis-amants, avaient nourri mon besoin de transcendance, mais pas mes besoins affectifs. Comme si pour moi, c'était l'un ou l'autre. Comme si aspirer à la réalisation signifiait, plus ou moins consciemment, devoir renoncer à mes besoins et désirs d'être humain. Finalement, depuis ma première expérience d'éveil, je vivais une nouvelle dualité, une véritable fissure intérieure entre l'Unité et la dualité, entre l'Absolu et le relatif, entre le Soi et le moi... Je commençai à voir comment ce schéma s'était inscrit en moi et impactait toutes les sphères de mon existence. Or, l'Unité ne contient pas d'opposition. Par nature, elle est inclusive. Je vivais donc sous le joug d'une conception erronée. Quelque chose n'avait peut-être pas été vu, ou pas bien compris, lors de la révélation reçue en février 2001. Il me fallait à présent chercher une voie de sortie de ce schéma dualiste.

***

Arriva l'année 2012 tant attendue par certains, tant redoutée par d'autres. Quel mystère se cachait derrière la fin présumée du calendrier maya ? La majorité de mes amis se préparaient à entrer dans un nouveau monde. L'avènement de l'ère spirituelle ? C'était ce qu'il nous plaisait de penser. Cette phrase de Malraux résonnait à nos oreilles : « *Le XXI*[e] *siècle sera spirituel ou ne sera pas* ». Elle résumait toutes les prédictions entendues au sujet de notre époque. Ou bien nous allions nous reconnecter à notre nature divine, ou bien nous allions disparaître... Pour ma part, ce fut l'une des années les plus denses de ma vie. Je croyais en toute bonne foi avoir nettoyé tant de schémas de souffrance en moi que j'échapperais aux perturbations annoncées. Elles se manifesteraient pour les autres, ceux qui n'avaient pas encore travaillé sur eux. Pour moi, cette période de transition serait consacrée à la méditation et à l'épanouissement spirituel. Mais dès le début de l'année des événements douloureux se produisirent dans ma vie affective. Je tombai enfin à nouveau amoureuse, je repris confiance et goût à la relation de couple... Mais ce fut pour vivre une énième union de courte durée. Je n'en pouvais plus de cette situation de célibat imposé et j'entrai dans une crise profonde qui me poussa à investiguer les schémas psychologiques qui m'habitaient et qui m'avaient menée dans une impasse. Tout ce à quoi je ne m'étais pas déjà confrontée, comme une bombe à retardement, me sauta au visage et me poussa encore plus loin dans la conscientisation de mes conditionnements. Les héritages des vies antérieures, ceux de la lignée généalogique, ceux des expériences de l'enfance et de l'adolescence, tous mélangés dans une grosse marmite bouillant en permanence sur le feu de ma pulsion de vie et alimentant ma relation à l'autre. J'eus le sentiment d'opérer ainsi, et sans relâche, une véritable chirurgie psychique, accompagnée dans cette introspection par une amie psychothérapeute spécialisée dans les constellations familiales. Une œuvre douloureuse et fatigante émotionnellement, mais passionnante. Et chaque fruit récolté s'avéra succulent d'accueil de moi-même et de libération.

Je renouai ainsi le lien d'amour avec mes parents, endommagé depuis ma naissance. Les manques dont j'avais souffert à leurs côtés avaient fait de moi une handicapée affective et je m'étais construite sur des bases fragiles qui menaçaient mon équilibre à chaque déception sentimentale. Reconnaître leur amour au-delà de leurs maladresses et de nos différences fut certainement la plus grande des guérisons qu'il me fut offerte.

Je me suis longtemps trompée sur la nature de la sagesse. J'ai cru des années durant qu'elle signifiait l'équanimité émotionnelle, comme de nombreuses légendes zen l'illustrent. Je prenais souvent pour référence une histoire chinoise que Corentin se plaisait à raconter, qui met en scène un moine à qui l'on amène un bébé en lui disant qu'il en est le père et qu'il doit assumer sa responsabilité. « Ah bon ? » répond-il, et il élève le petit. Quelques années plus tard, on revient pour, cette fois-ci, lui retirer l'enfant en lui disant qu'il s'agissait d'une erreur, il n'était pas son père. « Ah bon ? » répond-il à nouveau, et il laisse partir son fils adoptif. Ni tristesse, ni joie : un état de paix et d'accueil inconditionnel de ce qui est...

Mon expérience m'apprenait finalement peu à peu que la sagesse consistait plutôt à accepter de ressentir de la joie et de la tristesse, de la colère, de la peur, du refus... La sagesse, c'était d'être soi-même et de s'aimer tel que l'on était dans notre expression d'être humain avec tout ce que cela comportait. S'aimer soi-même ne pouvait rien exclure... Le « Ah bon ? » de la sagesse incluait de consentir aussi à éprouver des émotions... Je m'apercevais qu'au nom de l'éveil spirituel, je m'étais beaucoup auto-manipulée. Parce que j'avais accès à ma dimension divine qui baigne en permanence dans un océan de paix et de plénitude sans cause ni condition, je m'étais crue bien souvent détachée des affects alors que je ne faisais que les nier. Sans que je m'en rendis compte, et c'est un écueil très fréquent sur la voie initiatique, une part de mon mental utilisait les concepts spirituels pour dénigrer mes réactions émotionnelles. Cela avait rendu mon travail de déprogrammation très laborieux car je ne rencontrais pas vraiment les énergies qui vivaient en moi : au lieu de leur offrir un espace d'accueil, je les jugeais et les renvoyais aux oubliettes d'un revers méprisant de la main quand elles se manifestaient : « *Je ne devrais pas ressentir cela car ma nature profonde est l'équanimité et l'acceptation inconditionnelle* » ... Comme il m'était difficile de me résigner à vivre une existence humaine et à devoir composer avec un corps physique et un corps émotionnel ! Mes contacts réguliers avec les êtres de pur amour des dimensions spirituelles n'arrangeaient pas vraiment les choses non plus. Ils étaient l'exemple de ce que je voulais être et j'essayais de leur ressembler, de me transformer en ange... J'oubliais néanmoins de commencer par exercer cette compassion et cet accueil envers moi-même, envers ma partie humaine !

Il m'avait fallu longtemps pour prendre conscience de cet aspect de l'ego qui tentait d'imiter les qualités du divin... Et je ne commencerais que plus tard à l'aborder lui aussi avec accueil et compassion, à voir qu'il ne s'agissait que d'une instance protectrice de la psyché dont l'intention était d'éviter la souffrance, et non du « vilain ego spirituel » qu'il fallait balayer. Cette lutte contre les aspects de l'ego, même les plus évolués, allait durer encore quelques années de manière plus ou moins consciente avant qu'une compréhension plus profonde de la nature réelle de l'ego ne se produise.

Pour vivre la date mythique du 21 décembre 2012 qui tenait en haleine une partie de l'humanité depuis plusieurs années, j'avais choisi de me joindre à un couple d'amis qui vivaient dans une grande maison et proposaient une soirée festive. Tout était possible, nous ignorions totalement ce qui nous attendait et il pouvait tout aussi bien ne rien se passer de particulier. Nous étions prêts à tout et, quoi qu'il en soit, il n'était pas question de vivre cet événement dans la peur, mais dans la joie. La maison était ouverte à tous ceux qui souhaitaient célébrer la transition vers un nouveau monde ou qui simplement ne voulaient pas rester seuls ce soir-là. Chacun se trouvait donc invité à apporter un mets ou une boisson à partager, et des instruments de musique. La pièce principale était aménagée pour faire la fête, mais il y avait aussi des espaces réservés au recueillement et à la méditation. Ce fut une très belle nuit, au cours de laquelle je vécus un état de grâce qui persista plusieurs jours. Certains furent déçus de ne pas avoir assisté au débarquement d'amis d'autres galaxies ou même à une catastrophe planétaire. D'autres s'en sentirent plutôt soulagés. Quant à moi, j'étais sereine, car j'avais foi dans le fait que le changement annoncé se produirait avant tout à l'intérieur de chacun.

Après les tribulations de cette année très intense consacrée au travail sur soi, je goûtais depuis environ deux mois une période de paix, de légèreté et de joie de vivre. Mon feu ne me consumait plus de ses assauts impérieux, il alimentait le rêve de ma vie de sa paisible chaleur et de son doux crépitement. Chaque instant était vécu pleinement tel qu'il était, dans un amour sans condition pour la manifestation, et je touchais une forme de simplicité plutôt inhabituelle et très reposante. Je terminai l'an 2012 dans cet état d'esprit, me demandant si finalement la réalisation ce n'était pas aussi simple que cela, et si, d'une certaine façon, je n'avais pas atteint l'aboutissement du chemin initiatique.

***

Cet état d'être paisible perdura tout l'hiver. Ce fut à cette époque que je dis adieu à mes guides. Je me rendis compte que je n'avais plus le réflexe de faire appel à eux, sauf lors de séances de soin un peu difficiles. Mais plus du tout pour me guider ou me conseiller dans la vie. Sur mon autel se trouvaient depuis plusieurs années des icônes représentant mes divers amis invisibles : Saint-Thomas de Cori, Éléonore de Provence, Saint-Christophe, Sananda, Merlin, l'archange Michaël et quelques autres. Plus le temps passait, plus ces images perdaient leur sens. Elles ne vibraient plus, ne résonnaient plus du tout de la même façon qu'auparavant, du temps de notre « mystique collaboration ». Je compris que le moment était venu de les remercier et d'intégrer une nouvelle donnée : j'étais en train de devenir mon propre guide, de reconnaître que ces énergies vivaient avant tout en moi et que je n'avais plus besoin de passer par un support extérieur pour les contacter. J'effectuai un rituel au cours duquel je leur dis au revoir, dans une extrême gratitude pour tout le soutien que ces êtres avaient constitué pour moi, pour tous ces instants sacrés et ces moments d'amour intense que j'avais connu en leur compagnie. C'était comme rompre une union, belle et profonde, dans un état d'esprit de reconnaissance et de joie pour le chemin parcouru. Puis j'enlevai les icônes de mon autel et les rangeai dans un placard parmi mes albums photos et mes souvenirs.

Le printemps arriva, et avec la montée de sève traditionnelle, la frustration de ne pas vivre ma dimension amoureuse recommença à me grignoter. J'approchais de mes quarante ans et j'étais toujours seule. J'avais peut-être parcouru un magnifique chemin intérieur mais ma vie extérieure n'avait pas progressé depuis la rupture avec le père de mon enfant. J'avais élevé ce dernier dans l'isolement, je n'avais pas construit de vie à deux, et je continuais également à connaître des difficultés matérielles chroniques, vivotant de petits boulots pour compléter mes revenus d'énergéticienne. Totalement étrangère à toute notion de carrière ou de réussite sociale, je préférais vivre de peu pour y gagner un maximum de liberté. Cependant, le manque d'aisance financière s'avérait parfois pesant. Je sentais bien intuitivement que ma réalité concrète était un reflet de mes croyances et qu'une réalisation spirituelle authentique devait avoir des répercussions positives sur le plan phénoménal. Et je restais convaincue qu'il était possible de vivre dans l'abondance matérielle sans devoir pour autant se compromettre dans des modèles sociaux sclérosants... mais je ne voyais toujours pas comment mettre cela en place.

J'avais finalement appris à aimer la solitude et j'en tirais parfois une profonde jubilation. Mener ma vie en accord avec mes élans et mes désirs sans avoir à prendre en compte ceux d'une autre personne, bénéficier de tout le temps dont j'avais besoin pour me connecter à mes ressentis et me consacrer à ma spiritualité et à ma créativité ; vivre, finalement, au plus proche de moi-même... J'étais ma meilleure amie et compagne et je considérais comme un grand cadeau d'avoir ainsi la possibilité de cultiver l'amour de soi au quotidien. Néanmoins, même si cela s'avérait très nourrissant, c'était tout de même un peu trop de solitude. Je voyais bien qu'il y avait un déséquilibre, car j'étais par ailleurs un être de partage et de contact et je possédais me semblait-il un réel potentiel d'épanouissement sur le plan amoureux. Je savais que je pouvais être une femme aimante et attentionnée, capable de donner beaucoup, de prendre soin de l'autre, de créer à deux un univers de tendresse, de joie de vivre et d'aventure. Une part de moi aspirait ardemment à s'y ouvrir, même si la relation de couple impliquait un risque de dépendance et d'enfermement qui faisait très peur à une autre part de moi, celle qui chérissait sa liberté plus que tout. J'étais bien consciente de cet aspect à présent, mais je me disais qu'il devait être possible d'en tenir compte tout en vivant l'amour. Il me suffisait de rencontrer un homme qui saurait respecter et comprendre cette dimension de mon être et me permettre de conserver un équilibre entre partage et solitude. Car l'amoureuse en moi se lamentait, se desséchait, se mourrait... Et diffusait dans mon champ aurique une vibration mélancolique qui, une nouvelle fois, parvint à saper mon bien-être. Je continuai à trouver injuste, dans le sens de contre-nature, qu'il n'y ait pas de place pour la romance et la sensualité dans ma vie. Il n'y avait aucune raison à cela : j'étais, je le savais, une femme attractive et pleine de qualités, et il existait nécessairement quelque part un être qui me correspondait. Cela ne pouvait plus durer.

Le basculement

Le jour de mes quarante ans, en juin 2013, j'étais à nouveau en crise. La frustration amoureuse avait fini par m'envahir complètement. Désespérée et démunie, je me sentais incapable d'envisager une nouvelle décennie d'une telle solitude. Au point de me dire que je finirai par en tomber malade, ou pire, que si je me trouvais encore dans cette situation à cinquante ans, je mettrai fin à mes jours... Il me restait donc une dizaine d'années à vivre, à moins qu'un miracle ne se produise. Car cette chose toute simple et toute naturelle qui consiste à s'unir dans l'amour à un autre humain pour partager son quotidien et que je considérais comme un besoin de base, était devenue à mes yeux du même ordre qu'un miracle tant j'avais le sentiment que « cela n'arrivait qu'aux autres ». C'était un comble !

Le plus rageant, en ce moment de bilan, était de constater que j'avais passé plusieurs années à travailler sur moi pour transformer mes schémas affectifs dans le but de débloquer cette situation et que cela n'avait semblait-il servi à rien. Peut-être même qu'à force de m'entretenir dans l'idée que j'avais un problème à résoudre, je n'avais fait qu'empirer mon cas ?.. Me serait-il possible, alors, de lâcher cette quête amoureuse comme j'avais lâché celle de l'Absolu, et de trouver la paix dans l'acceptation de ma vie telle qu'elle était ? Être libre de tout désir, de toute projection, de toute volonté d'autre chose que ce que l'existence m'offrait d'instant en instant ? N'était-ce pas cela, la véritable liberté ? À cette idée, je m'ouvris à la possibilité que durant la prochaine décennie cette obsession prenne fin, soit parce que j'aurai enfin rencontré le compagnon idéal, soit parce que j'aurai finalement réussi à y renoncer. De toute ma bonne volonté, j'envisageai cette dernière option et une forte réaction se produisit dans mon corps, comme si mes cellules, d'une seule voix, criaient : « c'est impossible que tu y renonces car c'est inscrit dans ton programme de vie, et tu le sais ! » Cela me surprit et je soupirai : s'il en était ainsi, alors je pouvais me détendre et attendre patiemment. Je n'avais aucune idée du moment où ce destin s'accomplirait et je n'avais rien à faire pour cela. Ni le renoncement, ni l'action n'étaient requis. La vie ferait son œuvre.

Huit mois plus tard, après un énième hiver solitaire au

cours duquel je fis de mon mieux pour goûter les avantages de ma vie monastique et me satisfaire de ce que la destinée avait à m'offrir, une rencontre provoqua une nouvelle déception et un complet ras-le-bol. J'avais fait la connaissance d'un homme qui me plaisait et je n'avais pas pu m'empêcher de fonder quelques espoirs sur une possible union, mais une fois de plus, cette relation avorta rapidement. Ce fut le coup de grâce, dans les deux sens du terme. Nous nous trouvions à la fin du mois de février, époque à laquelle je célébrais, comme chaque année depuis maintenant 13 ans, l'événement le plus important de ma vie : mon illumination spirituelle. D'ordinaire, c'était une fête. Je vivais toujours cet anniversaire comme un moment sacré. Mais là, je me sentais profondément dépitée, saturée de toute recherche, de toute attente. Je fis le point de ces treize années de chemin initiatique et me rendis amèrement à l'évidence : malgré le consciencieux travail énergétique et analytique que j'avais effectué sur moi, les nombreux et authentiques moments d'unité et de transcendance que j'avais vécus, mes extraordinaires aventures intérieures et mes bouleversantes rencontres avec le monde spirituel, en réalité rien n'avait fondamentalement changé en moi ! Finalement, depuis ce soir de 2001 où je découvris que ma vraie nature était la joie inconditionnelle, je n'avais pas cessé de faire dépendre ma joie de vivre de circonstances, états, expériences, phénomènes... De ce qui, en fait, était impermanent, pouvait m'être donné puis retiré et sur lequel je n'avais pas de prise. Je réalisai que je n'avais en fin de compte nulle prérogative sur ma vie. Ni sur les événements extérieurs, ni sur mon évolution intérieure. Toute mon existence n'était-elle pas le reflet de cette impuissance ?... Combien de fois n'avais-je eu le sentiment d'être un jouet entre les mains du divin ? Je me sentais face à une impasse et je n'en pouvais plus de lutter, d'essayer de diriger ce qui était incontrôlable et m'échappait constamment. J'étais à bout. Je n'aspirais plus qu'à une seule chose : être libérée de mon histoire personnelle et retrouver mon état naturel, la qualité originelle de l'Être qui ne connaît que la paix de l'instant, l'Amour de ce qui est, la plénitude sans condition. J'étais prête à tout pour cela à présent, prête à renoncer à tous mes désirs personnels, et même à mourir s'il le fallait. J'adressai une prière à l'univers, invoquant mon ultime vœu : être libre que ma joie, mon bonheur, ne dépendent de rien, ni d'une relation amoureuse, ni même de l'éveil... Seulement du fait d'être.

Durant l'hiver, j'avais passé beaucoup de temps à méditer et à écouter des personnes éveillées ou en phase d'éveil qui commençaient à mettre des vidéos en ligne sur YouTube. Certaines affirmaient qu'il n'y avait pas d'auteur individuel aux actions. Que l'idée d'être une entité propre avec un libre arbitre, donc indépendante de la vie dans son ensemble, était une illusion. Le point particulier sur lequel ces enseignants insistaient était que nous n'étions pas les auteurs de nos pensées, ni de nos réactions, ni du même coup, de nos actes. La notion d'une « personne », d'une individualité autonome aux commandes de son existence était une simple idée, un concept mental.

Quelques jours après mon anniversaire spirituel, écrasée par le poids de ma destinée, je repensais à ces propos et ils m'apparurent soudain dans toute leur vérité : je n'avais aucun pouvoir sur rien, pas même un petit peu ; je ne maîtrisais ni les événements, ni mes états psychologiques, ni mes pensées, ni mes émotions, ni mes humeurs, ni mes désirs... Tout cela jaillissait et repartait, apparaissait et disparaissait, hors de toute volonté personnelle. Ce constat fut brutal. Je ne décidais pas d'avoir tel élan, telle envie, tel penchant, telle préférence, telle réaction, tel sentiment, tel état de conscience... Tous les moments où j'avais cru faire des choix ou prendre des décisions avaient été des leurres car tout était conditionné à la racine : je ne choisissais pas ce que je choisissais ! Je n'avais absolument aucune liberté, aucun libre arbitre. Je n'étais même pas en mesure de me libérer, de vivre ma nature profonde, car cela non plus, n'était pas de mon ressort. C'était atroce ! Je pensais au suicide, ultime tentative illusoire d'avoir mon mot à dire... Je n'avais pourtant pas envie de mourir, mais au contraire de me sentir pleinement et véritablement vivante !

Devant l'évidence de ma complète impuissance, je restai hébétée, sans résistance. Cette fois, je ne recherchai aucune stratégie ni solution, car d'une part j'étais épuisée, et d'autre part il n'y avait absolument aucun moyen d'échapper à l'inéluctable. Je renonçai à toute tentative de contrôle et à tout espoir d'être libre... Des larmes de reddition coulèrent sur mes joues tandis que mon corps s'effondrait dans le fauteuil. Alors, quelque chose lâcha tout à fait en moi... Et subitement un retournement radical se produisit, se traduisant par cette clarté fulgurante : *« Si je n'ai de pouvoir sur rien, c'est parce que ce « je » n'existe tout simplement pas, il n'a aucune réalité substantielle ! »*

Le sentiment d'un « moi » individuel et autonome disparut, et pendant quelques instants, tout son monde disparut avec lui. L'identification à une personne vivant sa vie fut dissoute. Le vocable « je » perdis tout sens tangible. Ne resta que la Conscience immanente, la vacuité infinie vibrante de pure Présence, réservoir de tous les potentiels non manifestés, source véritable de tout ce qui est. Il fut reconnu sans équivoque que le personnage était juste une construction mentale et qu'il ne pouvait donc en aucune manière s'éveiller. L'évidence s'imposa : ce que j'étais vraiment, là, maintenant, ce Soi là (la conscience consciente d'elle-même) était déjà éveillé et l'avait toujours été !

Il fut également vu qu'il n'y avait jamais eu de séparation entre le petit moi et le Soi, quand bien même ce dernier se présentait sous la forme d'une entité spirituelle ou d'un ange. Il n'y avait jamais eu que « moi-même » en tant que conscience s'auto-expérimentant. L'ego, l'individu « Moi-Suyin » n'est autre que la conscience universelle revêtant un costume pour faire une expérience unique, exactement comme les enfants jouent à être un personnage de conte ou de dessin animé. L'illusion qui entraîne le sentiment de séparation et la recherche spirituelle consiste à croire que l'on est le personnage et d'oublier qu'il ne s'agit que d'un costume. Mais comment le héros d'un roman ou d'un film pourrait-il avoir un libre arbitre ? Et comment pourrait-il réaliser qu'il est un personnage et se libérer de son histoire ?

Il n'y avait pas à opposer l'ego - le sens d'une individualité - et la Conscience ! Ça, c'était un scoop. Une bonne décennie à lutter contre l'ego, à le considérer comme l'ennemi à abattre pour s'éveiller... Quelle erreur de perspective ! Qui ne pouvait bien évidemment ne mener qu'à une impasse ! À la différence de ce que j'avais vécu en 2001, je n'éprouvai, en cet instant de révélation, aucune exaltation mystique ni aucune béatitude ; juste l'étonnement d'être aussi neutre. Je n'éprouvais pas non plus de sentiment de libération : je venais de découvrir qu'il n'y avait jamais eu personne en prison, ni personne qui n'aurait pas de libre arbitre et qui serait une marionnette dans les mains du divin ! Ce fut quelque chose de très simple : une certitude absolue, la reconnaissance qu'il n'y avait jamais rien eu d'autre que la Vie se vivant d'elle-même, sans centre, sans auteur, sans personnage principal. Rien n'était jamais arrivé à personne et rien n'avait jamais appartenu à un individu. Ce supposé individu s'inscrivant dans le temps avec une naissance et une mort était *une pensée*, une production du mental, une projection psychique se surajoutant sur le Soi. C'était une sorte de rêve produit par le cerveau dans lequel la conscience s'était absorbée au point de le croire réel et d'en perdre de vue sa condition naturelle, son essence impersonnelle et éternelle. Ce « quelqu'un », ce « moi » séparé du reste et mortel, était une *impression* générée par une croyance. La conscience personnelle n'avait jamais été, en essence, que la Conscience universelle elle-même, la simple Présence au fait d'être, commune à tous les êtres vivants, identique en chacun, sans début ni fin, auquel le système conceptuel (le mental) avait rajouté des attributs : « je suis untel, je suis comme ceci ou cela, je suis une femme, je suis un être humain, etc. », l'enfermant dans des limites illusoires.

La fin de la quête

En dépit de l'absence de tout feu d'artifice émotionnel accompagnant cette réalisation, dès le lendemain une joie sans cause et un parfum d'amour et de paix s'installèrent. Curieusement, alors que je me trouvais sur un petit nuage comme en état de grâce, je me sentais néanmoins comme jamais auparavant totalement présente au monde, ancrée dans la réalité, vivante ! Je goûtais avec étonnement ce que Jung appelle l'individuation, le déplacement du centre de la conscience du moi vers le Soi, qui se traduit par une décentralisation de la perception : je n'étais plus le centre de mon monde, j'étais le monde !

Le sentiment de séparation entre « moi » et « la vie » avait disparu et ma perception s'en trouvait élargie. Je voyais au-delà de la forme et je ressentais très intensément l'état émotionnel des autres. Mes sens médiumniques étaient décuplés. Un jour, me promenant à la tombée de la nuit dans une ruelle du village où je vivais, je perçus la présence d'entités du bas astral qui rodaient. Depuis longtemps elles ne me perturbaient plus, mais je continuai à les considérer comme des parasites dont il fallait se débarrasser. Cette fois, avec ce sentiment d'Unité qui m'habitait, elles m'apparurent sous un jour tout à fait différent : elles étaient des alliés de l'être humain, indispensables à son équilibre. En exacerbant nos émotions pour s'en nourrir, d'une part elles nous en nettoyaient en les absorbant, d'autre part elles nous permettaient de prendre conscience des schémas affectifs qui nous mettaient en réaction. Car elles ne pouvaient s'alimenter que là où il y avait de la nourriture… C'était une symbiose ! Je compris dès lors que lors d'un soin sur une personne, plutôt que de les chasser systématiquement comme des moustiques, il était beaucoup plus intéressant de les laisser nous montrer quel nœud énergétique inconscient les avait attirées ! Je saluai ces présences avec gratitude et rentrai chez moi transportée d'émerveillement, une fois de plus, devant l'ineffable perfection de l'existence.

***

Cette prise de conscience mit sens dessus dessous tout mon système de croyances. Pendant un mois, il fut ainsi vécu une profonde désidentification au personnage Suyin et à son histoire, et une simple, évidente et infinie plénitude la remplaça. Je décris en détail ce changement de paradigme dans mon livre *La Joie d'être*, écrit d'un seul jet inspiré sous l'effet de ce basculement.

Puis, au fil des semaines, comme un retour par étapes dans le relatif, ce qui semble désormais être à mes yeux le roman d'une vie individuelle reprit, mais accompagné d'une grande paix, dans l'accueil du jeu de l'existence. Jusqu'à ce retournement de perspective, je vivais dans la croyance que j'étais, en tant que Suyin, aux commandes de ma vie. Comme si j'avais eu la révélation de ma vraie nature, vécu de nombreux états d'éveil, suivi un parcours initiatique, effectué un long et minutieux travail intérieur pour me libérer de mes conditionnements... Un aspect du mental, contrôlant, s'appropriait toutes ces expériences et s'appliquait sans cesse à donner une direction à la vie, recherchant le bien-être et fuyant le mal-être, se croyant tour à tour méritant ou fautif face aux résultats obtenus. Il s'agissait d'un programme psychique, qui remplissait son rôle à la perfection, mais il ne s'agissait pas du « vrai moi », le Soi. Le Soi, la pure Conscience d'être, ne cherche rien et ne se croit pas auteur de la vie ; elle se vit en tant que fait, simplement : il y a quelque chose au lieu de rien, un quelque chose qui se *sait* être.

Il s'agit d'un fait, et non d'un faire ; les phénomènes jaillissent spontanément du vide infini rempli de tous les potentiels (vide de formes mais plein *d'êtreté*, d'énergie consciente d'elle-même) et s'agencent les uns avec les autres selon un certain nombre de lois physiques et énergétiques, qui se créent d'elles-mêmes spontanément aussi. La conscience en changeant de fréquence, de vibration, passe de l'état immatériel à l'état de matière subtile, puis solide, et la vie physique apparaît, exactement comme l'eau passe de l'état gazeux à l'état liquide puis solide suite à un ensemble de phénomènes interdépendants entre eux (température, pression atmosphérique, etc.). C'est un mystère total et magnifique : la Conscience d'être est intelligence, elle s'expérimente en tant que formes à partir du sans forme, mais sans aucune volonté particulière, si ce n'est celle de manifester ses potentiels à l'infini, simplement parce qu'elle ne peut pas ne pas le faire, parce que c'est sa *nature*…

De la même manière, le processus alchimique interne de transformation qui mène à l'éveil et que Jung appelle l'individuation, est un mouvement qui s'enclenche et se produit *tout seul*, tout comme le corps produit naturellement du cortisol le matin pour se réveiller, simplement parce que la conscience, à un moment donné, commence à prendre conscience d'elle-même, à se rappeler ce qu'elle est. Toute l'histoire d'un « chercheur spirituel » qui suit un chemin initiatique et qui œuvre dans le but de se libérer se déroule alors dans notre esprit et n'est qu'une superposition psychologique.

Pas d'auteur donc, ni individuel, ni divin… Pas de plan, d'intention, de but. Le seul sens de la vie, c'est la vie, c'est l'auto-expérimentation et l'auto-découverte des possibilités de création de l'intelligence cosmique. Le créateur et la création sont une seule et même chose… Réaliser cela mit fin au mouvement de quête spirituelle et amorça de profonds changements, comme celui de ne plus se projeter dans un futur meilleur et de vivre simplement ce qui est, tel que c'est. Mais cela n'allait pas s'intégrer d'un seul coup car le programme de rechercher le bien-être et de fuir le mal-être, intrinsèque à la nature humaine, continuerait à me reprendre dans son jeu régulièrement ; ce qui allait se modifier peu à peu, c'était l'habitude de m'identifier à lui.

En revanche, un mode de fonctionnement auquel j'obéissais depuis treize ans venait de cesser définitivement : celui de considérer le divin, la conscience universelle, la source de la manifestation, comme extérieure à moi. Il devint dès lors impossible de parler à l'Univers, à l'Esprit, ou encore à « mon Soi supérieur ». Il n'y avait aucune Source distincte de moi qui pouvait m'entendre ou répondre à mes demandes. Cela me semblait désormais presque comique de penser une chose pareille ! Je ne m'étais en fait jamais adressée qu'à moi-même, qu'à ma propre essence.

La lutte contre le mental prit fin également. Comme beaucoup de chercheurs spirituels, j'étais tombée dans le piège de considérer le mental comme une sorte d'entité « empêcheuse de s'éveiller » ayant la volonté d'entretenir l'expérience de la dualité... Je savais à présent que la pensée était juste un mécanisme de traduction et d'interprétation de la réalité, formaté par l'éducation, exactement comme un ordinateur répondant à un programme. La conscience ne se trouve pas dans la pensée ! C'est la pensée qui se trouve « dans la conscience » : les pensées apparaissent sur l'écran de l'esprit, au même titre que les sensations physiques et les émotions. La pensée est un objet de perception, elle n'est pas « ce qui perçoit » ; *elle est perçue*. Il n'existe pas de « penseur » au centre du cerveau. La grande illusion dans laquelle nous vivons dans le monde matérialiste est de croire que nous sommes les penseurs de nos pensées... Et donc les auteurs de nos actes puisque la majorité de ceux-ci découlent de nos croyances, interprétations des situations, déductions, idées sur ce qu'il faut ou ne faut pas faire, etc. Alors que nous sommes en fait les *témoins* des pensées qui apparaissent dans le grand computer de notre cerveau ainsi que des actes qu'elles entraînent...

Terminé donc, les tentatives épuisantes de faire taire les pensées, assorties de la croyance que le mental est mon ennemi. On ne combat pas un ordinateur, cela n'a aucun sens !

***

Durant les semaines qui suivirent, commença à s'effectuer un formidable travail de déblayage. Certes, la vie m'apportait toujours son lot de difficultés, comme à chacun d'entre nous, mais chaque chose était désormais vue et accueillie par la Présence qui se tenait là, en amont, paisible et aimante. Une fluidité étonnante se mit en place. Quel soulagement de ne plus avoir à porter ni risque de faire des erreurs, ni obligation de réussite, ni besoin de reconnaissance des mérites ! L'énergie jusque-là investie dans les supputations, commentaires, jugements et boucles mentales inlassables, enfin libérée, se mettait au service du vécu : ici et maintenant. Plus rien n'était, en fait, considéré comme un problème, mais comme une opportunité de voir et dissoudre une habitude de pensée erronée ou limitante.

Il m'apparaissait à présent très clairement que les situations vécues sont des miroirs de notre système de croyances conscient et inconscient, et que nos réactions émotionnelles sont des voies d'accès à ce dernier. L'illusion d'une entité centrale étant démasquée, la psyché s'avère en réalité un ensemble de parties, qui la plupart du temps se trouvent en conflit entre elles. Généralement, nous nous identifions à l'une des parties, celle qui prend le dessus sur les autres à un instant T et pour une durée indéterminée. Puis, nous pouvons nous identifier à une autre partie et se dire « Tiens, j'ai changé ! », ou bien « Je ne me reconnais plus », « Je ne sais plus qui je suis, ni où en j'en suis », « Je suis en lutte contre moi-même », « Pourquoi ai-je dit (ou fait) ce que je ne voulais surtout pas dire (ou faire) ? » etc. Aucune des parties ne constitue notre vrai moi. Ces parties, ou aspects, sont comme des costumes que revêt la conscience de soi, tour à tour, comme hypnotisée par sa création, s'oubliant elle-même en tant que simple présence « Je suis ».

Depuis lors, j'aborde ma vie intérieure d'une toute nouvelle manière. Lorsqu'une émotion perturbatrice se présente, il n'est plus question de la rejeter ni de la dénigrer. Je la considère comme l'expression d'une partie et je l'accueille, observant où elle s'est cristallisée dans mon corps, restant simplement présente à la sensation sans chercher à l'analyser ni à la manipuler. Je sais que je ne suis pas cette émotion et que je ne suis pas plus responsable de l'éprouver que d'avoir chaud ou froid. La plupart du temps, ce simple accueil sans identification suffit à dissoudre l'émotion car son temps de manifestation s'avère limité, elle ne fait qu'apparaître puis disparaître. Le corps, tout comme il sait digérer les aliments, possède une fonction naturelle pour assimiler les émotions qui sont de simples outils de régulation de l'organisme face aux situations de la vie.

Si l'émotion ne se dissipe pas d'elle-même au bout de quelques minutes, c'est l'indice que le système psychique a activé une mémoire ou une croyance douloureuse. Je me laisse alors guider par la sensation et remonte à sa cause en la ressentant pleinement, en « plongeant » dedans, en « l'embrassant » . Parfois celle-ci se révèle d'elle-même par le simple fait d'être à l'écoute et de « faire un » avec, parfois il peut s'avérer utile d'interroger la sensation en lui posant cette question « *Si tu pouvais parler, que dirais-tu ?...* » Une fois la croyance cachée derrière mise en évidence, je regarde le point en question depuis la Conscience, c'est-à-dire sans jugement ; puis je laisse faire. Une autre vision finit toujours par émerger, éclairante et cohérente car issue non pas d'une réaction conditionnée mais d'une perspective beaucoup plus vaste. À l'instant où la perspective change, le nœud psychique se dénoue et, du même coup, la réalité vécue se modifie.

Pour exemple, Neil partit l'année suivante poursuivre ses études à Aix-en-Provence. J'en ressentis un certain soulagement car, en dépit de tout l'amour que j'avais pour lui, notre vie commune n'avait pas toujours été simple. Diagnostiqué « haut potentiel intellectuel », cet enfant faisait preuve d'un fonctionnement particulier : une grande maturité intellectuelle certes, mais contrebalancée par une certaine fragilité émotionnelle et une vraie difficulté à devenir autonome. L'élever seule avait donc nécessité un investissement important de ma part et des tensions en avaient résulté entre nous. Son adolescence qui se terminait ayant été assez conflictuelle, je me trouvais un peu à bout de souffle et heureuse de pouvoir me consacrer davantage à ma vie de femme.

Je lui dis donc au revoir avec un sentiment de délivrance, la conscience tranquille d'avoir accompli mon devoir de mère. C'est du moins ce que je croyais. Dès qu'il fut installé en cité universitaire, à plus de 300 km de la maison, Neil ne donna plus aucune nouvelle du jour au lendemain. Je m'en trouvai à la fois étonnée et dépitée car malgré nos différends, notre relation s'avérait plutôt de type fusionnel et il était énormément en demande d'attention de ma part.

Je me sentis mal, ne comprenant pas, peinée d'avoir été comme brutalement oubliée. Quand je l'appelais pour prendre de ses nouvelles, soit il ne répondait pas au téléphone, soit il me parlait avec froideur et me signifiait que je l'importunais. Au point que je me convainquis que pour une raison ou une autre, il était fâché contre moi. Trois mois plus tard, en visite chez des amis sur la Côte d'Azur, je lui proposai que nous déjeunions ensemble au restaurant puisque je passais tout près d'Aix-en-Provence. Il me répondit juste d'un ton sec : « *D'accord, mais à condition que ce soit toi qui payes !* ».

Sur le trajet, toujours aussi mal à l'aise et vaguement anxieuse, je réalisais que je ne pouvais pas aborder notre rencontre dans cet état. Je pris un moment pour m'intérioriser et jeter un coup de projecteur sur la croyance qui devait se trouver à l'origine de mon mal-être. Car je savais désormais que dans toute relation qui provoque une difficulté, le malaise ne provient en réalité jamais de l'autre mais de soi-même, d'un conflit interne que la situation ne fait que refléter. Je m'intéressai tout d'abord à mon ressenti : en fait, je me sentais rejetée par mon enfant, et injustement, après tout ce que j'avais fait pour lui ! Je me connectai donc à ce sentiment de rejet, fis le silence et entendis une pensée, une part de moi, me dire : « De quoi te plains-tu ? Tu étais bien contente que Neil s'en aille, non ? Tu as ce que tu mérites, c'est bien fait pour toi ! ». Ainsi, je culpabilisais secrètement d'avoir été soulagée de son départ ! Et lui-même ne faisait que me renvoyer - sans doute inconsciemment - cette culpabilité bien cachée et pourtant, de toute évidence, bien active ! Son attitude n'était que le parfait miroir de cette croyance non reconnue, car masquée par la conviction d'avoir fait de mon mieux en tant que mère. L'exemple parfait d'un conflit entre deux aspects du mental... La notion de culpabilité étant totalement incompatible avec la connaissance qu'il n'y a pas d'auteur indépendant aux pensées ni aux actions, je questionnai cette croyance depuis le point de vue de la Conscience : étais-je réellement coupable ? Aussitôt l'évidence apparut : comment pourrait-on se tenir pour responsable de ses ressentis ? ! On ressent ce que l'on ressent, point ; cela nous habite ou nous traverse, bien malgré nous, et il n'y a aucune volonté individuelle là-dedans. La croyance en une faute de ma part s'effondra sur-le-champ, un poids s'envola et je retrouvai la paix. Ayant enfin compris ce qui engendrait le comportement de Neil, je repris ma route.

Quelle ne fut pas ma surprise lorsque, se trouvant face à moi, il se jeta dans mes bras en s'écriant : « *Maman chérie !*

Ça me fait plaisir de te voir ! » Le contraste avec son attitude depuis trois mois - et la veille encore au téléphone - était si grand que j'en restai bouche bée. Durant le déjeuner où nous avons conversé joyeusement tout du long, j'en profitai pour lui demander s'il était fâché contre moi, afin d'en avoir le cœur net. Il me répondit : « *Pas du tout, c'est juste que moi je fais ma vie désormais et que tu appelles toujours quand je ne suis pas disponible. Rien à voir avec toi…* ».

Depuis ce jour, je n'ai plus été confrontée à sa froideur et notre lien affectif est intact.

Cet événement m'offrit, parmi d'autres, une preuve concrète de ma nouvelle compréhension de l'existence. Oui, nous créons notre réalité dans la mesure où nous vivons ce que nous croyons. Mais pas en tant qu'entité individuelle et centrale, en tant que système psychique. En fait, le monde ne fait que nous renvoyer, tel un parfait miroir neutre et sans intention, ce que nous tenons pour vrai, c'est-à-dire les concepts qui conditionnent notre interprétation des situations et qui sont les produits de notre éducation, de notre culture et de nos expériences. Ainsi, j'ai cru pendant des années que je créais ma réalité en tant que personne, en tant qu'entité Suyin possédant un pouvoir et une volonté propres, alors que « mes » créations échappaient en fait totalement à tout contrôle, étant l'œuvre d'un ensemble. Néanmoins, le fait de prendre conscience des croyances à travers lesquelles notre mental traduit les événements, revient à nettoyer notre perception et à apporter de nouvelles données dans le système, qui du même coup se modifie de lui-même.

L'œil de la Conscience

Selon le bouddhisme, il existe quatre étapes à l'éveil de la conscience. D'abord, « l'entrée dans le courant » : lorsque l'on découvre pour la première fois l'illusion du soi séparé et la réalité de notre véritable nature. Puis la phase du « revenir encore », lorsque l'on se trouve confronté à nos conditionnements et que l'on traverse une période de travail sur soi qui peut durer des années et qui requiert une attention constante, période se traduisant par un effet d'allers-retours permanents entre le moi et le Soi, entre le personnel et l'impersonnel. La troisième étape est appelée « non-retour » : suite à une réalisation plus profonde, nous goûtons une paix du cœur quasiment inaltérable et ce qu'il reste encore de saisies égotiques achèvent alors de se libérer au fur et à mesure qu'elles apparaissent. Puis survient le « Grand Éveil », enfin, où les dernières traces du moi séparé disparaissent...

Cette description résonnait fortement avec mon expérience. Je venais clairement d'entrer dans la troisième étape : l'impression d'un moi personnel était encore là mais je me sentais plus vaste que lui, moins identifiée. Il était vécu depuis un état de Présence spacieux et sans limite, et même s'il tenait encore souvent la place centrale dans ma perception, ce phénomène d'identification était désormais toujours vu. Il y avait à présent une superposition de plans : je vivais *à la fois* la perspective personnelle et impersonnelle. Durant les treize années qui avaient suivi la première révélation, pendant cette période du « revenir encore », j'avais vécu un éveil progressif du cœur ; ce que la Tradition initiatique appelle « *l'ouverture du cœur* ». J'avais ainsi appris à me relier à ce centre de conscience et à le laisser me guider. Il s'agit d'une dimension d'accueil, de réceptivité, d'empathie, de connaissance intuitive et d'amour inconditionnel. Tous les problèmes trouvaient là leur solution par l'évidence que rien n'est un problème, que tout événement ou situation est absolument à sa place et n'a pas d'autre but que de nous aider à prendre conscience de ce qui nous masque notre véritable nature, l'Amour. Non pas l'Amour en tant que sentiment, mais en tant que vibration et sensation d'accord et d'ouverture à la vie telle qu'elle est. La détente absolue, le « oui à ce qui est », le soutien sans condition, la bienveillance, la reconnaissance du miracle de l'existence ; tout ceci se traduisant physiquement par une pulsation chaude, douce, délicieuse - et parfois très intense - dans la poitrine.

Après l'ouverture du cœur, se produisait à présent celle du troisième œil, l'éveil du centre de conscience mental. Je connaissais déjà ce témoin conscient bien sûr, l'observateur sans jugement, mais depuis le basculement il était devenu omniprésent. Tout était vu depuis cet espace de présence attentive et vigilante : les habitudes de pensée récurrentes, les croyances conditionnées non vérifiées, les différentes parties de la psyché qui essayaient de prendre la place centrale afin de se faire entendre... La vie continuait à se dérouler comme avant, mais avec le sentiment d'un œil bienveillant caché dans les coulisses qui regardait tout sans jugement ni analyse, pointant simplement les hallucinations créées par le mental.

***

Un mois après la fin de l'écriture de *La Joie d'être*, une hernie discale se déclencha, entraînant une sciatique hyperalgique résistant à tous les traitements et me laissant complètement désemparée. Je me retrouvais subitement clouée chez moi, mes activités stoppées, la totalité de mon énergie mobilisée pour essayer de supporter la douleur. J'avais tellement mal que je n'arrivais plus à aligner trois pensées et que toute mon ouverture de conscience se referma. Subissant un supplice physique permanent, le sentiment de séparation réapparut avec une telle densité que je replongeai dans l'état de victime. Rien de ce que j'essayais pour me soulager ne fonctionnait, ni les anti-inflammatoires, ni les soins énergétiques, l'ostéopathie, l'acupuncture, les infiltrations de cortisone... Après deux mois à souffrir ainsi sans interruption, je n'avais plus que la peau sur les os et j'avais réellement la sensation que j'étais en train de mourir. Mon corps donnait l'impression d'être passé sous un rouleau compresseur. Je m'accrochais vaguement à l'idée qu'il s'agissait d'un passage initiatique, mais je ne ressentais même plus d'intérêt pour la réalisation spirituelle. J'étais exclusivement en mode survie.

Quand des traitements allopathiques plus sévères atténuèrent suffisamment la douleur pour me permettre de reprendre quelques forces, la Présence consciente revint aussitôt, intacte, et je me mis à basculer plusieurs fois par jour de l'identification à la victime à l'acceptation de ce qui est, retrouvant plus de légèreté et de recul, bien que vivant encore chaque rechute dans la victimisation comme un échec. La souffrance physique me laissait un peu de répit, ne prenant des proportions extrêmes que par phases, ceci engendrant une alternance d'espoir et de désespoir. Jusqu'à un soir où, en pleine crise de douleur, l'impression d'un moi séparé, d'une personne à qui il arrive quelque chose, disparut à nouveau totalement, laissant place à la Conscience pure, sans centre, infinie et absolument Présente à ce qui est en train d'être. Comme si la perception se déplaçait, changeait de point de vue, passant de l'impression « je vis une situation » qui implique un centre conscient avec le monde autour, à « la situation qui est vécue » dans son ensemble, la conscience englobant ce qui compose la scène dans sa totalité perçue, sans en isoler un élément supposé central. Exactement comme si nous devenions subitement l'espace de la pièce, tous les objets s'y trouvant apparaissant alors d'égale importance, y compris notre corps physique.

Du coup, sans sentiment de séparation entre l'événement et ce qui le vit, quand le fait d'être s'apparaît simplement à lui-même en tant que cet instant unique, tout mouvement de la pensée jugeant ou évaluant la situation s'arrête. L'idée que les choses pourraient être différentes de ce qu'elles sont n'émerge plus dans le mental. Inoubliables et incroyables heures durant lesquelles je n'étais plus qu'Amour, accueil et gratitude tandis que mon corps endurait une véritable séance de torture ! Cette situation était aimée totalement et profondément. Une immense tendresse pour ce corps meurtri remplissait mon cœur et vibrait dans toutes mes cellules. La douleur ne cessa pas pour autant, ni même ne diminua, mais elle n'était plus considérée comme quelque chose de négatif, juste comme une sensation, une expression de la vie, une simple expérience. Le lendemain matin, ma perception reprit la position habituelle : celle d'un centre avec un monde autour. Mais le sentiment d'être victime de la situation s'était dissous, et ne revint pas.

Le plus dur de cette crise de sciatique dura trois mois, jusqu'à ce qu'une manipulation ostéopathique finisse par fonctionner et réduise la douleur de moitié, m'évitant l'opération qui me pendait au nez. Mais je ne pus reprendre une vie normale que seulement un an plus tard et je dus endurer plusieurs rechutes durant encore deux ans.

***

Je réalisai grâce à cette épreuve que la présence au monde commence par la présence au corps et j'en retirai rapidement de grands bénéfices. J'appris à me mettre à l'écoute de mon corps comme jamais auparavant et à l'aimer comme on aime son enfant. Pour la première fois de ma vie, je me mis à prendre vraiment soin de lui, à vivre en étroite intimité avec lui. Ce corps réclamait ma complète attention à chaque instant, tout geste devant être effectué avec beaucoup de précaution et de douceur pour ne pas risquer d'amplifier la douleur ou de déclencher une crise. Je m'acclimatais à un nouveau rythme, inhabituel pour mon caractère spontané, prompt à la dispersion et souvent impatient, celui d'effectuer mes tâches quotidiennes avec conscience et lenteur et de refuser toute pression et toute source de stress. Ce fut à la fois l'une des périodes les plus difficiles et des plus transformatrices de ma vie.

Comme je l'ai dit, l'ouverture du troisième œil correspond à l'émergence (ou plutôt la reconnaissance) d'une attention consciente permanente, cet œil qui voit tout et se régale de tout. Le témoin conscient est l'espace du miracle, de l'émerveillement, de l'étonnement, de la pureté virginale. Il est comme un enfant qui découvre le monde dans une totale innocence, avant que le système de référence ne vienne nommer, évaluer et classer les expériences sensorielles.

Cet espace conscient s'avère totalement et à jamais intact : aucune situation vécue, pas même la plus douloureuse, ne peut altérer sa nature. Il est hors du temps et il est toujours là, avant toute manifestation perceptuelle. En fait, son éveil signifie qu'il prend conscience de lui-même. Car il est la source de l'attention. La reconnaissance de cette Présence que nous sommes avant l'identification à une personne, se produit lorsque l'attention, au lieu de se diriger vers les objets de perception, se dirige vers sa source : elle-même ! Une attention consciente, voilà ce que nous sommes, voilà notre véritable nature... Un fait : être, qui est conscience, Présence... et qui constitue l'essence de chaque élément de la manifestation, les objets tout comme l'espace qui les contient.

Les enseignements de Carlos Castaneda sur le pouvoir de *l'attention* et de *l'intention*, notions centrales et récurrentes de ses livres, prenaient tout leur sens. Là où nous mettons notre attention, nous mettons notre énergie, notre conscience. Et la conscience est la lumière qui éclaire le monde et qui donne vie à toute chose. Ainsi, ce sur quoi nous mettons notre attention, avec notre intention, devient notre réalité, devient « existant » pour nous. De cette manière, si j'utilise mon intention pour mettre mon attention sur la conscience elle-même, la réalité de la conscience devient existante, se densifie, « prend corps ». La lumière qui éclaire la manifestation et donne vie à toute chose devient ainsi tangible, passe du subtil au substantiel, de l'inconnu au connu, de l'impalpable au palpable, de l'invisible à l'évidence...

Ce *retournement de la conscience vers elle-même* se mit à se produire de manière très régulière, chaque jour, plusieurs fois par jour, devenant une pratique quotidienne. Bien entendu, comme pour le reste, cela se faisait tout seul. Une fois le témoin conscient éveillé, c'est comme un muscle : plus il se tourne vers lui-même, plus ce mouvement devient fréquent et naturel. Je vécus ainsi une longue année marquée à la fois par l'invalidité physique et par l'intégration au quotidien de cette reconnaissance, qui devenait, ainsi, beaucoup plus concrète. À chaque fois qu'un événement contrariant se produisait, l'attention se tournait vers le témoin conscient et vérifiait qu'il n'en était pas affecté. Est-ce que ce qui voit/perçoit la contrariété est contrarié ? Non. Est-ce que ce qui voit/perçoit la peur a peur ? Non. Idem pour la tristesse, la colère, la frustration... La même chose se produisait pour les situations agréables : est-ce que ce qui perçoit la satisfaction est plus heureux qu'avant cet événement ? Non. Je constatais systématiquement que la paix, la joie et le bien-être d'être inhérents à la nature de la conscience ne subissaient aucune variation, ni dans le moins ni dans le plus. Il n'y avait là que plénitude, tranquillité et neutralité. Peu à peu, face à cette évidence, les habitudes de jugement du mental perdirent de leur densité. Je décris très en détail ce processus de renversement dans mon livre *La Grande Paix du cœur* qui fut publié deux ans plus tard et qui constitue la suite de *La Joie d'être.*

Soi, ego et ego spirituel

Comme pour consolider cette nouvelle perspective que je vivais, je découvris avec bonheur une approche psychothérapeutique venue des États-Unis, l'I.F.S.*. Cette dernière décrit le psychisme comme un ensemble de sous-personnalités ayant chacune leur fonction, et permet d'aborder ces instances psychiques depuis la Présence, la dimension du Soi, en se mettant à leur écoute par le ressenti. Cette approche a pour but de restaurer, disent-ils, le « self-leadership », terme éminemment américain mais qui dans ce contexte signifie que le Soi - notre ressource fondamentale et indestructible - redevient le « maître à bord ». Nous ne sommes plus alors menés, dominés, par les composantes du « moi personnel » constitué du programme de contrôle et de protection formaté par notre éducation. Une conception très proche de celle de Jung, mais beaucoup plus simple et pragmatique que la psychanalyse, et pas nécessairement réservée à la thérapie mais applicable au quotidien comme un outil d'écologie intérieure. Je suivis un stage pour me former à l'I.F.S. et j'en revins émerveillée de découvrir une « psychothérapie par la Présence », une voie qui permet de concilier la psychologie et la spiritualité et qui s'avère d'une grande aide pour accompagner le processus d'éveil.

Chaque mouvement psychique qui se manifeste sous forme de pensée ou d'émotion peut être accueilli par le regard aimant de l'Être. Un combat se livre en permanence en nous entre divers personnages pour gagner la première place et ce sont des énergies si puissantes qu'elles attrapent la conscience dans leurs filets. C'est ainsi que le simple sentiment d'être ce que l'on appelle « l'ego » et se pare d'attributs, de désirs et de besoins, alors qu'en soi il n'a besoin de rien. Le pur « Je suis » est plein de lui-même. Paradoxalement, plus on lui ajoute quelque chose (je suis untel, je suis ceci ou cela...), plus cela crée un sentiment de manque. Mais l'ego considéré ainsi est un ensemble de réactions, ce n'est pas une entité qui serait au centre du psychisme. Une telle entité n'existe que dans notre imagination. Quand sa nature réelle est reconnue, tout combat contre l'ego s'arrête. Les aspects de la psyché peuvent toujours entrer en action pour tenter de gagner la première place, mais cela ne fonctionne plus. C'est comme un mouvement qui s'élève et qui retombe, penaud. Alors ces instances sont invitées, avec beaucoup de compassion et de gratitude pour leurs tentatives de prendre soin de l'organisme ou de le protéger, à s'en remettre en confiance à l'Intelligence de la Vie qui sait parfaitement répondre aux besoins du corps-mental. Dans cette perspective, il est reconnu que c'est en réalité au sein de cette Présence aimante qui Voit, de ce « Je suis » rempli de lui-même, de cette plénitude intrinsèque et sans condition de l'Être, que se trouvent la satisfaction et la sécurité recherchées par les nombreuses voix de l'ego.

Dans cette approche, tous les aspects de notre dimension humaine (le système mental et émotionnel) sont considérés avec respect et bienveillance. Je fis le constat que beaucoup d'enseignements spirituels créent une grande dissociation intérieure en pointant le mental, les émotions et les désirs comme des illusions. Considérant la souffrance comme une création psychique qu'il suffit de cesser de croire réelle, ils balayent d'un « ce ne sont que des pensées » les expressions des parts de l'inconscient qui, si elles ne sont pas reconnues et entendues, ne font que se cristalliser davantage, jusqu'à atteindre parfois des états de tension extrêmes. Oui, de nombreuses pensées nous traversent à chaque instant, traduisant et interprétant nos ressentis et nos perceptions selon nos conditionnements et leur donner trop de crédit nous maintient dans l'attachement à des concepts qui n'ont de réalité que relative, et qui souvent nous font souffrir. Mais il y a de nombreuses voix intérieures qui peuvent se trouver muselées de notre manque de considération. Comme des enfants qui, plus on les ignore, plus parlent fort jusqu'à hurler ou faire n'importe quoi pour qu'on s'intéresse à eux. Il convient donc là d'exercer un grand discernement, une véritable écoute intérieure. Ainsi, un mental très agité est l'indice d'un stress ou d'une frustration mise sous cloche par une part de la psyché qui se prend pour un sage, dans le but de nous protéger de l'inconfort émotionnel, ce qui ne fait que renforcer le stress ou le refouler. On l'appelle l'ego spirituel et il peut être très subtil, caché sous l'apparence d'une véritable sagesse. Dans l'approche de l'I.F.S., il est nommé le « Self-like » : il a toutes les apparences du Soi, mais ce n'est pas le Soi. Pour ne pas ressentir le stress, la frustration, la peine, cet aspect s'est emparé de la connaissance spirituelle comme outil… de fuite. C'est un écueil dans lequel beaucoup de personnes tombent, disciples comme maîtres, et que de nombreuses traditions nourrissent. Ce faux Soi peut constituer une véritable violence pour l'organisme. La tyrannie du « Tu ne dois pas juger », « Tu ne dois pas te mettre en colère », « Tu dois lâcher prise », « Tu ne dois pas avoir peur », « Tu dois accepter ce qui est », etc., que l'on rencontre beaucoup dans divers milieux spirituels.

Cette prise de conscience constitua ainsi pour moi, qui n'échappais pas à ce formatage, une totale ré-éducation. J'appris à aborder mon système interne dans l'accueil du mental et des émotions ainsi qu'à observer avec une vigilance bienveillante les apparitions du Self-like. Le point essentiel qui permet de le distinguer du Soi, c'est que le Soi ne juge absolument rien comme étant incorrect ou inapproprié. S'il se manifeste le moindre jugement ou désir de corriger un aspect de nous-même ou d'autrui, même subtil, même empreint de tendresse ou de paternalisme, ce n'est pas une expression de la Présence mais de l'ego.

Bien sûr, l'ego spirituel est lui-même à considérer comme un aspect protecteur et non comme un ennemi. Il s'agit d'une énergie psychique dont l'intention est de nous préserver de la souffrance et de nous mettre en paix, quand bien même sa stratégie a pour conséquence de créer des tensions et des luttes internes.

Avec la perspective de l'I.F.S., je découvris que toutes les parts de nous, tous les mécanismes psychiques, ne sont animés que par une seule et même intention : le bien-être du système. Et j'appris à distinguer l'intention de la stratégie. L'intention est toujours positive, toujours dans le sens de prendre soin ou d'éviter la souffrance. La stratégie est souvent inefficace voire catastrophique, basée sur la façon dont nous avons été éduqués et la manière dont le système a appris à interagir avec son environnement au fil des expériences, générant la plupart du temps le contraire de ce qui est souhaité. Notre éducation occidentale, pour majorité, nous a enseigné à exercer un contrôle sur nos émotions et à les considérer comme négatives. En réalité, les émotions ont pour fonction de permettre à l'organisme de s'adapter aux circonstances. La colère nous donne les moyens de refuser une situation qui n'est pas juste pour nous ; la peur nous sert à éviter un danger ; la tristesse nous aide à faire le deuil d'une chose pour pouvoir accueillir le changement et la nouveauté. Quand nous laissons ces émotions effectuer leur travail sans intervenir, elles se dissolvent d'elles-mêmes en quelques minutes. C'est lorsque l'on tente de les contrôler ou qu'on les juge comme négatives ou inappropriées qu'elles se cristallisent dans le mental sous forme de pensées obsessionnelles ou dans le corps sous forme de maladies. Ces aspects de nous qui gèrent la sphère émotionnelle se sont mis en place dans notre enfance lors de notre « domestication » et obéissent à une croyance erronée : celle que nous serons heureux et en paix si nous contrôlons nos émotions, ou encore mieux, si nous n'en éprouvons pas ! Ils continuent toute notre vie à gérer le système de la sorte, entraînant tous les conflits internes que nous connaissons, ainsi que les conflits dans le monde.

C'est en reconnaissant leur intention commune d'une part et l'inefficacité de leurs stratégies d'autre part, que les différents aspects gestionnaires du psychisme peuvent s'apaiser et s'en remettre à la vie et à l'intelligence émotionnelle de l'organisme. Leur véritable fonction peut alors être restaurée : se mettre au service du Soi, de l'accomplissement de l'expérience d'Être en tant qu'humain, ce que Jung a nommé l'individuation.

La Présence

Au printemps 2015, ma situation physique se stabilisa. Je me trouvais à nouveau en capacité de conduire ma voiture et de retrouver mon autonomie. Durant ces longs mois, il m'avait fallu gérer comme je l'avais pu l'invalidité dans la solitude. Dieu soit loué, Lola, que je remercierai toute ma vie, m'avait rendu visite régulièrement pour m'aider à faire les courses et le ménage. Sans elle, j'ignore totalement comment je m'en serais sortie.

Nouveau printemps donc, nouvelle montée de sève… J'avais le sentiment de sortir de ma grotte, de renaître à la vie. Le désir d'un partage amoureux revint pointer son nez, comme chaque année à la même époque, suivant le cycle des saisons. Impérieux, une fois de plus, surtout après une si longue période d'isolement et de blocage de mes énergies. Mais cette fois, je ne l'abordais plus du tout de la même manière. Le désir était accueilli, ressenti profondément et reconnu comme une expression de l'énergie de vie, mais je n'étais plus identifiée à lui. Au lieu de chercher à l'assouvir en me mettant en quête d'un compagnon, je le goûtais et revenais à sa source. Énorme surprise de découvrir, dans le ressenti, que la vibration du désir est de même nature que celle de la satisfaction ! Plonger à l'intérieur, dans le feu de la pulsion de vie qui embrasait mes cellules, revenait à prendre un bain de plénitude, de Présence ! Je m'en abreuvais sans retenue.

Dès que l'élan amoureux se manifestait, je m'allongeais sur mon lit les bras en croix et m'offrais à lui, le laissant me « prendre » et me ramener à mon *Etreté*. Peu à peu, je cessai ainsi de vibrer sur la fréquence du manque. Et cela se répercutait sur tous les aspects de la vie quotidienne. Le désir d'obtenir une chose ou qu'une situation aille dans le sens de nourrir l'un de mes besoins s'exprimait toujours, mais avec beaucoup d'humilité et de lâcher prise. Les envies et les désirs m'apparaissaient comme des mouvements naturels et spontanés de l'énergie de vie, ils avaient tout à fait leur place, mais il n'y avait plus de crispation sur un but à atteindre pour les réaliser. Ce n'était plus « je veux ceci ou cela », mais « j'aimerais bien... ». Ce « j'aimerais bien » était comme une formule magique. À condition qu'il soit tout à fait ressenti, et non feint, bien sûr. Si je l'éprouvais authentiquement, je remarquais que ce que je souhaitais se produisait, parfois même bien mieux que je n'aurais osé le demander. Mais cela n'avait pas plus d'importance que cela. Je remerciais la vie, je me réjouissais, mais je n'aurais pas été affectée que ces choses n'adviennent pas. Je ne basais plus - enfin ! - mon bien-être sur des acquisitions ou des événements, mais sur le fait d'être, la Présence, dont la nature continuait à se reconnaître et à se savourer.

Mon ouvrage *La Joie d'être paru* en juin. Quelques jours avant mon anniversaire, le 15 du mois, un petit miracle se produisit. Je faisais mes courses au supermarché, calculant avec vigilance le coût de ce que je mettais dans mon chariot car mon budget était serré. Toutes mes charges avaient été réglées, mais il me restait seulement 50 euros sur mon compte et mon agenda de rendez-vous pour des consultations était vide : ma longue pause pour invalidité avait coûté cher à ma visibilité en tant que thérapeute et mon activité repartait laborieusement. Mes parents m'avaient aidée tout au long de cette année difficile mais j'arrivais à présent au bout de mes économies. Je devais donc prendre garde à ne pas me mettre à découvert. Je me trouvais intérieurement depuis une quinzaine de jours dans un profond état de plénitude, le sentiment de manque s'étant dissous dans la pleine satisfaction qui se goûte lorsque l'attention se focalise essentiellement sur l'instant présent. J'étais donc là, dans le rayon biologique, devant des produits qui me donnaient envie mais que mon budget ne me permettait pas d'acheter, et cela générait une sorte de dissonance. Je sentais mon être totalement connecté à son potentiel de manifestation, abondamment nourri de lui-même, tandis que mon mental me disait que je manquais de quelque chose - d'argent en l'occurrence ! C'était tout à fait incohérent, la pensée de manquer semblait n'avoir aucune réalité. Je ne pouvais pas lui donner foi. Il y eut alors comme une douche d'évidence qui se déversa sur moi, se traduisant par cette voix qui venaient du cœur, de ma connaissance intuitive profonde : *Achète ce que tu veux, fais-toi plaisir ! À partir de maintenant, tu n'auras plus jamais de problème avec l'argent.*

Je sus que c'était vrai, que cette possibilité était tout à fait réelle, et en même temps, qu'elle ne s'actualiserait que si je lui donnais totalement mon accord. La partie protectrice et prévoyante du mental m'enjoignit bien évidemment de rester dans la prudence et d'attendre de voir si cela allait se confirmer dans l'avenir. Mais je savais que je ne devais pas aller dans son sens, car cela aurait signifié continuer à donner crédit à la réalité du manque... Et donc à la vivre... Je me serais alors très probablement retrouvée dans la même situation d'inconfort matériel le mois suivant et je me serais dit : « Bon, ce n'était pas une intuition, c'était une fausse impression provoquée par le sentiment de plénitude que je vivais ! »

Il m'apparaissait donc absolument nécessaire que je crois sans réserve en l'évidence qui était en train de me traverser, que je lui dise « oui » sans preuve, sans filet. Pour cela, je devais oser prendre un petit risque, faire un acte de foi. Je mis ainsi dans mon chariot tout ce qui me faisait envie, d'autant plus que c'était mon anniversaire. J'en eus pour 80 euros, mais je rentrais chez moi tout à fait tranquille et confiante.

Deux jours plus tard, je reçus une personne en consultation pour un soin, puis une autre, et en peu de temps mon agenda recommença à se remplir. Depuis lors, je n'eus plus jamais à craindre de finir les mois à découvert. J'étais réellement entrée dans une phase d'abondance, qui me semblait être le fruit à la fois de ma nouvelle capacité à goûter que la réalité de mon être ne connaît pas le manque, et de ma foi absolue en la possibilité que la vie, en miroir, me donne désormais les moyens de subvenir à mes besoins matériels.

***

Quelques semaines plus tard, un homme qui venait de lire *La Joie d'être* et qui en était demeuré enchanté, m'écrivirent pour me faire part de son enthousiasme. Il s'avérait être formateur en Reiki japonais depuis vingt ans et passionné de non-dualité, et nous entamâmes rapidement une correspondance régulière, qui déboucha sur un rapprochement amoureux dans le courant de l'été.

Gab était un homme doux, intelligent, attentionné, soutenant. Toute sa vie était orientée sur la spiritualité. Il avait vécu, lui aussi, un basculement de conscience semblable au mien, des années auparavant. Son approche du Reiki résonnait totalement avec la vision que j'en avais : au Japon le Reiki était considéré avant tout comme une voie d'éveil, une pratique spirituelle, l'aspect thérapeutique restant important mais secondaire, à l'inverse de ce qui est enseigné en Occident. Ce qui ne fut pas sans me rappeler mes tout débuts de praticienne.

Nos échanges intellectuels étaient riches, profonds et passionnants. Dès le départ, nous sentîmes cependant que nous n'étions pas vraiment amoureux. Nous éprouvions l'un pour l'autre une immense tendresse et beaucoup de joie à être ensemble, nous nous comprenions intimement et il régnait entre nous une grande connivence. Mais nous avions un peu l'impression d'être comme un vieux couple qui s'entend bien mais qui ne connaît plus la flamme passionnée des débuts. C'était comme si tous les ingrédients étaient là, mais que la sauce ne prenait pas. Peut-être parce que malgré toutes nos affinités, nous nous avérions par ailleurs très différents sur certains points ? L'alchimie particulière qui se produit entre deux êtres ne s'explique pas, et c'est aussi ce qui fait sa beauté. Devant ce constat, nous décidâmes néanmoins d'entamer une relation et de laisser faire le temps, curieux de voir comment cette union serait appelée à évoluer.

Plus les mois passèrent, plus Gab se mit à éprouver des sentiments amoureux. De mon côté, c'était en dent de scie. Je connaissais par périodes d'indéniables transports du cœur envers lui, et à d'autres je me sentais moins investie. J'aimais sincèrement notre interaction et la qualité de notre lien. Nous étions avant tout les meilleurs amis du monde. Je trouvais très reposant que ce ne soit pas plus ardent sur le plan des sentiments. C'était nouveau d'aimer ainsi, simplement et tendrement, et j'appréciais beaucoup cela car ça n'en était pas moins profond pour autant. D'autre part, si je déplorais parfois chez moi une tendance naturelle à partir un peu dans toutes les directions, Gab se montrait en revanche très organisé au quotidien et j'appris à son contact à poser des bases solides à ma vie, particulièrement dans le domaine matériel, continuant ainsi à œuvrer sur la lancée de l'abondance. Il s'agissait donc, à plusieurs niveaux, d'une relation sécurisante et structurante. Cependant, une petite voix au fond de moi me disait que cela ne durerait pas, qu'il n'était pas « l'homme de ma vie ». Cela n'avait pas, là non plus, grande importance à mes yeux. Je ne me sentais plus sous l'emprise d'un idéal amoureux. Toujours centrée sur la Présence, je prenais ce que la vie m'offrait, heureuse qu'un équilibre s'installe enfin dans mon existence sur le plan du partage.

Gab possédait une riche bibliothèque de livres sur la non-dualité que je me mis à dévorer. Je découvris de nombreux auteurs, anciens et contemporains, qui témoignaient de la même expérience que moi. Je fus agréablement surprise de constater que sans avoir eu de maître spirituel, mon parcours s'inscrivait dans un authentique processus et que je me trouvais en grande résonance avec la lignée de l'advaïta, l'approche indienne de la spiritualité dont la principale figure était Ramana Maharshi.

Je refis avec Gab tout le cursus de formation au Reiki jusqu'au niveau enseignante afin de découvrir le Reiki japonais et les différences avec le Reiki occidental. L'enseignement de Mikao Usui, son fondateur, découlait directement de son illumination spirituelle et le but de la pratique du Reiki était selon lui d'atteindre le *satori*, l'éveil, qu'il nommait aussi très joliment « la grande paix du cœur » (ce qui inspira le titre de mon second livre). Une fois ce stade atteint, la conséquence était que nous devenions une *présence naturelle de guérison* dans le monde... Et pour les Japonais ceci s'avérait l'axe central de la transmission, dès le premier degré, ce qui était un peu inversé dans l'enseignement occidental où le Reiki était d'abord présenté comme une méthode de médecine douce et ensuite par « effet secondaire » comme une voie d'éveil spirituel. Je constatais que dans mon parcours, cela s'était trouvé être les deux simultanément et je trouvais très intéressant et très précieux de découvrir la version originelle de cette pratique qui avait changé ma vie.

***

Mon activité professionnelle prenait son envol. En plus des soins énergétiques, je proposais désormais des accompagnements psychothérapeutiques et transpersonnels. À la suite de la parution de *La Joie d'être*, je fus conviée à donner des conférences, puis des séminaires sur l'éveil. En moins d'un an, de nombreuses choses auxquelles j'aspirais, ainsi que les potentiels que je sentais vibrer en moi depuis 15 ans, commencèrent à s'actualiser. Des énergies longtemps bloquées s'étaient libérées et je ne pus que faire le lien avec le basculement : depuis que je ne m'appropriais plus « ma vie », mais que je me sentais, en tant qu'organisme, être un outil au service de la vie, « être vécue par la vie », les dons pour lesquels j'avais été créée pouvaient s'épanouir. Il n'y avait plus, au fond, ni crainte de l'échec, ni sentiment de mérite personnel, et cela me rendait disponible à tous les possibles.

Mais là encore, même si tout cela m'apportait certes une réelle satisfaction, je constatai que je ne m'intéressais plus guère à ce que le monde pouvait m'apporter. Cette attitude me paraissait légitime, même si c'était un peu déstabilisant car j'avais l'impression, sur un certain plan, d'être un peu éteinte... Mais ne fallait-il pas que la réalité de la Présence s'ancre au maximum dans mon vécu pour m'assurer de ne plus retomber dans le piège de laisser ma joie de vivre dépendre des circonstances ?... Je n'étais pas étonnée d'en être rendue là. Même si je reposais dans un doux bain d'énergie telle une nappe enveloppante, plus ou moins intense selon les moments, tout avait désormais un peu le même goût et il m'arrivait de me demander si je n'avais pas perdu quelque chose en chemin. L'équanimité s'avérait très reposante, et sécurisante, mais parfois un peu fade. Je n'éprouvais plus d'exaltation devant la beauté de la manifestation ni le pétillement et l'enthousiasme dont j'avais fait preuve durant toute mon existence. Je n'exultais pas quand mes désirs se réalisaient ou bien quand mon compagnon me disait des mots d'amour, par exemple. Je n'avais plus d'élans créatifs, et très peu de libido.

Mais je me sentais en paix et je savourais cela, me laissant porter comme si je faisais la planche sur l'océan de la vie, goûtant certains jours des moments d'absorption totale dans l'Être quand l'impression d'un moi distinct du reste s'évanouissait soudainement. Car si le personnage Suyin était devenu beaucoup moins dense, moins « réaliste », ma perception n'en demeurait pas moins centralisée sur lui la plupart du temps. Sauf quand je pratiquais la méditation, ou bien quand ma conscience s'en dissociait subitement d'elle-même au beau milieu d'une activité quotidienne. Ces moments me semblaient toujours, une fois le personnage revenu de nouveau au centre, les plus merveilleux que l'on puisse connaître... Et je constatais qu'il y avait encore subtilement un désir que ce sentiment d'un « je » personnel se dissolve définitivement, volonté qui parfois resurgissait et recréait de l'agitation mentale. Il persistait malgré tout quelque part en moi une aspiration au Grand Éveil, la 4e étape dont parlent les bouddhistes, du moins ce que j'en avais compris...

Un jour, alors que nous nous baladions avec Gab sur la Promenade des Anglais, l'identification au personnage Suyin disparut subitement, comme cela se produisait donc de temps à autre. De la foule qui nous entourait, je ne percevais plus aucune individualité, seulement une danse de phénomènes. Il n'y avait plus que de l'énergie, de l'énergie consciente, frémissante d'êtreté. La mer, les cieux, les mouettes, les pigeons, les arbres, les passants dans leur incroyable diversité, tout était animé d'une seule et même Présence. Dans ces moments-là, la conscience paraît plus dense que la matière et donne à voir une sorte de ballet vibrant, agitant toutes ces feuilles humaines faisant partie d'un même arbre. Le monde physique semble de la même nature qu'un rêve, tandis que l'énergie spirituelle apparaît sans l'ombre d'un doute comme la seule chose qui soit vraiment réelle. La lumière révèle son essence, l'Amour, et les couleurs et les sons deviennent plus intenses, comme si les yeux s'ouvraient et que les oreilles se débouchaient soudainement. Je constatai une fois de plus de manière empirique que la séparation n'existe que dans le cerveau de chacun. En réalité, chaque corps, chaque atome, sont reliés entre eux par ce flux lumineux, intelligent et aimant : la Vie présente à elle-même.

Souhaitant me rendre aux toilettes, j'empruntais un escalier qui descendait dans un sous-sol. J'y découvris une dame-pipi qui avait aménagé son espace d'à peine 10 m2 comme un mini logement : une petite télé, des photos de ses proches, des posters aux murs, des plantes, des fleurs dans un vase, une bouilloire, un frigo... Son univers était là, dans ce souterrain où elle passait ses journées. Cette scène tellement humaine m'apparut d'une grande beauté et me toucha profondément. Je n'y voyais que perfection. Aucune pensée, aucun jugement ni concept ne s'y superposait et j'éprouvais un amour immense pour cette femme, l'humanité, la vie... Je ressortis de ces toilettes publiques le cœur gonflé de joie et d'émerveillement pour la créativité de la manifestation. Quand, environ une demi-heure plus tard mon cerveau reconstruisit l'idée d'une individualité et que ma perception revint à son état habituel, je n'éprouvai pas, pour une fois, de nostalgie. Je réalisai que je pouvais me sentir aussi bien en étant Suyin, évoluant dans son petit univers d'humain, comme cette dame-pipi, expérimentant la beauté de cette création, de ce rêve. Pour la Présence, cela n'était en aucune manière un problème, bien au contraire, c'était vécu comme une expérience absolument parfaite et c'était même aimé totalement, et voulu.

Ce constat me permis d'accepter, peu à peu, le jeu du « je », et d'apprendre à l'aimer en tant qu'expression de l'Être permettant à une histoire d'apparaître et de se vivre. Je me rendis compte que ce qui, en moi, aspirait à l'éveil radical impliquant la disparition définitive de la production mentale d'un personnage et de son histoire, à supposer que cela soit possible, n'était pas la Conscience, mais un aspect du psychisme qui refusait le jeu de la séparation et de l'incarnation. Le refus de l'expérience de la douleur, de l'inconfort, de la limite... Il s'agissait encore d'une dualité dans le mental, d'une difficulté à accepter la vie telle qu'elle se manifestait. Dès lors, je me mis à prendre soin de cette part de ma psyché, à lui offrir un espace d'accueil et de réconfort. Il n'y avait rien d'autre à faire que cela : poser un regard d'amour et de tendresse sur le conflit. Je fis avec le désir de l'éveil radical ce que je faisais depuis un an avec les désirs et attentes envers le monde : par l'observation et le « rester avec », en me connectant à mon ressenti et en lui permettant d'être là, sans le juger, sans lutter contre lui, sans le nourrir non plus, mais simplement en l'exposant à la lumière de l'Amour et en le laissant se déposer dans les bras de la Présence, je permettais à ce nœud fondamental et récurrent de se dissoudre petit à petit.

Une nuit, je fus réveillée à 4h du matin par une révélation. La prise de conscience était si intense qu'elle me tira du sommeil : *Tout est déjà écrit !* L'univers entier est déjà accompli, de toute éternité. Pas de début, pas de fin, toute la manifestation est comme un bloc unique indissociable ET infini. A la fois accomplie et infinie. Impossible pour le mental de modéliser cela. Mais je me sens en état de choc et ne me rendors pas avant l'aube. Je parviens à peu près à comprendre que la conscience, d'une certaine manière, semble comme se promener dans sa création, ce qui donne une sensation de temporalité. Nous faisons toutes les expériences possibles, indéfiniment. En cet instant, en tant qu'âme, j'expérimente un être humain et une époque, et quand j'arriverai à la fin de ce scénario, j'entrerai dans un autre, n'importe où dans l'espace-temps. Ce peut être dans ce qui semble être le futur (une «nouvelle» vie) ou le passé (une vie «antérieure»), ou encore dans l'une de mes dimensions parallèles, mais aussi dans le présent de cette vie depuis un autre point de focus, comme par exemple mon compagnon, mon enfant, mon chat, ou le faucheux qui tisse paisiblement sa toile au-dessus de ma tête… Cette vision me donne le vertige et je me sens comme soufflée par une explosion, plaquée au mur du déterminisme : comme un film est déjà tout entier sur la pellicule, chaque être, chaque geste, chaque pensée, émotion ou événement, existe déjà, avant même que nous en soyons conscients. Tous les mondes et toutes les dimensions possibles, co-existent. J'entrevois que l'âme, l'observateur, est comme un véhicule de la conscience absolue pour créer l'apparence d'un espace-temps et s'auto-expérimenter de manière fragmentaire.

Le matin, pendant le petit-déjeuner, j'expose cette révélation à Gab. Je tente de mettre des mots sur ce qui reste inconcevable pour mon mental et à cette fin je fouille dans ma mémoire pour retrouver une citation de Ramana Maharshi qui parle du déterminisme. A cet instant précis, je reçois un SMS d'une amie avec laquelle j'échange autour de la spiritualité de manière ponctuelle depuis quelques années. Cela fait plusieurs mois que nous ne nous sommes pas parlé, et voilà qu'elle m'envoie, sans même y mettre les formes, un texto uniquement constitué précisément de la citation que je suis en train de chercher :

« Ce qui doit arriver arrivera, quels que soient les efforts que nous fassions pour l'éviter. Ce qui ne doit pas arriver n'arrivera pas, quels que soient les efforts que nous fassions pour que cela se produise. » Ramana Maharshi

Je reste stupéfaite, le téléphone à la main ! La confirmation est fulgurante ! Curieusement, passé l'état de choc, un sentiment intense de liberté s'installe. Si tout est déjà accompli, si je ne fais que regarder un film défiler et le vivre en 3D, tous les poids que constituent l'impression d'être auteur des actes se dissolvent, à nouveau... A nouveau s'installe l'évidence que cette impression est à prendre avec une grande légèreté, qu'elle ne sert qu'à donner au jeu, au voyage apparent de la conscience dans sa création, une consistance, une semblance de réalité. Mais quand cette manœuvre se démasque d'elle-même, il ne reste plus qu'à se laisser être vécu par la vie, tout en continuant à en jouer le jeu, assis confortablement dans le fauteuil de l'êtreté.

***

J'entrais ainsi dans une nouvelle phase d'intégration et je me rendais compte à quel point le processus de l'éveil est long et subtil. On n'en finit pas de rencontrer nos refus ! Les rouages du mental sont extrêmement complexes. Combien de fois avais-je cru accepter de vivre une expérience humaine, sans voir que cet accueil n'était en fait que partiel ? À présent, je commençais vraiment à en goûter la saveur et cela s'avérait très différent de ce que j'avais connu jusqu'alors. L'histoire de Suyin était comme rendue à elle-même, accueillie telle quelle, d'instant en instant, en tant que pure expérience *présente,* permettant une grande détente. De l'intérieur du corps émanaient et rayonnaient cet amour et cette joie d'être qui n'appartiennent à personne. C'était une expérience individuelle, oui, mais vécue par la Présence qui, Elle, est impersonnelle. Difficile de décrire cela.

Surtout, la croyance qui fut peu à peu balayée était celle en un point final du processus d'éveil, un point de non-retour, une ligne d'arrivée, une libération totale de l'état conditionné. Libération qui n'était même plus souhaitée. Il ne s'agissait ni de résignation ni de lâcher-prise. C'était cet amour grandissant et englobant pour la manifestation, la séparation et la dualité, qui changeait tout. La séparation n'était plus cause de souffrance, mais d'émerveillement, de curiosité, de tendresse. Faisant désormais corps avec la dualité, ne la rejetant plus, je ne me sentais plus séparée et... je goûtais l'Unité. Ma vie durant, j'avais été en quête d'un état de paix et de joie inaltérables. Et cette stabilité, je ne la trouvais à présent qu'en acceptant qu'aucun état ne peut être stable. La seule chose qui ne changeait jamais, c'était l'impermanence, avait dit le Bouddha. C'était tellement évident ! Je comprenais que la Présence n'était pas un état, mais l'écran sur lequel se projetait le film de la vie. Seul cet écran était permanent, et il permettait à tous les états et à toutes les expériences d'apparaître et de disparaître.

Inscrits dans le temps psychologique, nous poursuivons tous un même objectif : tendre vers un futur meilleur, où nous serons pleinement satisfaits, enfin heureux. Chaque instant est vécu dans l'attente de cet accomplissement, dans la tension vers cette destination ultime. Se projeter vers cette ligne donne sens à notre vie et à nos actions. Mais cette ligne, nous ne l'atteindrons jamais. A chaque fois que nous pensons toucher au but, nous pouvons constater que c'était un leurre car après un cours temps de satisfaction, un nouvel idéal se profile. Nous sommes ainsi faits que nous voulons toujours plus, toujours mieux. La seule ligne d'arrivée que nous atteignons, c'est la mort, la fin de l'histoire. Si cette course en avant n'est pas stoppée, nous mourons sans avoir connu la véritable satisfaction, le but ultime de l'existence. Car, notre seule et ultime destination, en réalité, c'est *maintenant*. C'est l'instant présent. Il n'y en a pas d'autre et n'y en aura jamais d'autre. Le goût, la saveur de maintenant nous conduisent au cœur de l'Être, de l'expérience existentielle, qui, en soi, est l'accomplissement suprême.

Tant que nous ne goûtons pas cela, même si nous réalisons nos rêves les plus beaux, nous continuons à nous sentir insatisfaits et à nous tourner de nouveau vers le futur. En revanche dès que notre conscience épouse l'instant, le contexte devient secondaire car nous touchons là une indicible profondeur d'être où peut s'éprouver, enfin, cette plénitude que nous recherchons tant. Et c'est pour constater qu'alors, bien souvent, les circonstances extérieures deviennent plus favorables, plus ressemblantes à ce bonheur imaginaire, comme si l'univers répondait à notre alignement intérieur, tel un miroir parfaitement neutre.

Ainsi la vie se déroulait, nourrissante affectivement, professionnellement et matériellement, et je commençais à aimer réellement l'expérience humaine, non pas par un effort mental, mais par la reconnaissance de la dimension de mon être depuis lequel elle était et avait toujours été aimée sans condition : pensées, émotions, sensations et... limitations ! Et ça, c'était vraiment nouveau. Je comprenais que là résidait la liberté. Il s'agissait d'un bien-être profond, car en accord avec le jeu de la Vie. Une Vie dont je ne cessais de constater l'incroyable intelligence, souvent teintée d'un humour plein de sagesse. Les synchronicités continuaient d'abonder, devenant la norme dans mon quotidien, mais me remplissant toujours autant d'étonnement et de joie. Ainsi, alors que ce qui motivait ma quête spirituelle avait été d'échapper aux souffrances de l'identification et de l'incarnation, ce processus m'avait amenée à en tomber amoureuse ! Quelle magnifique et bouleversante surprise !

Durant deux ans, j'expérimentai tout ceci avec bonheur. Pourtant, si je regardais en moi très attentivement, il me fallait reconnaître que j'avais quand même toujours une préférence pour vivre la Présence plutôt que l'être incarné. Il n'y avait plus de lutte, mais ces deux plans restaient encore subtilement dissociés dans mon esprit. Même si je me sentais en paix et que je retrouvais ma capacité à m'émerveiller, ma tendance spontanée, si je n'avais rien de particulier à faire, était de m'extraire du monde afin de goûter la Présence à travers la méditation. Seule ou avec Gab qui adorait également cela. C'était même le ciment de notre relation qui s'approfondissait sur le mode tendresse mais ne prenait pas de dimension plus ardente, du moins de mon côté. Nous roucoulions tranquillement, menant notre petite vie routinière entre nos activités professionnelles, nos loisirs et nos bains de Présence quotidiens, et pour Gab cela aurait pu durer ainsi éternellement car cela correspondait bien à son caractère. Pour moi aussi, ou tout au moins pour un aspect de moi qui aspirait à la stabilité et à la quiétude, même si je continuais à pressentir que cette situation confortable ne durerait pas, que ma nature passionnée et aventurière reviendrait me titiller tôt ou tard.

Chasser le naturel…

L'été 2017, nous entreprîmes de suivre une cure de jus associée à un jeûne. Pas exactement un jeûne en fait, nous souhaitions expérimenter l'alimentation prânique. Cela faisait plusieurs années que j'entendais parler de personnes qui se nourrissaient de Lumière, de *prâna*, et ne consommaient plus ou presque plus d'aliments solides. Cela paraissait fou, pourtant de nombreux êtres en témoignaient de par le monde à travers des livres, des documentaires et des conférences. Ce qu'ils en disaient donnaient envie : outre la liberté et l'économie d'argent et de temps, ils prétendaient être en bien meilleure santé qu'avant, ne presque plus dormir sans être fatigués, se sentir plus créatifs, plus intuitifs, plus performants et plus joyeux, le capital énergétique du corps n'étant plus mobilisé pour la digestion... Un autre intérêt majeur semblait aussi bien sûr l'aspect écologique. Après tout, pourquoi pas ? Le prâna est un autre nom pour l'énergie spirituelle, la force de vie à laquelle on se relie lorsque l'on pratique les soins énergétiques. Si le corps pouvait guérir de maladies en absorbant cette énergie, il n'était pas insensé de penser qu'il pouvait aussi s'en nourrir.

Mon but n'était pas d'arrêter de manger - j'étais trop gourmande et épicurienne pour cela - mais de réduire ma consommation de nourriture en compensant celle-ci par un apport énergétique pur, ce qui permettrait au corps d'être en meilleure forme tout en usant moins les ressources de la planète. Gab, pour sa part, n'excluait pas la possibilité de devenir totalement prânique. Nous profitâmes donc de l'été pour nous concocter une petite retraite. Coupés de tout contact social, nous passions nos journées chez moi à méditer, entrecoupant nos séances de quelques balades dans la nature environnante. Nous ne consommions que des jus de fruits frais à l'extracteur, quelques verres par jour. Nos méditations consistaient à nous baigner de Présence, d'Énergie, tout en informant nos corps qu'ils étaient parfaitement nourris par cette merveilleuse vibration de plénitude. A chaque fois que la faim se faisait sentir, je parlais à mes organes et aux cellules de mon corps pour leur rappeler que l'Amour était disponible à tout instant, simplement en ressentant sa Présence. Le besoin d'une nourriture solide était illusoire, puisque ce qui sustentait réellement le corps était l'énergie universelle de vie contenue dans les aliments et présente en toute chose. C'est ainsi que fonctionnait l'alimentation prânique : il ne s'agissait en aucun cas de faire croire au corps qu'il ne mangeait pas : ça, c'était la mort assurée. Il s'agissait de lui faire prendre conscience qu'il se nourrissait *autrement* ; que la Lumière, la Présence divine, était sa véritable source d'énergie.

Au départ j'informais donc mon corps que sa nourriture se trouvait tout autour de lui, et je l'invitais à la respirer, à la recevoir, à s'en gorger. Très rapidement, mon expérience se modifia car je réalisai que le corps lui-même était constitué de cette énergie et que c'était encore une illusion que de la lui faire absorber comme venant de l'extérieur. En goûtant pleinement la vie qui pulsait au cœur même de mes cellules, je permettais à celles-ci de s'auto-reconnaître comme la Présence elle-même. Ainsi, il ne s'agissait même plus de respirer ou de canaliser le prâna, mais de rappeler à mon corps qu'il *était* la Présence, qu'il était énergie pure et non matière.

Au bout d'une petite semaine de cette pratique passionnante, convaincue néanmoins que je ne souhaitais pas la poursuivre plus avant car elle impliquait un radical changement de vie auquel je n'étais pas prête, je recommençai à consommer de la nourriture solide, en plus petite quantité et de façon plus consciente qu'auparavant. Gab, quant à lui, continua ce « jeûne prânique » une bonne semaine de plus, puis, trop affaibli, revint également à une alimentation solide, conscient que passer au pur prâna ne se faisait pas forcément d'un coup mais pouvait nécessiter plusieurs tentatives car il s'agissait d'un processus de transformation très profond pour le corps.

Très rapidement, me prenant par surprise, une pulsion de vie extraordinaire m'envahit. Je ressentis soudain une soif immense de croquer à nouveau pleinement la vie ! Comme si j'avais été remise à neuf, réinitialisée. Des idées créatives et farfelues me traversaient. C'était comme une nouvelle jeunesse. J'avais envie de danser, de chanter, de m'amuser, de partir en voyage, de laisser libre cours à toutes mes envies. Je palpitais de toutes mes forces, animée d'un feu sacré. Je reconnaissais la nature spontanée, joyeuse et pleine de fantaisie qui me personnifiait quand j'étais enfant ! Un gros décalage se creusa immédiatement avec Gab qui ne partageait pas spécialement ce regain vital. La relation très sage que nous entretenions jusque-là ne collait plus avec les sentiments nouveaux qui m'habitaient. J'avais envie de me sentir vraiment amoureuse, de vibrer au contact de l'autre, de faire des folies ensemble… et notre relation ne faisait toujours pas résonner cette corde en moi. Je réalisai qu'en fait, rien d'incroyable ne s'était produit, je venais simplement de retrouver la signature personnelle qui m'avait si longtemps caractérisée : cette nature émerveillée, exaltée, excessive parfois peut-être, mais tellement jubilatoire et… vivante !

À l'écoute de ce fantastique élan semblable à un feu qui s'allumait dans mon ventre et coulait joyeusement dans mes veines, je pressentis que la vie me réservait quelque chose d'intense et de surprenant. Peut-être un nouveau livre ?.. Ou une nouvelle passion amoureuse ?.. Je n'avais aucune idée précise de ce dont il s'agissait, mais j'adressai un immense « oui » intérieur à ce flux créateur auquel je ne pouvais ni ne désirais résister, en totale confiance, convaincue qu'il me conduirait vers la réalisation d'une partie de mon potentiel et très curieuse de découvrir de quelle manière il allait s'exprimer.

Au bout de deux mois, il nous fallut constater avec Gab que les courants qui nous portaient chacun ne se dirigeaient plus dans le même sens, nous éloignaient même l'un de l'autre... Il n'y avait rien à faire d'autre que d'accepter le mouvement de la destinée. La décision fut difficile à prendre cependant. Nous nous aimions beaucoup et nous nous entendions bien, même si certaines de nos différences fondamentales s'étaient creusées. C'était vraiment douloureux pour lui de se résoudre à cette séparation. Pour moi aussi, car d'une part je me sentais attachée à lui et je continuais à aimer notre belle complicité, et d'autre part le spectre de la solitude ressurgit aussitôt. Allais-je prendre le risque de me retrouver seule à nouveau pour des années peut-être, alors que je bénéficiais avec lui d'une réelle sécurité affective ?... Une partie de moi, une petite fille que je connaissais bien et qui avait beaucoup souffert du manque d'amour, freinait des quatre fers, angoissée à l'idée de retourner dans le célibat. Pourtant, en dépit de mes peurs et de mes réticences au changement, je ne pouvais aller à l'encontre de ce qui m'appelait profondément, de ce réveil de ma nature innée. Je me mis à l'écoute de cette petite fille pour la soutenir et la rassurer, l'enveloppant et la baignant autant que je le pouvais dans la tendresse et la sécurité de la Présence. Quand je la sentis plus confiante et plus forte, je fus en mesure de franchir le pas décisif, d'autant que je dus bien me rendre à l'évidence : je n'éprouvais plus du tout d'élan amoureux envers Gab.

En faisant le bilan de ces deux années en sa compagnie, je pus distinguer une certaine logique : il m'apparut que la vie avait mis sur mon chemin cette relation pour me permettre de construire une base de décollage saine et solide, et que je me trouvais à présent prête à m'envoler, mais sans lui, nos natures étant trop différentes pour qu'il me suive dans cet envol... En novembre, nous nous séparâmes.

***

Très rapidement, comme si la destinée n'attendait que cela, je fis la connaissance d'un chanteur, auteur-compositeur-interprète, dont je tombai très amoureuse. Quel bonheur de ressentir à nouveau cette vibration délicieuse dans mon cœur et dans mon corps ! Comment avais-je pu m'en désintéresser ? Je constatai avec étonnement que le sentiment amoureux possédait toujours cette même qualité, cette intensité et cette fraîcheur de la première fois. Comme s'il n'y en avait jamais eu d'autre ! Il y a là une véritable magie. J'étais tombée amoureuse de nombreuses fois dans ma vie pourtant, mais rien, en moi, n'avait banalisé la chose. C'était neuf, pur, virginal, absolu. Bien sûr, la peur de perdre l'autre pointait son nez, mais je ne me revêtais d'aucune protection, comme si les expériences passées, les blessures, les désillusions avaient été balayées. J'avais le sentiment que tout mon être était prêt à s'ouvrir à cette magie, à s'y abandonner, à y croire avec l'enthousiasme et l'innocence d'un enfant.

La puissance de l'éros m'avait toujours effrayée tant elle pouvait m'envahir et me dominer. En réalité, ma plus grande crainte était celle de ma tendance à la dépendance affective. Comme sous l'emprise d'une drogue, je me retrouvais subitement absorbée dans un vortex balayant tout le reste pour ne concentrer mon attention, ma joie et mon désir que sur une seule chose : l'autre. Mais il me semblait à présent qu'il m'était possible d'éprouver des sentiments intenses envers un être particulier sans me perdre, sans me sentir détournée de moi-même, et même, au contraire, en prenant conscience que cela me connectait à l'Infini, à ma nature profonde. Je savourais ce ressenti avec bonheur. Le pouvoir de l'éros, son œuvre alchimique véritable, était de révéler dans toute sa splendeur l'Amour qui est déjà là, vivant et vibrant dans notre cœur et dans nos cellules, reconnu comme source véritable de notre être et de notre élan vers l'autre.

Hélas, en dépit de cette belle ouverture, notre idylle s'avéra de courte durée. Malgré nos nombreuses affinités, il ne ressentait pas, pour sa part, de réel transport amoureux envers moi, mais davantage une profonde amitié. La retombée fut amère. Une impression de déjà vécu me glaça de la tête aux pieds. Un vieux démon ressurgissait : quelque chose dans mon système bloquait la possibilité de vivre la relation amoureuse et je m'en trouvais bien désemparée. Combien de fois avais-je fait ce constat, suivies de combien de tentatives sans succès d'en débusquer la cause ?.. J'accusais le coup comme je pus, heureuse d'avoir à présent à ma disposition de puissants outils d'accueil et de résilience.

Malgré ma déception et ma frustration, je restai en lien avec cet homme et j'appris à l'aimer sans attendre de réciprocité. Me couper de cette relation était trop douloureux et je savais que j'avais tout à gagner à ne pas refermer mon cœur et à laisser mes sentiments se transformer. Nous devînmes de proches amis. Nous prîmes beaucoup de plaisir à partager des morceaux de guitare et à chanter ensemble, notamment le répertoire de notre chanteur français préféré à tous deux, Brassens. M'écoutant chanter, il me conseilla d'écrire mes propres chansons afin, selon lui, de mettre ma voix en valeur. Je lui répondis sincèrement qu'une telle chose me paraissait impossible : si j'avais du talent pour écrire des textes, je n'en avais en revanche aucun pour composer de la musique ! J'avais pris quelques cours de piano et de solfège à l'adolescence et je m'accompagnais très modestement à la guitare pour chanter, mais je ne me sentais absolument pas musicienne. Il m'assura qu'il n'y avait rien de plus facile et m'encouragea à essayer. Il suffisait, selon lui, de gratter quelques accords sur ma guitare et de laisser une mélodie venir. J'en pris note, bien que n'y croyant que très moyennement.

Le soir de Noël, après avoir dégusté un bon petit repas vegan en tête à tête avec Neil et regardé en sa compagnie le dernier volet du Seigneur des Anneaux, me retrouvant seule tandis qu'il s'était retiré dans sa chambre, je saisis ma guitare et décidai de faire ce que mon nouvel ami m'avait conseillé, pour m'amuser et par curiosité. Je choisis un poème du recueil que j'avais publié l'année précédente, *L'Etreinte de l'éphémère*, et là, miracle ! Une mélodie vint toute seule, se posant très joliment sur les mots. J'étais totalement épatée. Une petite synchronicité se joint à mon enthousiasme : je me préparai un « Yogi Tea de Noël », cette marque de thé où l'on trouve des petits messages surprise inscrits sur les sachets, et celui que j'avais choisi me lançait cette invitation : « Chantez du fond de votre cœur » !

Alors que pas un instant dans ma vie je n'avais imaginé avoir le moindre talent de compositeur, je reçus à partir de ce soir-là une douche d'inspiration. Et je compris que j'étais en train de me reconnecter à mon plus vieux rêve d'enfant : devenir chanteuse ! Petite, quand on me demandait quel métier je ferais plus tard, je répondais invariablement que je serais soit écrivain, soit chanteuse. Le jeu favori de mon enfance était de chanter des chansons devant ma glace en me déguisant pour les interpréter. Je me souvins d'avoir passé ainsi de longues heures à incarner Carmen en fredonnant « L'amour est enfant de bohème » travestie en gitane. Si mon premier vœu s'était réalisé, le second en revanche était resté de l'ordre du loisir et je n'avais jamais vraiment exploré ma voix ni mon amour pour le chant.

J'entamais ainsi un nouvel hiver seule, certes, mais ô combien vibrant et nourrissant. Quand j'entrais dans mon salon désormais transformé en studio de musique avec un clavier, une guitare, un ampli, un micro, des feuillets remplis de textes et de grilles d'accords éparpillés sur le tapis, mon cœur explosait de joie. Cette joie me confirmait que j'étais tout à fait sur la bonne voie et que je pouvais m'y consacrer sans retenue. Comme sous l'effet d'un coup de foudre, je vivais finalement une véritable histoire d'amour, non pas avec un homme, mais... avec la musique ! Ne pensant plus qu'à ça, m'enfermant pour composer des chansons, ressentant un immense bonheur à me laisser ainsi inspirer, sans pour autant m'approprier le résultat ni le mérite de mes créations. Ces chansons parlaient, sous diverses formes, de notre nature profonde et essentielle, et je les trouvais toutes magnifiques, émerveillée de la manière dont le divin utilisait les tonalités particulières propres à cet individu unique, Suyin, pour s'exprimer. Si l'Être, au repos, se goûte comme un espace infini et impersonnel contenant toutes les potentialités, sa manifestation se caractérise par une énergie créatrice sans cesse renouvelée prenant forme de manière fabuleusement singulière à travers chaque individu. J'avais le sentiment d'assister à un miracle à chaque nouveau morceau qui surgissait du vide. Après mes deux livres de témoignages et mes recueils de poésie, je découvrais une nouvelle manière de transmettre le message de l'éveil. Et je trouvais cette approche très complète : il y avait les mots qui s'invitaient à travers une écriture simple, mélodieuse et accessible, il y avait la musique qui venait activer des cordes plus sensibles que la sphère mentale, et il y avait la vibration qui se diffusait à travers ma voix et ma présence. C'était donc sur cette nouvelle rive que m'avait déposée le flux de Vie qui s'était réveillé en moi après mon jeûne prânique ! J'ignorais ce qui allait ressortir de tout cela et je ne me projetais pas spécialement dans l'avenir, mais je pressentais que cette œuvre aurait un retentissement public tôt ou tard. L'idée de donner des live était très présente et je savais qu'un tel projet nécessiterait un long temps de préparation.

Une petite fille en deuil

Je menais désormais une vie qui me correspondait vraiment ; celle d'un être humain se laissant traverser par le souffle divin et exploitant ses dons et ses potentiels uniques. La vie d'artiste dont je rêvais à l'adolescence... Tout en continuant de savourer la Présence et d'en témoigner à l'occasion de séminaires de plus en plus nombreux.

La traditionnelle montée de sève du printemps ne me mit pas en difficulté cette fois-ci. Elle ne fit que renforcer ma fougue créatrice. Je pensais bien entendu à ce vieux rêve d'un partage amoureux réciproque, complet et transcendant, dans une véritable concordance et communion des êtres à laquelle j'aspirais depuis toujours. J'en avais envie, sans aucun doute, mais il n'était pas question de vide ni de manque, seulement d'un sentiment diffus qu'un certain potentiel ne s'accomplissait pas et attendait son heure. D'ici que la destinée place cette expérience sur mon chemin, je profitais de mon célibat pour m'adonner à ma nouvelle passion, savourant la liberté d'action que m'offrait la solitude. Pour l'heure j'avais un album à composer, je ne pouvais pas être sur tous les fronts !

Mi-août, ma mère me téléphona pour m'annoncer qu'elle venait de déclencher une leucémie et qu'elle était hospitalisée en chambre stérile. Cette maladie était apparue brusquement sans aucun signe avant-coureur : elle avait simplement constaté des bleus sur ses jambes, des saignements de gencive et des migraines depuis une semaine. Son mari lui avait conseillé de consulter son médecin, et le verdict était tombé : hospitalisation d'urgence ! Elle se destinait à passer de longs mois sous traitement chimiothérapique, cloîtrée dans une cellule aseptisée, sans aucune certitude sur l'issue de la maladie. C'était brutal. Elle n'avait que 67 ans et était jusqu'alors en parfaite santé. Nous parlâmes longuement ce jour-là. Son comportement face à la situation me sidéra. Elle me donna une grande leçon de sagesse, m'affirmant qu'elle n'angoissait pas car elle avait décidé de vivre la suite des événements au jour le jour, instant après instant, sans jamais anticiper sur le lendemain. Je la sentais dans une grande acceptation et c'était très surprenant de sa part car elle avait un caractère souvent anxieux et prévoyant, sujette à se contrarier facilement quand les choses ne se passaient pas comme elle les avait prévues. Là, en condition extrême, elle se révélait tout à fait à l'opposé de son fonctionnement habituel.

Nous prîmes le temps de nous dire que nous nous aimions... Et ce fut la dernière fois que j'entendis sa voix. À peine le combiné raccroché, je me branchai sur elle pour lui faire un soin énergétique à distance et j'interrogeai son âme : « Que t'arrive-t-il, maman ? ». Elle m'apparut, sa mère et son père tous deux décédés d'un cancer se tenant derrière elle, et elle me répondit :« Je m'apprête à les rejoindre ». Je compris, un peu sonnée, qu'elle n'allait pas s'en sortir et que je devais me préparer à son départ. Je n'imaginais pas cependant qu'il serait fulgurant... Deux jours plus tard, elle fut victime d'une hémorragie cérébrale fatale. Mon beau-père me l'annonça par téléphone au petit matin et m'informa qu'elle était maintenue sous respiration artificielle, le cœur battant encore, le service hospitalier attendant le feu vert de sa famille pour la débrancher. Nous partîmes aussitôt, mon frère et moi, désirant assister à ses derniers instants. Il vint me chercher depuis Marseille pour prendre ensemble la route vers Orléans. Ce voyage en voiture sur six cents kilomètres en tête à tête restera gravé en nous de manière indélébile. Plus nous approchions de notre destination, plus le soleil déclinait et embrasait le ciel, à l'instar de la vie de notre maman qui était en train de s'éteindre, incendiant nos cœurs de peine. Nous arrivâmes en fin de journée et nous vécûmes, en compagnie de notre beau-père et de notre sœur par alliance présente également, une soirée absolument inoubliable. Le moment où une vie se termine, tout comme celui où une vie commence, est un moment intense et sacré qui ramène à l'essentiel. Au moment où ma mère fut débranchée après que nous lui ayons fait nos adieux, tandis que ma main posée sur sa poitrine je sentis son cœur cesser peu à peu de battre, je parlai à son âme pour m'assurer qu'elle trouverait le chemin de la maison, du retour à la Source : je m'immergeai totalement dans la Présence, l'emmenant avec moi dans ce profond, simple, doux et enveloppant silence de l'Être. Ce fut un instant d'une grande beauté, et tous les membres de ma famille ressentirent également cette paix.

La journée qui suivit son départ était le 15 août. Toutes les administrations étant fermées, nous reportâmes au lendemain l'organisation des obsèques. Ce fut une journée d'une grande profondeur, consacrée à nos émotions et au recueillement. Nous fîmes une longue promenade l'après-midi sur les bords du Loiret, un lieu qu'elle aimait particulièrement. Sa présence était palpable, comme si elle nous suivait pas à pas. Son âme était en paix. Je la sentais désolée pour nous de s'en aller comme ça, mais elle me semblait dans le même état d'esprit d'acceptation que lors de notre dernière conversation téléphonique, comme si elle disait : « C'est ainsi ! C'était mon heure ! ». Je ressentais également sa surprise : « Alors c'est vrai, en fait ça ne s'arrête pas ! », doublée d'une jubilation enfantine d'être libérée de son enveloppe charnelle et de pouvoir s'envoler, se fondre dans les arbres, le vent, les nuages, la rivière, les fleurs qu'elle aimait tant... Elle était partout et ce souffle de liberté, de grâce, de joie ineffable, s'avérait si vibrant que j'en demeurais puissamment saisie.

Elle ne se trouvait pas en errance, elle avait « rejoint la lumière » dès les premiers instants de son décès, peut-être grâce à mon accompagnement silencieux, mais elle n'était pas non plus dissoute dans la Conscience cosmique. J'en étais très étonnée et ce que j'en ressentais et comprenais, c'était que la Conscience cosmique, tout comme dans le monde physique, continue à prendre une forme individuelle dans l'au-delà, une forme simplement plus subtile, libre des contraintes de la matière et vivant dans un monde énergétique dans lequel il n'y a pas d'oubli de notre essence universelle, de l'Être. Comme si dans la réalité des âmes, les deux plans, l'universel et l'individuel, co-existaient *en toute conscience.*

Très étrangement, malgré ma tristesse, j'eus le sentiment les jours suivants que notre relation commençait seulement vraiment. Cela n'avait pas toujours été facile entre nous, loin de là. J'avais souffert de beaucoup de manques affectifs auprès d'elle et nous nous étions rejetées mutuellement bien souvent car nos personnalités étaient très différentes. Ces dernières années, nous avions appris à nous aimer telles que nous étions et je me sentais véritablement heureuse et soulagée que nous nous soyons quittées en paix l'une envers l'autre. Mais nous n'avions pas pu tisser un lien réellement proche, la barrière de nos dissemblances prenant trop de place pour cela. À présent que sa conscience était libérée de son personnage, je pouvais me relier à elle d'une toute autre manière : je reconnectais avec son essence, son parfum, sa signature. Je ressentais clairement sa densité, sa note exclusive, et ce ressenti s'avérait intensément intime.

Je connaissais très bien cette vibration unique puisque j'avais été fusionnée à elle pendant neuf mois ainsi que durant toute ma petite enfance. J'en étais presque surprise tellement c'était palpable. Même si par mes qualités de médium j'avais côtoyé de nombreuses âmes, je découvrais vraiment seulement maintenant, en communiquant avec celle de ma mère, ce qu'est la dimension de l'âme. L'âme se sait conscience, et ne se vit pas comme séparée. À ce niveau de notre être, il n'y a que paix et accueil de ce qui est, en parfaite cohésion avec l'ensemble de la manifestation. L'âme, bien que se ressentant comme une forme d'individualité, se sait totalement en interdépendance avec le Tout et ne se prend ni pour le centre du monde, ni pour une entité en charge de diriger sa vie. Depuis la perspective de la non-dualité, je ne pouvais comprendre l'âme que comme étant la première expression singulière, individuelle, de la Conscience universelle, la première coloration du « Je suis », avant la construction d'une personnalité.

Dans les jours qui suivirent le décès de ma mère je ne cessai pas de lui parler, prenant pour la première fois la mesure de tout ce qu'elle m'avait transmis. Je la remerciais, reconnaissant pleinement notre amour l'une pour l'autre et réhabilitant d'une certaine manière mon lien avec ma lignée, mes origines, sur le plan humain. Sa présence auprès de moi était subtile et douce, paisible, chaleureuse.

***

La survie de l'âme après la mort du corps physique me fut confirmée par une expérience à laquelle je ne m'attendais pas du tout. Quelques semaines après la crémation, le jour de l'anniversaire de ma mère, la famille se réunit pour disperser ses cendres dans la nature, conformément à ses dernières volontés qu'elle avait pris soin de noter dans son ordinateur quelques heures avant son décès, « au cas où » ... Elle n'avait pas évoqué d'endroit précis, mais ce fut l'évidence pour nous tous que ce devait être dans un petit bois de sa région natale qui appartenait à son frère, qu'il avait lui-même hérité de leur père et que ma mère aimait beaucoup. Ce bois se trouvait à quelques kilomètres du village où elle avait grandi dans la ferme familiale et où j'avais passé avec bonheur toutes les vacances de mon enfance. Ma mère se sentait très attachée à cette maison ainsi qu'à ce village et à cette belle campagne champenoise. Se rendre dans « le petit bois » était un rituel à chaque fois que nous venions séjourner à la ferme et toute la famille s'y réunissait au moins une fois par an l'été pour y faire un grand pique-nique. Mes grands-parents tous deux décédés, la ferme, le petit bois et quelques terres avaient été récupérés par mon oncle qui y vivait désormais et continuait à entretenir le patrimoine.

Le jour venu, notre premier point de rendez-vous fut fixé chez ma tante, qui vivait à 30 km de la ferme. Quand j'arrivai chez elle et entrai dans son salon, je vis immédiatement l'urne que mon beau-père avait apportée et posée sur un buffet. Je ne pus m'en approcher : voilà tout ce qu'il restait du corps de ma mère... Cette vision me mit mal à l'aise, je trouvais cela un peu choquant. Pour moi, cet objet morbide n'avait aucun lien avec la conscience de ma mère puisqu'elle se trouvait désormais dans une autre dimension. Mon frère fut chargé de transporter l'urne dans la voiture et jusqu'au petit bois. Nous partîmes dans le même véhicule et au moment de monter, il me demanda de tenir l'urne quelques secondes le temps qu'il se défasse de son sac à dos… J'acceptai… Et quelle ne fut pas ma surprise dès l'instant où je la saisis ! C'était comme si je prenais ma mère dans mes bras ! C'était elle, son énergie, sa vibration, son âme, que je tenais entre mes mains ! La sensation était physique. Je n'en revenais pas. Je ne voyais dans ce tas de cendres que quelque chose de purement matériel, les restes d'un corps calciné… Pourtant, soudain, ma mère était là, comme si elle *était* cette urne ! Si elle était montée pour s'asseoir à côté de moi dans la voiture et m'avait pris la main, j'aurais ressenti exactement la même chose, la même présence. Je ne pouvais plus lâcher l'urne et demandai à mon frère si je pouvais la garder. Il acquiesça et je vécus tout le trajet jusqu'au bois en compagnie de ma mère. J'eus ainsi tout le temps de lui dire au revoir, le cœur vibrant et rempli d'émotion et de gratitude, tellement heureuse de pouvoir lui faire sentir à quel point j'étais émue de la ramener dans son village natal et dans « le petit bois », et tellement reconnaissante du cadeau inestimable que je recevais. Cet instant, gravé à jamais en moi, fait partie de ces moments un peu exceptionnels dans une vie qui donnent à notre histoire humaine une dimension d'une extrême profondeur.

Une fois les cendres dispersées, sa présence se fit moins dense, moins physique, à nouveau plus subtile, énergétique. Cette expérience cependant me permit de créer un lien très fort avec elle, dans la conviction absolue de la survie de son âme. Depuis lors, une nouvelle relation est née entre elle et moi et je converse souvent avec elle télépathiquement, parfois simplement pour la joie de ressentir sa vibration et célébrer notre lien, d'autres fois pour lui demander des conseils dans ma vie quotidienne comme je le faisais de temps en temps de son vivant.

***

En dépit de tout cela, quand après la cérémonie des cendres je rentrai chez moi et me retrouvai seule dans ma maison, je m'effondrai. Physiquement et émotionnellement. La petite fille en manque affectif prit subitement tout l'espace : elle avait perdu sa maman, et cette disparition lui ôtait tout espoir d'obtenir un jour la tendresse et les câlins maternels qu'elle continuait de réclamer. L'I.F.S., l'approche thérapeutique que je pratiquais en tant qu'accompagnante depuis maintenant deux ans, affirmait que nos parts enfantines blessées sont bloquées dans le passé, comme isolées dans l'inconscient dans des bulles temporelles, et qu'elles revivent en boucle leur situation, ignorantes du temps qui passe... Je ne pouvais que constater, un peu dépassée, à quel point ceci était vrai. Pour cette petite, le décès de sa mère, si brutal et inattendu, était une véritable tragédie. À tel point que mon système immunitaire en baisse, j'enchaînai infection sur infection et sombrai dans un état dépressif m'obligeant à cesser mes activités professionnelles. J'accueillais cet état, qui me semblait être un passage de deuil incontournable.

Tout de même, je tombais très bas : le démon du refus était de retour, se manifestant par la sensation permanente d'avoir la poitrine écrasée par l'angoisse. Refus complet de la solitude et de la souffrance des êtres humains, de la douleur de la séparation avec les êtres chers et avec l'Unité que nous sommes. Pendant quelques semaines, l'affliction prit tout l'espace dans ma conscience si bien que je déplorais et rejetais de nouveau l'expérience de la dualité. Je trouvais tout bonnement inhumain de devoir traverser cette épreuve sans avoir une épaule aimante sur laquelle j'aurais pu me laisser aller et pleurer, sans qu'un être attentionné et tendre m'accompagne et me soutienne dans mon quotidien. Force était de constater, une nouvelle fois, que la réalité du corps émotionnel était toute autre que celle de la Conscience. Pour cette dernière, la notion de séparation n'existe pas, tandis que sur le plan relatif, l'expérience de la séparation dans la matière - dans la sensorialité - peut être un déchirement. Notre dimension affective a besoin d'énormément d'empathie car elle est soumise à rude épreuve tout au long de notre incarnation. Mais là, elle prenait tellement de place que je n'étais plus en mesure de l'accueillir et de la réconforter depuis l'espace de la Présence ; j'étais submergée. Cependant, j'acceptais cela comme un phénomène normal : je venais de perdre ma mère ! Je faisais mon deuil... Mon organisme avait besoin de temps pour encaisser le choc.

Une perception aiguë et constante de l'impermanence de toute chose me mettait dans un état de grande sensibilité. Je pleurais chaque jour devant l'évidence que tout ce dont je faisais l'expérience et tout ce que j'aimais ou à quoi je tenais, allait disparaître. C'était intensément existentiel, comme si je pouvais quitter ce monde à tout moment et que je me réveillais soudain à l'urgence de savourer cette expérience temporaire. Que tout soit éphémère me semblait tellement triste et tellement beau à la fois ! Rien n'avait vraiment d'importance et paradoxalement toute chose était absolument unique donc absolument importante ! C'était comme une sorte d'éveil au caractère tout aussi dérisoire que précieux de toute vie et de tout instant, sauf qu'il y avait en moi beaucoup de lourdeur et de peine face à ce constat. Ce n'était pas ressenti avec la légèreté et la joie de la conscience libérée. Mon mental focalisait sur l'aspect perte et fin, et ma poitrine était toujours comprimée par une angoisse tenace...

Au bout de deux mois, continuant à enchaîner les infections et toujours incapable de reprendre mon travail, je commençais tout de même à trouver que c'était long. N'étais-je pas en train de m'entretenir dans la peine au lieu de la laisser se dissoudre d'elle-même ? Je constatais qu'une énergie de résistance s'était cristallisée et je me sentais démunie face à cela. Voyant que je n'y arriverais pas par moi-même, je demandai un accompagnement à une thérapeute. Avec son aide, j'osai aller à la rencontre de cette angoisse pour la ressentir totalement, n'essayant ni de la modifier ni de l'éliminer, faisant corps avec elle, avec sa vibration, acceptant d'en faire l'expérience... pour découvrir que ce qui était caché derrière, c'était l'Amour... Bien évidemment ! Instantanément, l'angoisse et le refus disparurent complètement.

D'un claquement de doigts, la dépression s'en était allée, parce que je m'étais reconnectée à moi-même. Je venais de reconnaître que la partie en souffrance, l'énergie émotionnelle qui avait pris tout l'espace, n'était, dans son essence, qu'énergie pure, c'est-à-dire l'Amour, l'accueil inconditionnel de ce qui est... qui s'était oublié en s'absorbant dans l'histoire du personnage. Encore et toujours le même processus : quand l'attention se laisse hypnotiser par les objets de perception, et particulièrement les émotions, elle se met à se prendre pour une partie isolée du tout et elle oublie sa véritable nature, la Conscience pure. Mais quand elle regarde l'écran sur lequel se projette le film et non plus les images du film, elle se rappelle alors qu'elle est sans forme, hors du temps et non séparée. Néanmoins, avant que l'attention puisse effectuer ce basculement de perspective, la peine doit être rencontrée et ressentie. Toute tentative de la fuir, toute stratégie consciente ou inconsciente pour ne pas la vivre, y compris celle de regarder l'écran, ne fait que la renforcer. Je compris cependant que cette angoisse profonde générait trop de réactions de défense dans mon système pour que je puisse m'autoriser à la rencontrer seule, car elle était considérée comme potentiellement dangereuse du fait de mon passé de dépressive. Les parties gestionnaires de ma psyché me protégeaient du risque d'être submergée. Face à des contenus si densifiés et si coupés du Soi, il s'avère nécessaire de se faire accompagner.

***

Je retrouvai mon appétit de vivre et ma vitalité. Ma conscience de l'impermanence était toujours accrue, mais j'en voyais à présent la beauté et la magie : tout se renouvelle et si des êtres et des choses meurent et disparaissent, d'autres naissent et apparaissent, sans cesse. Mon cœur, ouvert et sensible car dépouillé de certaines couches de protection, se mit à célébrer intimement l'unicité de chaque forme, de chaque expression de ce miracle insensé qu'est la vie manifestée ! Tout le précieux de l'histoire d'un être humain, et même de l'identification à cette histoire, impliquant l'expérience illusoire de la séparation, était vu et mesuré. Tout me semblait, à nouveau, si beau, à la fois si dérisoire et si profond ! La joie d'être, celle qui ne dépend d'aucune condition, était de retour.

Comme souvent quand l'alchimie interne se modifie, cela eut des conséquences dans ma vie quotidienne : je ralentis considérablement mon activité de thérapeute et commençai à mettre en place des stages de formation aux soins énergétiques par la Présence. Depuis le basculement et notamment depuis mon expérience avec la nourriture prânique, ma façon de pratiquer les soins avait considérablement évolué. Il n'était plus question d'invoquer une énergie qui serait extérieure à moi et dont je serais le canal. Je ne faisais désormais rien de plus que de focaliser mon attention sur la Présence *que je suis,* sur mon essence spirituelle, l'énergie-conscience qui anime mon corps ainsi que toute chose, puis j'imposais les mains ou me connectais par la pensée à la personne si elle se trouvait à distance physiquement. La révélation de l'illusion de la séparation m'avait permis de comprendre que c'est en réalité *la conscience d'être conscience* qui, lors d'un soin, active chez quelqu'un, par résonance vibratoire, sa propre ressource d'auto-guérison, c'est-à-dire le pouvoir thérapeutique de la Présence *en lui.* L'envie de proposer une approche des soins énergétiques libre de toute tradition ou école spécifique, grandissait depuis quelques mois. J'aspirais profondément à transmettre cette pratique qui pouvait véritablement changer une vie, mais je ne me sentais plus en accord avec un certain nombre de choses enseignées dans le cadre du Reiki, et je décidai de mettre au point mes propres formations en soins et pratiques énergétiques par la Présence.

***

Plusieurs mois passèrent. J'entamai une nouvelle relation amoureuse... qui se solda assez rapidement par une séparation. Je m'en trouvai très affectée. Je constatai qu'à présent dans le lien intime, dès le départ une part de moi se contractait très fortement par peur de revivre encore une déception... Cet aspect était terrifié devant la possibilité de souffrir à nouveau des affres de la séparation et réclamait, du coup, un engagement immédiat de la part de l'autre. Ce phénomène, que je connaissais déjà, s'était fortement intensifié. Etait-ce lié au décès de ma mère ? J'en avais bien l'impression. Je voyais parfaitement qu'il s'agissait d'une part enfantine de ma psyché, toujours la même petite fille qui craignait d'être rejetée ou abandonnée, et j'eus beau l'accueillir, l'exprimer et la relativiser, ce fut trop lourd à porter pour mon partenaire. Ce dernier, parfait miroir de mon inconscient, s'avérait incapable de s'investir véritablement dans un rapport de couple. Notre aventure avorta et la même angoisse ressentie pendant le deuil de ma mère resurgit. Cette angoisse n'avait rien à voir avec cet homme-là en particulier. Elle avait à voir avec la blessure de séparation. C'était totalement paradoxal, car en parallèle, sur le plan spirituel, je continuai à connaître des moments d'unité. Je constatai, à nouveau désemparée, que ce contenu psychique décidément très dense et très cristallisé, s'avérait encore prêt à se réactiver en dépit de tout le travail intérieur effectué en vue de le dissoudre, et empêchait toute possibilité de revivre une relation amoureuse.

Je me trouvais cependant en capacité d'en prendre soin. La reconnexion avec mon être profond, avec la joie d'exister sans condition, m'offrait un grand recul et une véritable sécurité intérieure. Je me sentais prête à accepter, s'il le fallait, que le domaine amoureux puisse me rester inaccessible pour tout le reste mon existence incarnée. Je savais désormais que je ne mettrais pas fin à mes jours si je me réveillais seule dans mon lit au matin de mes cinquante ans... Après tout, chacun sa croix... Je pouvais porter la mienne, car, enfin, mon bonheur ne dépendait plus de ma vie affective. Cependant, par compassion envers ma part amoureuse qui souffrait d'une profonde frustration, je consentis à remettre l'ouvrage sur le tapis et à tenter une nouvelle investigation psychique afin de désactiver ce schéma. C'était cependant à mes yeux une ultime tentative, il n'y en aurait plus d'autre. Je fis donc à nouveau appel à une thérapeute, qui utilisait entre autres l'approche I.F.S. Au cours de ce processus thérapeutique, il se révéla que je portais ce traumatisme depuis... ma naissance ! En effet, après son accouchement ma mère s'était sentie subitement privée de liberté et avait pleuré quinze jours d'affilée, partagée entre amour et rejet pour son bébé.

C'est un fait qu'elle m'avait confié de son vivant et sur lequel je ne m'étais étrangement jamais penchée. À y penser, cela aurait dû constituer une priorité à traiter sur tout autre événement du passé ! La façon dont nous sommes accueillis, nos premières heures sur terre, portent nécessairement les fondements de l'histoire qui s'annonce ! Je compris que la séparation physique d'avec le corps maternel avait été très brutale pour le nourrisson que j'étais et que j'en avais gardé un traumatisme de séparation. Qui se réactivait dès que j'entrai en intimité, en union physique, avec un autre corps. L'acte de dé-fusionner après avoir fait l'amour avait toujours été assez périlleux pour moi et je réclamais de la part de mes compagnons du tact, de la douceur et surtout une attitude rassurante. Pour l'homme qui, juste après l'acte, se trouve prêt à passer à autre chose, devoir prendre soin de ne pas donner à sa compagne le sentiment de l'abandonner, nécessite beaucoup d'amour et de compassion. Et mon inconscient se débrouillait bien évidemment à la perfection pour m'attirer vers des hommes qui n'étaient pas en mesure de répondre à ce besoin car ils craignaient pour leur liberté, parfaits miroirs du comportement maternel à ma naissance. Je sus que j'avais mis en lumière la source du schéma qui tel un fantôme me poursuivait depuis la tendre enfance. Je compris ainsi pourquoi le décès de ma mère avait réveillé mon terrain dépressif. Tout était là. M'en trouvais-je pour autant libérée ? Seul l'avenir le dirait.

Il m'apparut par ailleurs tout à fait évident que ce traumatisme avait été également un moteur de ma quête spirituelle. Grâce au fait que l'expérience de la séparation fut si douloureuse pour moi, je n'avais eu de cesse de retrouver mon unité originelle, ma véritable nature. De plus, le chemin de la réalisation est celui de l'autonomie et de la liberté. Avec ce schéma de dépendance affective, je n'aurai probablement jamais pu apprendre à être heureuse sans condition et à devenir mon propre guide si j'avais vécu en couple. Mon sentiment de contentement, ma joie d'exister, aurait toujours reposé sur la qualité de ma relation à l'autre.

Comme il se doit, ce qui nous fait le plus souffrir nous fait aussi le plus grandir. Les situations de nos existence individuelles répondent à des logiques que l'Intelligence de la vie met en œuvre, et vu de cette manière, je pouvais à nouveau constater que les causes et les conséquences en réalité sont inversées : c'est parce que je devais connaître un processus d'éveil que ma naissance physique s'est déroulée dans ces circonstances, avec tout ce que cela a impliqué par la suite... Comme si l'histoire que nous vivons en tant qu'organisme était dessinée, imaginée et programmée à l'avance... Mais par quoi, au juste ?

La nature de l'âme

Cette question qui m'habitait depuis longtemps se mit peu à peu à m'obséder : qu'est-ce que l'âme, in fine ? J'ai déjà évoqué plus haut son caractère fractal dans le chapitre *les multi-dimensions*, mais je m'interrogeais là sur la nature, la substance, de ce qui sort du corps lors d'un voyage astral comme au moment de la mort et qui semble posséder un sens d'individualité. Si je me basais sur mes expériences d'éveil, seule la conscience possède une continuité ; et la conscience n'est pas individuelle, elle est universelle. Qu'est donc alors cette apparente conscience individuelle qui survit au décès du corps physique et que j'avais si clairement perçue après le décès de ma mère ? De quoi est-elle constituée ?

J'avais bien ressenti que cette forme d'individualité, ne se trouvant pas identifiée au corps ni au personnage, restait très proche de notre essence et pouvait aisément être confondue avec notre nature ultime. Je pouvais en outre constater cela à travers les récits de personnes qui avaient vécu des E.M.I. (expériences de mort imminente), tout comme à travers ceux des *expérienceurs*, les adeptes du voyage astral. Ces derniers prétendaient se sentir « vraiment eux-mêmes » et réaliser que leur personnage humain n'était pas leur véritable identité, quand ils quittaient leurs corps. C'était très proche d'une expérience d'éveil, à la différence fondamentale qu'il subsistait une forme d'ego, d'individualité séparée. Je découvris de nombreux témoignages de ce type sur YouTube et me mis à les écouter avec passion, tâchant de les relier à mes propres connaissances et expériences. Et une compréhension profonde surgit.

Cela s'avéra très clair que le sens d'une individualité existe avant la naissance du corps physique, ainsi qu'après sa mort. L'ego n'apparaît pas seulement durant la petite enfance, il y a déjà un ego au niveau de l'âme. C'est l'identification à un être humain particulier, à *une personne,* qui se forme au cours de notre vie terrestre et qui renforce considérablement le sentiment de séparation jusqu'à le rendre inconfortable, douloureux, voire insupportable. Au plan de l'âme, celui de la première apparition d'un ego, le sentiment de séparation se résume à la sensation d'être une entité dans un monde : il y a « moi » et le monde autour. Mais cette entité se sait en interconnexion avec le monde. Elle ne se sent pas seule, elle est reliée à toute la création. Elle connaît son origine, son essence : la Conscience universelle ; elle n'en a pas perdu la mémoire. Elle se vit comme une partie d'un tout, comme une parcelle, ou une étincelle, divine. Elle sait que tout est Un et que la vie manifestée est un jeu. Et elle joue à prendre des formes physiques, à explorer des réalités, des planètes, des époques, des lieux... Exactement comme le font ici les participants à des jeux de rôles. L'âme construit son personnage avec son caractère, ses potentiels et son plan de vie, puis « entre dedans ». Mais cela a pour conséquence, du moins sur la Terre à la période historique que nous connaissons, qu'elle oublie ce qu'elle est et s'identifie totalement au personnage humain avec son histoire délimitée par une date de naissance et une mort. Certaines âmes cependant ne s'incarnent pas, vivent une expérience purement énergétique, vibratoire. C'est le monde des Esprits, des entités spirituelles, que j'ai eu la joie de côtoyer intimement pendant quelques années.

L'âme, ainsi considérée, est ce que les *expérienceurs* qui sortent de leur corps appellent le corps astral, ou le corps de lumière. C'est, en réalité, un véhicule. C'est un corps, une forme extrêmement subtile de matière. C'est la première forme que prend la conscience sans forme au moment de l'apparition de l'univers physique. Cela lui permet de se vivre de façon fragmentaire, de goûter la manifestation « de l'intérieur » afin de percevoir chaque élément de son rêve, comme une caméra qui filme tous les angles possibles d'une scène. Les âmes sont les caméras de la Vie. Pour qu'il y ait une expérience, il faut un expérimentateur, un observateur, il faut que la conscience se localise quelque part dans l'espace-temps. Pour qu'il y ait relation, il faut des entités, des « moi » et des « autres ». Le sens d'individualité, l'ego, est donc fonctionnel. C'est un outil perceptuel, au même titre que les 5 sens. Il y a un ego pour le corps biologique et il y a un ego pour le corps astral. Un mental et des sens pour le plan physique, un mental et des sens pour le plan spirituel. Le mental, tout comme les 5 sens, et tout comme le sens d'une individualité, *sont perçus* par la Conscience. Lorsque l'âme quitte définitivement un corps physique et en investit un nouveau (ce que l'on appelle la réincarnation), ce nouveau corps est doté à son tour d'organes sensoriels et d'un sens d'individualité. Tout comme ce ne sont pas les mêmes yeux ni les mêmes oreilles, ce sens d'individualité n'est pas la continuité de celui de la vie précédente. Ce n'est pas l'ego qui se réincarne. La seule chose qui possède une continuité, c'est la Conscience universelle, impersonnelle et infinie.

Au commencement... il n'y a pas de commencement. L'Être, le Grand Esprit, la Conscience, est, de toute éternité. Comme un océan vibrant de Présence, d'*Etreté*, réservoir énergétique de potentialités sans limite. Ni début ni fin dans le temps comme dans l'espace. Et de cet océan informe, atemporel et éternel, de ce vide plein de vie en potentiel, des formes temporaires surgissent, apparaissent et disparaissent... en permanence. C'est le plus grand des mystères. Comme si la Conscience/énergie se densifiait, se condensait sur elle-même en d'infinis points, formant des étincelles très subtiles de matière grâce auxquelles l'expérience perceptuelle d'un monde physique est rendue possible, les âmes émergent de la soupe *d'êtreté* cosmique indifférenciée... L'Esprit, dont la nature est création, s'auto-expérimente ainsi dans sa créativité absolue à la fois de manière globale et fragmentaire.

Il m'apparaît tout à fait pertinent de considérer l'âme comme un pont entre la conscience de premier plan identifiée à un moi séparé, et la Conscience universelle. À travers le déploiement de l'âme, à travers la reconnaissance de sa réalité, cette dualité illusoire peut prendre fin. C'est le but du chemin initiatique tel que je l'ai vécu : prendre conscience de notre âme et la laisser nous ramener à notre essence, à notre nature originelle. La méditation, les rêves, les pratiques corporelles et énergétiques, mais également la nature et les œuvres et activités artistiques constituent de voies royales d'accès à l'âme. L'âme est ce qui, au-delà du mental conceptuel qui décrit et interprète le monde, ressent, éprouve, est touché, impacté, par ce que les sens physiques captent. Nous pouvons sentir notre âme en allant par exemple dans la nature et en ne laissant pas l'attention suivre le train des pensées (comme devant un arbre : « Ceci est un chêne. Il est si grand ! Cette forêt doit être très vieille », etc.), mais en laissant émerger et s'intensifier ce que nous *ressentons* au contact de cet arbre. Quelles sont nos impressions, dans quelle atmosphère intérieure nous nous retrouvons quand nous le regardons, ou quand nous le touchons... Nous pouvons faire de même avec toutes les informations sensorielles qui nous parviennent tandis que nous nous promenons, et bien sûr également dans notre vie quotidienne quand nous ne sommes pas absorbés par une tâche qui requiert l'activité de l'intellect. Le domaine de l'âme est le ressenti et s'exprime par l'émerveillement, la curiosité, le parfum du sacré, la créativité...

Cette compréhension de la nature de l'âme et du sens d'individualité eut pour effet de m'apaiser définitivement avec le mécanisme de l'ego. Le sens d'individualité, ou plus exactement le sens de localisation quelque part dans l'espace-temps, s'avère une fonction utile, qu'il convient simplement de ne pas confondre avec notre identité véritable. L'impression d'un « moi » au centre de son expérience est à replacer au même niveau que la pensée, la vue ou l'ouïe... Il ne s'agit pas d'une entité consciente au milieu d'autres entités conscientes. Il y a une infinité de véhicules « âmes-egos » mais une seule Conscience... Vu ainsi, il n'est plus question de devoir se débarrasser du sens d'un « moi ». Celui-ci se trouve simplement remis à une autre place, considéré différemment. Sa nature réelle étant connue, il continue à se vivre comme ils se doit. Il n'y a plus de tentative de le dissoudre. Tout comme il n'y a plus de tentative de le rendre impérissable - avec ses corollaires : besoin de reconnaissance et d'appartenance - puisqu'il n'y a plus d'identification à une entité mortelle.

Le contentement sans condition

Profonde détente, légèreté, sentiment d'éternité...

Ni séparation, ni non-séparation. Ce concept ne fait plus de sens, car il ne concerne que l'identification à une entité isolée de l'ensemble.

Pour autant, s'il y a reconnaissance de ma nature universelle et intemporelle, il y a *aussi* une histoire humaine individuelle et temporaire qui se vit. Opposer ces deux plans d'existence ne fait plus de sens non plus. La singularité de cette expérience incarnée, de ce corps physique et de ce système psychique, est embrassée et célébrée. Aimée telle qu'elle est, avec tendresse et émerveillement, mais sans attachement, sans perdre la connaissance de son caractère éphémère.

Il me devient difficile d'employer le terme d'éveil, tout comme celui de réalisation. Ces mots à mes yeux créent encore une division, insinuent qu'il y aurait d'un côté l'éveil, la vraie vie, la vérité, la pure conscience et de l'autre le non-éveil, le rêve, l'illusion, l'ego... Ceci est vrai sans doute jusqu'à un certain point mais cela devient faux une fois que l'unité de toutes choses est reconnue. Ainsi, je peux à présent seulement parler de connaissance de ma nature profonde et témoigner de ce qui en découle : le contentement sans condition.

Le mental humain occidental a été éduqué à n'être jamais satisfait. Il aspire à toujours plus, à toujours mieux ; c'est un formatage dont le but est probablement de rendre les individus esclaves de la société de consommation, mais ce n'est pas la vérité de notre être. Quoi que le mental prétende avoir besoin pour être heureux, ce n'est jamais vrai. La vérité de notre être, c'est que la vie s'aime elle-même telle qu'elle est, telle qu'elle s'exprime à chaque instant. Ce qui n'empêche en rien d'assurer les meilleures conditions possibles à notre organisme, bien entendu, mais sans que celles-ci ne deviennent le socle de notre bonheur.

Et ceci est particulièrement vrai pour la relation amoureuse, qui est restée longtemps à mes yeux la chose qui devait se vivre et se réussir pour justifier mon incarnation. Désormais, plus rien « ne doit se vivre », plus rien de ce que le monde peut offrir comme expérience ne justifie mon existence. Il y a certes des envies de partage qui s'expriment, mais il n'y a plus de sentiment de solitude. Cette notion - se sentir seule - fait comme partie d'une autre vie, d'un autre monde. Je suis en permanence en relation avec la vie, avec l'omniprésence de l'Être et de son déploiement, comment pourrais-je me sentir seule ?

L'histoire qui a été relatée dans cet ouvrage est unique et pourtant elle n'appartient à personne. Elle a été vécue par la Vie. Je ne me l'approprie pas, ce qui ne m'empêche pas d'estimer sa beauté et sa richesse et de la reconnaître en tant qu'œuvre du divin. Mais dans ma perception, elle n'a plus la consistance ni la densité qu'elle avait à l'époque où elle était considérée comme « mon histoire personnelle ». La notion de mission de vie a été remplacée par celle de potentiel et de vocation, sans le sentiment d'en être l'auteur, tout comme une plante pousse ou un oiseau bâtit son nid sans s'attribuer le mérite de l'action ni se croire investi d'une mission ou d'un devoir. Nous ne soupçonnons pas le poids que pèse l'idée d'avoir une vie à vivre ! Nous ne pouvons en prendre la mesure que dans l'allègement qui survient lorsque cette croyance disparaît.

Alors, plus de désirs - ni de frustrations ? Si, mais ils sont désormais intégrés, acceptés, dédramatisés, comme inhérents à la condition humaine dont je ne cherche plus à m'extraire. Ils ne déterminent plus mon état d'être car je suis plus vaste qu'eux et je ne cherche ni à les fuir ni à les nourrir. Ce qui a disparu, c'est le refus. Aussi fou que cela puisse paraître au niveau du mental, il est possible de se sentir heureux tout le temps, sans raison. D'aimer toutes les petites choses de la vie quotidienne, de s'émerveiller constamment.

L'éveil a démystifié l'éveil. Il se s'agit pas de connaître un état de transcendance permanent, détaché de tout et sans ego, comme cela semble être le cas de certains sages indiens. Se retirer de l'expérience du monde et plonger dans les abysses du Samadhi* paraît sans doute une option possible, mais ce n'est certainement pas l'unique façon de vivre la spiritualité. Et heureusement ! Sans quoi une spiritualité authentique s'avérerait impossible dans la civilisation occidentale et le 21e siècle se trouverait gravement en danger, si l'on en croit ce cher Malraux.

En réalité, il n'y a pas d'éveil. C'est ce que dévoile le souvenir de notre véritable nature. Car notre essence, la vie consciente d'elle-même, se révèle déjà « éveillée ». Et ce n'est pas l'individu séparé qui s'éveille, puisque ce dernier ne possède pas d'existence réelle, pas plus que le personnage d'un roman ne peut réaliser qu'il est un personnage de roman.

La quête spirituelle, la vraie, ne consiste pas en l'accumulation d'expériences de conscience modifiée ou en l'acquisition de pouvoirs psychiques. Ceux-ci n'en sont que d'éventuelles conséquences et ne constituent pas un but en soi. L'authentique quête spirituelle, que l'on appelle également « quête de soi » vise à répondre à la question « Qui suis-je ? ». Si l'on

* Samadhi : absorption dans l'absolu

considère ce simple fait, nous comprenons que la réponse à cette question se trouve dans la question elle-même. Car cela signifie que ce que nous appelons l'Esprit - ou Dieu - et notre identité profonde, sont une seule et même chose. La spiritualité pose, avant tout, la question de l'identité. La connaissance « Je », ou « Je suis », caractérise la réponse, la fin de la quête, la « réalisation du Soi ». C'est le vieux conte universel du trésor caché que l'homme cherche partout et qui se trouve, bien entendu… en lui. Autrement dit, ce qui cherche EST ce qui est cherché… Mais cette découverte, ce retournement, fait bien sûr toute la différence. Car une fois le sens réel de notre identité retrouvé, l'existence s'auréole d'une tout autre saveur. La vie en elle-même est une expérience spirituelle, puisque tout ce qui existe et peut exister est créé par l'Esprit. Ce que les religions appellent Dieu n'est autre que cette connaissance - à la fois d'une simplicité et d'une profondeur absolues - « Je suis ». C'est la source de tout ce qui est expérimenté, de tout ce qui est.

Vingt ans après la révélation de ma nature fondamentale, dévoilement qui m'a poussée dans la quête d'éveil telle une âme en peine assoiffée de Ciel, je constate que le chemin spirituel conduit, en définitive, à tout l'inverse de ce qui motivait la recherche. Dans la plupart des cas, nous cherchons l'éveil pour échapper aux limitations de la réalité matérielle et de ses contraintes, pour fuir les inconforts et les souffrances de l'incarnation et du sentiment de séparation. Et le déploiement de ce que nous sommes vraiment, l'intégration progressive de notre dimension spirituelle, nous amène finalement à aimer la vie telle qu'elle se manifeste, intensément et sans condition. À découvrir l'inconcevable liberté de dire un oui joyeux à l'expérience de la limite. À goûter le bien-être d'être au quotidien, dans sa plus parfaite simplicité, avec tout ce qu'implique le vécu d'un humain. Ce qui était considéré comme ordinaire est perçu comme extraordinaire. Nous devenons plus sensibles, car ouverts aux ressentis et aux sentiments qui vivent en nous. Et cette sensibilité fait toute la beauté de notre humanité. La lumière d'un regard qui plonge sans prévenir dans le tissage invisible de l'amour... La pureté de l'émotion qui délivre en quelques secondes la magnifique tragédie de l'éphémère... Le mordant du présent qui bat dans la poitrine...

Se sentir pleinement vivant, être au banquet de la vie, savourer au maximum ce que les sens captent ; pouvoir jouir de ce que le monde de la matière donne à ressentir, à explorer, à créer, tout en goûtant la fluidité et la liberté de ne tendre vers rien qui serait une condition pour se sentir heureux car le seul fait d'être comble tous les besoins de l'âme... Voilà ce qu'est le bonheur aujourd'hui à mes yeux. Et c'est le cadeau le plus inestimable que l'on puisse recevoir dans une existence.

L'équipe d'Aluna Éditions œuvre au sein
de Natives, des peuples, des racines.
C'est le premier média grand public autour
des peuples racines.

NATIVES

Cet ouvrage a été achevé d'imprimer
en janvier 2022 dans les ateliers de
PRÉSENCE GRAPHIQUE à Monts
pour le compte de :

Aluna

ÉDITIONS

N° d'éditeur : 978-2-919513

Imprimé en France
Dépôt Légal : février 2022